Kohlhammer
Urban-
Taschenbücher

Band 418

Hans Werner Bierhoff

Psychologie hilfreichen Verhaltens

Verlag W. Kohlhammer
Stuttgart Berlin Köln

CIP-Titelaufnahme der Deutschen Bibliothek

Bierhoff, Hans Werner:
Psychologie hilfreichen Verhaltens / Hans Werner Bierhoff. –
Stuttgart ; Berlin ; Köln : Kohlhammer, 1990
(Urban-Taschenbücher ; Bd. 418)
ISBN 3-17-010183-8
Ne: GT

Für Kevin

Verlagsort: Stuttgart
Umschlag: Studio 23
Gesamtherstellung:
W. Kohlhammer Druckerei GmbH + Co. Stuttgart
Printed in Germany

Inhalt

I. Problemgebiete und Forschungsbereiche

1. Altruismus und professionelles Helfen

Altruismus fasziniert die Menschen. Das gilt natürlich an erster Stelle für Opferbereitschaft, die mit großen Kosten und Nachteilen für die Helfer verbunden ist, wie sie etwa in der Rettung von Juden vor den Nazis zum Ausdruck kommt (Oliner & Oliner, 1989). Aber auch die Tatsache, daß es Altruismus gibt, ruft Aufmerksamkeit und Interesse hervor. So wird z. B. darüber spekuliert, ob Hilfeleistung gelegentlich den Helfern mehr gibt als den Hilfeempfängern (Luks, 1989). Das gilt nicht nur in dem Sinn, daß z. B. Entwicklungshilfe u. U. an Bedingungen geknüpft wird, die die Geberstaaten wirtschaftlich von den Entwicklungsprojekten profitieren lassen, sondern auch in dem Sinn, daß Helfer durch die Hilfeleistung einen Schritt in Richtung Selbstverwirklichung tun, ihr Selbstbewußtsein steigern und ihre innere Ruhe finden können.

Die Frage nach den Motiven des Helfens wird in Kap. IV.2.1 ausführlich behandelt. Zu Beginn ist aber eine Begriffsklärung angezeigt. Was wird unter dem Begriff Altruismus verstanden? Alltägliche Beispiele für altruistisches Verhalten geben einen Überblick über die Handlungsbereiche, in denen sich Menschen hilfsbedürftigen Personen zuwenden:

- einem Blinden, der eine Straße überqueren will, wird Führung angeboten,
- einer Person, die auf Glatteis ausgerutscht ist und sich am Bein verletzt hat, wird ein Mantel übergelegt, bis der Notarztwagen kommt,
- einem Ausländer, der die Sehenswürdigkeiten der Stadt besichtigen will, wird der Weg beschrieben,
- einem Mitschüler wird die Mappe mit den Unterrichtsmaterialien am Wochenende überlassen, damit er/sie die eigene Mappe ergänzen kann.

1.1. Definition altruistischen Verhaltens

Diese Beispiele können die Definition altruistischen Verhaltens veranschaulichen, die aus vier wesentlichen Bestimmungsstücken besteht:

Altruistisches Verhalten eines Akteurs ist dann gegeben, wenn er/sie die Absicht hat, einer konkreten Person eine Wohltat zu erweisen und wenn der Akteur freiwillig handelt (und nicht im Rahmen der Aufgaben, die sich durch dienstliche Rollenverpflichtungen ergeben).

Diese Definition bedarf noch einiger Erläuterungen:

(1) Die Handlung sollte für die Hilfeempfänger eine Wohltat darstellen, also eine Unterstützung, die für die Hilfeempfänger einen Vorteil bedeutet.

(2) Die altruistische Handlung sollte absichtlich erfolgen. Wenn zufällig oder als unvorhergesehenes Nebenprodukt einer Handlung eine andere Person eine Wohltat erfährt, war die Handlung nicht altruistisch.

(3) Die Wohltat sollte konkreten Personen, die als Hilfeempfänger in Erscheinung treten, nützen. Eine Maßnahme, die einer bestimmten Organisation, Firma oder Institution bei der Verfolgung ihrer Interessen von Vorteil ist, fällt nicht in den Definitionsbereich altruistischen Verhaltens.

(4) Der Akteur sollte freiwillig handeln, was einschließt, daß er/sie auch hätte anders handeln können, ohne einen Nachteil in Kauf zu nehmen. Wenn z.B. jemand für seine Tätigkeit, die eine Wohltat für andere darstellt, bezahlt wird, kann die Handlung durch die Bezahlung erklärt werden, die bestimmte Verpflichtungen schafft. Im Rahmen ihrer Rollenverpflichtungen unterstützen professionelle Helfer andere Menschen, ohne daß ihren Handlungen eine altruistische Motivation zugrundeliegen müßte. Vielmehr ist es naheliegend anzunehmen, daß Mitglieder von Berufsgruppen, in denen professionelle Helfer arbeiten, durch ihr Gehalt hinreichend motiviert werden, ihre Pflicht zu tun.

1.2. Professionelle Helfer

Aus begrifflichen und inhaltlichen Überlegungen empfiehlt es sich, dem Alltagsaltruismus der Laien auf der einen Seite das bezahlte Helfen professioneller Helfer auf der anderen Seite gegenüberzustellen (Bellebaum, 1986). Unter die helfenden Berufe fallen Ärzte und Krankenschwestern, Pfarrer, Sozialarbeiter und Sozialpädagogen sowie Psychologen. Diese Berufsgruppen – so unterschiedlich der Inhalt ihrer Ausbildung und ihrer beruflichen Tätigkeit im einzelnen auch sein mag – haben gemeinsam, daß sie anderen Menschen eine Wohltat erweisen, wenn diese sich in einer persönlichen Notlage befinden oder der Hilfe bedürfen. Mit der Wohltat wird beabsichtigt, eine Reduzierung oder Beseitigung der Notlage herbeizuführen.

Der Definition entsprechend verhalten sich professionelle Helfer dann altruistisch, wenn ihre Unterstützung der Hilfeempfänger über das Maß ihrer dienstlichen Verpflichtungen hinausgeht. Wenn man will, kann man diesem Begriff des *Altruismus* den Begriff des *Helfens* gegenüberstellen, der insbesondere auch die bezahlte Tätigkeit von professionellen Helfern einschließt. *Von helfendem Verhalten in diesem weiten Sinn soll dann gesprochen werden, wenn die Absicht besteht, einer konkreten Person eine Wohltat zu erweisen.*

Das Beispiel der Person, die sich bei einem Sturz auf Glatteis verletzt hat, illustriert die Tatsache, daß altruistisches Verhalten von Laien und professionelles Helfen aufeinander abgestimmt sein kann. Die Erste-Hilfe-Maßnahmen der Laien tragen oft wesentlich zum Erfolg der Hilfe durch Sanitäter und Notärzte bei (Kühner, 1988) und sichern vielfach das Überleben der Opfer. Vermutlich könnte diese Erfolgsquote durch eine bessere Erstversorgung durch Laien noch deutlich gesteigert werden. Daher spricht man vielfach auch von der *Rettungskette*, die mit den Interventionen der Laienhelfer beginnt und die dann von professionellen Helfern fortgesetzt wird.

1.3. Einseitige und gegenseitige Hilfe

Hilfsmaßnahmen nach Verkehrsunfällen verdeutlichen, wie groß der Nutzen einer schnellen Intervention durch unbeteiligte Personen für die Opfer sein kann. In der Tat ist es berechtigt, davon zu sprechen, daß die Lebensqualität aller Menschen in einer modernen Gesellschaft steigt, wenn sie gegenseitig zu altruistischen Handlungen bereit sind. Oft sind die Kosten für die Helfer (z. B. Zeit- und Kraftaufwand, Gefahren) relativ gering, während die Vorteile der Hilfeempfänger sehr groß sind.

Da jeder in die Lage kommen kann, Hilfe zu benötigen (z. B. nach einem Unfall im Betrieb oder im Haushalt), erscheint es als durchaus rational, sich selbst altruistisch zu verhalten. Nur wer selbst altruistisch eingestellt ist, kann erwarten, daß auch die Mitmenschen bei einem Notfall altruistisch eingestellt sein werden und entsprechend handeln. Wieso sollten andere Menschen altruistischer denken als die Akteure selbst? Wer selbst nicht hilft, lebt in der Gewißheit, daß andere ihn/sie auch im Stich lassen werden, es sei denn man nimmt an, daß die anderen Menschen mehr soziale Verantwortung übernehmen als man selbst. Um selbst moralischen Anspruch auf Hilfeleistung in einem Notfall zu haben, muß man anderen helfen, die sich in einer Notlage befinden. Eine generalisierte Gegenseitigkeit trägt wesentlich zur Zufriedenheit aller bei.

Das Prinzip der Gegenseitigkeit ist also eine wichtige Grundlage altruistischen Handelns (Gouldner, 1960, 1984). Die Gegenseitigkeit kann in einer Zweierbeziehung gelten, wenn sich z. B. zwei Nachbarn oder zwei Verwandte abwechselnd helfen. Sie kann aber auch allgemeiner angelegt und nicht auf eine bestimmte Person fokussiert sein. Wenn Person A der Person B hilft, kann B dadurch motiviert werden, einer Person C zu helfen. Diese *generalisierte Gegenseitigkeit* hängt mit Grundsätzen von Gerechtigkeit und Fairneß zusammen (Austin & Walster, 1975).

Das Beispiel einer blinden Person, die die Straße überqueren will, macht auf einen Tatbestand aufmerksam, der vielfach übersehen wird, obwohl er besondere Beachtung verdient. Es ist nämlich nicht immer selbstverständlich, daß Hilfeempfänger positiv auf den Erhalt der Hilfe reagieren. Vielmehr können auch abwehrende und verärgerte Reaktionen auftreten, die z. B. damit zusammenhängen, daß sich Hilfeempfänger dagegen wehren, als hilfsbedürftig und/oder unselbständig eingestuft zu werden. Blinde, die die Straße überqueren möchten, können z. B. auf den Signalton der Ampel warten, der es ihnen erlaubt, ungefährdet über die Straße zu gehen.

Die Verärgerung von Hilfeempfängern kann mehrere Gründe haben: Blinde, die ungewollte Hilfe erhalten, können leicht das Gefühl haben, nicht ernst genommen zu werden. Wer läßt sich schon gerne am Arm fassen und hin- und herschieben, wenn er/sie selbst in der Lage ist, etwa mit dem Blindenstock den Weg zu finden. Hilfe kann also vermitteln, daß die Helfer die Hilfeempfänger »für nicht ganz voll nehmen«.

Außerdem ist zu bedenken, daß Blinde ihre Fähigkeit üben, allein durch die Stadt zu finden, wenn sie den Weg regelmäßig ohne fremde Hilfe gehen. Wenn sie statt dessen von sehenden Personen durch die Stadt geführt werden, werden sie evtl. daran gehindert, Fertigkeiten zu entwickeln, die zur Aufrechterhaltung ihrer Selbständigkeit beitragen (s. Kap. VI.3).

Ein anderes Beispiel verweist auf das gleiche Problem. Bei der Altenbetreuung muß eine Balance gefunden werden zwischen notwendiger Hilfestellung und Erhaltung der Selbständigkeit, die nicht zuletzt dadurch zustandekommt, daß den alten Menschen (etwa im Altersheim oder durch betreuende Familienangehörige) die Erledigung alltäglicher Aufgaben – wie Tages-, Geld-, Freizeitplanung – überlassen wird. Pointiert kann man feststellen, daß Hilfeleistung gegenüber einer Person Teil des Stigmatisierungsprozesses sein kann, der z. B. gegenüber alten Menschen häufig beobachtet wird (Rodin & Langer, 1980).

Ist es von Hilfeleistung zu Stigmatisierung ein weiter Weg? Ich meine nein. Einseitige Hilfe gegenüber Personen, die Gruppen angehören, auf die sich abwertende Stereotype richten, kann unglücklicherweise im Sinne einer »sich-selbst-erfüllenden Prophezeiung« wirken (vgl. Bierhoff & Schreiber, 1988). Die Helfer halten die Hilfeempfänger für hilflos und tragen durch übertriebene Hilfeleistung dazu bei, daß die erwartete Hilflosigkeit im Verhalten der Hilfeempfänger manifest wird. Eine

Stigmatisierung kann sowohl die Fremdwahrnehmung der Helfer als auch die Selbstwahrnehmung der Hilfeempfänger ungünstig beeinflussen (Rodin & Langer, 1980). Während erstere in ihren Stereotypen bestätigt werden, können letztere in ihrem Selbstwertgefühl beeinträchtigt werden (s. Kap. VI.2) und einen Kontrollverlust erleben, der bei ihnen das Gefühl der Hilflosigkeit (Seligman, 1986) auslösen kann.
Diese Überlegungen verdeutlichen einige der Probleme, die mit einer Hilfeleistung zusammenhängen können. Einseitige Hilfe ruft häufig eine Selbstwertbedrohung hervor, die die Hilfeempfänger in ihrem Wohlbefinden belastet und ihnen das Gefühl der Hilflosigkeit vermittelt (Fisher, Nadler & Whitcher-Alagna, 1982). Als Folge kann leicht ein Defizit an alltagsrelevanten Fertigkeiten auftreten, das in die Abhängigkeit von Institutionen und professionellen Helfern führen kann. Außerdem wird die Bereitschaft, notwendige Hilfe zu suchen, reduziert (Nadler, 1987).
Diese Betrachtung verweist auf das Problem der richtigen »Dosierung« der Hilfe. Einseitige Hilfe, die die Hilfeempfänger abhängig macht, kann nicht erstrebenswert sein. Aber notwendige Hilfe, die ein ernsthaftes Problem betrifft, ist erwünscht.

1.4. Altruistisches Verhalten als soziale Interaktion

Helfen findet immer in der sozialen Beziehung zwischen Helfern und Hilfeempfängern statt. Daher kann man eine Perspektive der Helfer von einer Perspektive der Hilfeempfänger unterscheiden. Aus der Perspektive der Helfer ist z. B. zu fragen, welche Motive die Hilfsbereitschaft fördern. In diesem Zusammenhang sind Mitgefühl, Verantwortungsbewußtsein und Gerechtigkeitssinn zu nennen, die Motive des Helfens darstellen und in nachfolgenden Kapiteln noch ausführlich behandelt werden. Außerdem stellt sich die Frage, über welches Wissen und Können die Helfer verfügen und ob sie ein positives Kompetenzgefühl besitzen.
Aus der Perspektive der Hilfeempfänger treten andere Fragen in den Vordergrund. Z. B. ist wichtig, ob die Hilfe für die Notlage passend ist oder ob sie die Notlage nur unwesentlich verbessert. Eine andere Frage bezieht sich darauf, ob die Hilfe eine langfristige Abhängigkeit herbeiführen kann oder ob sie als Hilfe zur Selbsthilfe gedacht ist. Schließlich könnte auch danach gefragt werden, ob hinter der Hilfeleistung eine manipulative Absicht steht, die es zu durchschauen gilt.
Die Perspektiven von Helfern und Hilfeempfängern können mehr oder weniger gut übereinstimmen. Häufig lassen sich gewisse Diskrepanzen

konstatieren. So setzt die Entstehung von Mitleid voraus, daß die Hilfeempfänger Zeichen ihrer Hilflosigkeit geben. Unter diesen Umständen werden Helfer i. a. zu einer Hilfeleistung motiviert (Eisenberg, 1986). Die Hilfeempfänger ihrerseits neigen dazu, ihre Hilflosigkeit zu verbergen, um nicht als Schwächlinge und Versager in der Öffentlichkeit zu erscheinen. Daher ist für die Hilfeempfänger genau die Selbstdarstellung, die Helfer aufgrund ihres Mitleids zur Hilfe besonders motiviert, tendenziell unangenehm.

Dieses Beispiel deutet an, daß die soziale Interaktion zwischen Helfern und Hilfeempfängern in einem problematischen Bereich abläuft. Schon bei Kindern werden diese Probleme deutlich (Krappmann & Oswald, 1988). Beide Seiten bringen unterschiedliche Zielvorstellungen und soziale Motive mit in die soziale Beziehung, die miteinander im Widerspruch stehen können. Das gilt insbesondere im Zusammenhang mit Selbstdarstellung und öffentlichem Ansehen.

Der Wunsch, einen positiven Eindruck in der Öffentlichkeit hervorzurufen oder zumindest das Gesicht zu wahren, ist ein grundlegendes soziales Motiv (Schlenker, 1980). Die Rollenverteilung zwischen Helfern und Hilfeempfängern läßt vielfach Rückschlüsse zu auf die Leistungsfähigkeit und den Erfolg der beteiligten Personen. In vielen Fällen müssen sich die Hilfeempfänger damit auseinandersetzen, daß ihre Rollenidentität als Hilfeempfänger negative Folgen für ihre Selbstdarstellung in der Öffentlichkeit hat.

Besonders deutlich wird diese mögliche Beeinträchtigung der sozialen Identität einer Person bei Empfängern von Sozialhilfe bzw. von anderen staatlichen Unterstützungsprogrammen für notleidende Personengruppen. Die Rolle des Sozialhilfeempfängers wird vielfach von Beobachtern mit negativen Persönlichkeitsattributen wie Leistungsunfähigkeit oder Faulheit verbunden (Hamill, Wilson & Nisbett, 1980).

Wenn man einmal von relativ festgelegten Rollen und Stereotypen wie der des Sozialhilfeempfängers absieht, dann ist festzustellen, daß in vielen sozialen Beziehungen von Helfern und Hilfeempfängern die Bewertung der Verhaltensepisode nicht von vorneherein feststeht. Vielmehr besteht ein größerer Ermessensspielraum im Hinblick auf die Bedeutung, die der Helfer-Hilfeempfänger-Beziehung zugeschrieben wird (Gergen & Gergen, 1983). Die »ausgehandelte« Identität von Helfern und Hilfeempfängern bestimmt vielfach über die langfristigen Folgen einer Helfer-Hilfeempfänger-Interaktion.

Wenn die Bedeutungszuschreibung zwischen Helfern und Hilfeempfängern diskrepant ist, können die beteiligten Parteien miteinander besprechen, wie die hilfreiche Verhaltensepisode einzuordnen und zu interpretieren ist. Helfer und Hilfeempfänger können explizit oder implizit ›aushandeln‹, welche Bedeutung sie der Hilfeleistung geben.

Beispielsweise könnte eine finanzielle Unterstützung, die jemand erhält, um seine Mietschulden zu begleichen, von dem Empfänger als ›Kredit‹ bezeichnet werden, womit angedeutet würde, daß an eine Rückzahlung und evtl. auch an eine Verzinsung gedacht ist. Oder der Helfer könnte die Hilfe als ›Geschenk‹ bezeichnen, was einschließt, daß keine Rückzahlung erwartet wird. Helfer und Hilfeempfänger könnten sich auch darauf einigen, daß der Hilfeempfänger durch spätere Gegenleistungen einen Ausgleich schaffen wird (s. Gergen, Ellsworth, Maslach & Seipel, 1975).

Diese Betrachtung verdeutlicht, daß die Helferrolle und die Empfängerrolle nicht notwendigerweise als quasi schicksalhaft zu verstehen sind. Vielmehr bieten Helfer-Hilfeempfänger-Beziehungen viel Raum für die Verwirklichung von geeigneten Strategien des sozialen Austausches (Brickman, Kidder, Coates, Rabinowitz, Cohn & Karuza, 1983). Ein Hilfeempfänger kann sich z. B. widerstandslos in die Rolle einer hilflosen Person drängen lassen oder im Gegenteil die Unterstützung als Hilfe zur Selbsthilfe auffassen. Ein Geber kann z. B. die Hilfe umdefinieren, so daß sie als Form der Höflichkeit oder als Form der Rückzahlung für frühere Leistungen des Empfängers erscheint.

Die Hervorhebung von Diskrepanzen und Meinungsverschiedenheiten zwischen Helfern und Hilfeempfängern ist nicht so zu verstehen, daß ihre soziale Beziehung grundsätzlich problematisch sein müßte. Schon die Alltagserfahrung zeigt, daß viele hilfreiche Verhaltensepisoden unproblematisch verlaufen. Die anfangs genannten Beispiele des Fremden, dem der Weg gewiesen wird, und der Person, die bei Glatteis hinfällt, können das veranschaulichen. In diesen Situationen überwiegt die *Dankbarkeit* beim Hilfeempfänger, während die Helfer eine positive Selbstdarstellung erzielen und ein normativ angemessenes Verhalten zeigen.

Offensichtlich ruft eine Helfer-Hilfeempfänger-Interaktion nur unter bestimmten Bedingungen negative Reaktionen der Hilfeempfänger hervor. Insbesondere dann, wenn die Hilfeleistung ein Zeichen für eine *längerfristige* Abhängigkeit oder Unselbständigkeit darstellt, sollten die Hilfeempfänger negative Nebenwirkungen der Hilfe stärker gewichten. Hingegen ist anzunehmen, daß bei *einmaligen* altruistischen Interaktionen weniger Gefühle der Demütigung als vielmehr Gefühle der Dankbarkeit ausgelöst werden.

Das gilt auch bei Hilfe in akuten Notsituationen. Ein Schwimmer, der vor dem Ertrinken gerettet worden ist, wird vermutlich voller Erleichterung und Dankbarkeit die Leistung der Lebensretter anerkennen. In diesen Notlagen zählt nur die Rettung, ohne daß die Beziehung zwischen Helfer und Hilfeempfänger in besonderer Weise problematisiert wird.

2. Wie hilfreich ist der Mensch?

Wie häufig tritt in unserer Gesellschaft altruistisches Verhalten auf? Zur Beantwortung dieser Frage erscheint es sinnvoll, altruistisches Verhalten zu beobachten. Um eine gewisse Standardisierung der Beobachtungssituation zu erreichen, liegt es nahe, Notlagen zu simulieren, ohne daß die Passanten wissen, daß ein psychologisches Experiment durchgeführt wird. Solche Simulationen können Anhaltspunkte dafür liefern, wie groß die Hilfsbereitschaft der Menschen oder bestimmter Zielgruppen ist.

Die Häufigkeit des Helfens hängt sicher auch von der Form der Hilfeleistung ab. Die konkreten Formen des Helfens sind ganz unterschiedlich. Man kann z. B. alltägliche Hilfeleistungen (wie den Weg durch die Stadt erklären) und Hilfe in akuten Notsituationen (z. B. nach einem Verkehrsunfall) unterscheiden. Wenden wir uns zunächst der erstgenannten Form des Helfens zu. Einige Beispiele für das Ausmaß der Hilfeleistung bei relativ geringen Anlässen werden in Kap. I.2.1 dargestellt, während in Kap. I.2.2 Angaben über die Häufigkeit der Hilfe in akuten Notsituationen gemacht werden.

2.1. Beobachtungen der Hilfsbereitschaft bei geringfügigen Anlässen

Scheinbar per Zufall, in Wirklichkeit aber nach Plan, verlor eine Person vor einem Passanten in der Innenstadt einen Handschuh. Der Verlust wurde so arrangiert, daß der Abstand zu der Zielperson, deren Reaktion beobachtet werden sollte, etwa zwei Meter betrug. Der Verlierer tat so, als habe er den Verlust des Handschuhs nicht bemerkt (Bierhoff, 1983).

In 72% aller Simulationen wurde beobachtet, daß die Zielperson den Verlierer auf den Handschuh aufmerksam machte und ihn aufhob. Aufgrund der Technik der Versuchsdurchführung kann weitgehend ausgeschlossen werden, daß der Verlust von der Zielperson nicht bemerkt wurde. Da nur eine Minderheit der Personen nicht intervenierte, kann man ein hohes Ausmaß der Hilfsbereitschaft in diesem Beispiel konstatieren.

In einer zweiten Felduntersuchung (Bierhoff, 1983) wurde gezielt ein faustgroßer Gegenstand aus einer Tasche herausgeschoben, so daß er vor einem nachfolgenden Passanten auf den Boden fiel. In diesem Fall wurden die Verlierer in 80% der Fälle auf den Verlust aufmerksam gemacht. Diese Versuche wurden in einem Innenstadtbereich durch-

geführt, so daß in der weiteren Umgebung oft mehrere Personen anwesend waren. Gelegentlich eilten gleich mehrere Beobachter herbei, um den Verlierer auf seinen Verlust aufmerksam zu machen.
Bei diesen geringfügigen Anlässen scheint eine Schätzung von 75% hilfsbereiter Passanten angemessen zu sein. Dieser Wert ist relativ hoch, wenn man bedenkt, daß die Beobachtungen in Innenstädten gemacht wurden, wo die Anonymität der Passanten i.a. groß ist (s. Milgram, 1970). Allerdings konnten sich die Helfer schnell aus der Situation entfernen, ohne daß sie weitere Verwicklungen befürchten mußten. Man kann vermuten, daß sich die Hilfsbereitschaft auf dem Land in vergleichbaren Situationen dem 100% Wert nähert (Korte, 1981).
Hingegen fand sich in einer amerikanischen Simulationsstudie, in der ein Fremder um Einlaß in die Wohnung bat, weil er oder sie eine Adresse verloren hatte und gerne telefonieren wollte, teilweise eine sehr geringe Hilfsbereitschaft. Das war insbesondere dann der Fall, wenn Männer in einer Großstadt um Einlaß baten (um 15% Hilfsbereitschaft). Hingegen näherte sich die Hilfsbereitschaft den 100%, wenn Frauen in einer ländlichen Gegend dasselbe Anliegen vorbrachten (Milgram, 1970, S. 147). Offensichtlich spielte bei der geringen Hilfsbereitschaft in den Städten, die auch bei weiblichen Bittstellern unter 50% lag, die wahrgenommene *persönliche Verwundbarkeit* der potentiellen Helfer eine Rolle. Außerdem ist zu bedenken, daß in der Großstadt im allgemeinen mehr öffentliche Telefone zur Verfügung stehen als auf dem Land, so daß die Bitte auf dem Land eine größere Dringlichkeit haben könnte als in der Großstadt.
In zwei weiteren Untersuchungen (Bierhoff, 1983) wurde die Hilfsbereitschaft von Psychologiestudenten erfaßt. Dabei machten wir uns die Tatsache zunutze, daß Studenten häufig für die Teilnahme an einem Versuch bezahlt werden. Eine übliche Bezahlung beträgt zehn DM für eine Stunde. Nachdem Psychologiestudenten einen Fragebogen ausgefüllt hatten, wurden sie zu einer Angestellten geschickt, um sich die Teilnahme an dem Versuch bescheinigen zu lassen. Bei dieser Gelegenheit legte die Angestellte scheinbar aus Eigeninitiative einen Aufruf vor, mit dem Geld für die Betreuung von Schlüsselkindern gesammelt werden sollte. Die Angestellte erläuterte den Studenten, daß Geld für Schlüsselkinder dadurch bereitgestellt werden sollte, daß Versuchspersonengelder eingespart wurden. Da aber die Durchführung der Versuche, für die das Geld zur Verfügung stand, nicht unterbleiben könnte, sollten die Studenten sich zu einer kostenlosen Teilnahme an den Versuchen bereit erklären, die es möglich machen würde, das eingesparte Versuchspersonengeld für den guten Zweck zur Verfügung zu stellen (s. Miller, 1977b).
Die Angaben der Studenten über ihre Bereitschaft, an psychologischen

Versuchen ohne Bezahlung teilzunehmen, schwankten natürlich erheblich. Während einige Studenten zu keiner kostenlosen Mitarbeit bereit waren, erklärten sich andere bereit, bis zu sechs Stunden zur Verfügung zu stellen. Im Durchschnitt wurde etwas weniger als zwei Stunden Versuchspersonenzeit angeboten.

In einer zweiten Erhebung, die nach demselben Verfahren durchgeführt wurde, ergab sich ein Mittelwert, der ebenfalls in der Nähe von zwei Stunden lag, diesmal allerdings etwas höher. Die Studenten mußten damit rechnen, daß ihr Versprechen einzulösen war. Daher kann man davon ausgehen, daß den Angaben der Studenten eine entsprechende Handlungsbereitschaft zugrunde lag. Zwei Stunden zu arbeiten, um anderen Menschen zu helfen, ist ein moderates Angebot. Es ist nicht überwältigend viel, zeigt aber doch, daß die Befragten für den Hilfeappell ansprechbar waren und vielfach positiv reagierten.

Wichtig ist in diesem Zusammenhang, daß durch den Versuchsablauf die Gelegenheit zu einem persönlichen Gespräch zwischen den Zielpersonen und der Angestellten hergestellt wurde. Außerdem hatte die Angestellte als Mitarbeiterin des Psychologischen Instituts eine Fachautorität, die ihrem Appell vermutlich ein gewisses Gewicht verlieh.

2.2. Hilfsbereitschaft in akuten Notsituationen bei möglicher Bedrohung der Gesundheit

Zunächst könnte man meinen, daß die Hilfsbereitschaft bei akuten Notsituationen sehr groß ist. Diese Annahme ist auch weitgehend berechtigt, wenn die potentiellen Helfer Zeugen des Unfallgeschehens selbst werden. Wenn z. B. Fahrgäste in einer U-Bahn sehen, wie ein anderer Fahrgast im Wagen zusammenbricht, kann das Opfer fast immer mit direkter Hilfe rechnen. Beobachter, die Augenzeugen eines eindeutigen, emotional erregenden Unfalls werden, greifen nahezu immer ein (Piliavin, Dovidio, Gaertner & Clark, 1981).

Ganz anders fallen die Reaktionen von Passanten aus, die nicht das Unfallgeschehen selbst beobachten, sondern die nur das Opfer sehen, das nach einem Unfall verletzt am Boden liegt. Wir haben 197 Simulationen eines Fahrradsturzes auf Bürgersteigen und Fahrradwegen durchgeführt und die Reaktionen von Passanten beobachtet (Bierhoff, Klein & Kramp, 1989). Wenn wir von konkreter Hilfe dann sprechen, wenn ein Passant das Opfer anspricht, um sich nach seinem Befinden zu erkundigen, dann ergibt sich, daß 27% der Passanten eine altruistische Reaktion zeigten. Die Position des Opfers – neben dem Rad oder unter dem Rad – wirkte sich nur geringfügig aus.

Auffällig ist in diesem Zusammenhang, daß Passanten, die unentschlossen stehenbleiben, um dann weiterzugehen, ohne das Opfer anzusprechen, nur ganz selten beobachtet wurden. Nur etwa 1% der beobachteten Passanten wurden als unentschlossen eingestuft. Die typischen Reaktionen bestanden darin, sich entweder entschlossen dem Opfer zuzuwenden oder nach einer ersten Aufmerksamkeitszuwendung ohne Zögern und ohne weiter auf das Opfer zu blicken, an der Unfallstelle vorbeizugehen bzw. vorbeizufahren. Das gestaltete sich mehr oder weniger problemlos. Ein Fahrradfahrer, der sich mit einem Rennrad der Unfallstelle näherte, rief noch »Aus dem Weg, aus dem Weg«, bevor er durch ein Ausweichmanöver die Weiterfahrt sicherstellen konnte. Vereinfachend kann man aufgrund dieser Ergebnisse feststellen, daß etwa ein Drittel der Passanten zur Hilfe bereit war. Zwei Drittel gingen einer Hilfeleistung aus dem Weg. Außerdem läßt sich feststellen, daß sich eine deutliche Trennung zwischen Personen findet, die helfen oder nicht helfen. Zögernde und unentschlossene Reaktionen traten kaum auf.

Etwa zwei Drittel der beobachteten Passanten wandten sich dem Opfer nicht zu. Das zeigt, daß die Hilfsbereitschaft in akuten Notsituationen relativ niedrig war. Durch die Erste-Hilfe-Ausbildung, die in unserer Gesellschaft weit gestreut ist und inzwischen nahezu jeden Erwachsenen im Altersbereich bis 40 Jahren erreicht hat, soll Wissen und Können vermittelt werden, die eine Intervention ermöglichen. Allerdings ist auch zu beachten, daß die altruistische Motivation ausreichen muß, um in akuten Notlagen einzugreifen. An der altruistischen Motivation der potentiellen Helfer scheint es aber zu mangeln (s. Kap. IV.2.1).

Die niedrigen Werte der Hilfsbereitschaft bei Unfällen im Freien sind insofern besonders unbefriedigend, als die Laienhelfer das erste Glied in der Rettungskette darstellen, die in der Bundesrepublik eine beachtliche Effizienz erreicht hat, so daß Unfallsanitäter und Notärzte schon innerhalb von 10 bis 15 Minuten nach der Alarmierung i.a. einen Unfallort erreichen (Riediger, 1987). Hier erweist sich die relativ geringe Interventionsbereitschaft der Laienhelfer als wichtiger Hemmschuh, da der Erfolg der Notfallhilfe von der Verläßlichkeit aller Teile der Rettungskette abhängt.

In diesem Zusammenhang ist ein weiteres Ergebnis erwähnenswert, das erste Hinweise auf die Ursachen unterlassener Hilfeleistung beinhaltet. Wir beobachteten sowohl Einzelpersonen, die an dem simulierten Unfall vorbeikamen, als auch Zweiergruppen, die sich dem Unfallort näherten. Die relative Häufigkeit des Ansprechens des Opfers war größer bei Einzelpersonen als bei Zweiergruppen. Das deutet darauf hin, daß in Gruppen von Zeugen die Hilfeleistung gehemmt werden kann. Ein Grund dafür könnte eine Diffusion der Verantwortung sein, die dadurch zustandekommt, daß mehrere Zeugen gewissermaßen die Gesamt-

verantwortung untereinander aufteilen, so daß jeder einzelne sich weniger verantwortlich fühlt einzugreifen (verglichen mit dem Fall, wo eine Einzelperson Zeuge des Unfalls wird).
Latané & Darley (1969) machten die amerikanische Öffentlichkeit durch einen Beitrag im American Scientist auf dieses Phänomen aufmerksam (s. auch Latané & Darley, 1970). Neben der Diffusion der Verantwortung kommt wenigstens noch ein zweiter Prozeß in Frage, der die Intervention in Gruppen hemmt. Die typische Reaktion der Passanten ist entweder durch konsequentes Helfen oder konsequentes Ignorieren der Notsituation gekennzeichnet. Wenn sich zwei Personen einer Unfallstelle nähern und eine ignoriert den Unfall demonstrativ, dann glaubt die zweite Person, etwas über die angemessene Reaktion in dieser Situation zu erfahren. Das passive Vorbild vermittelt die Situationsnorm, daß ein Eingreifen nicht erforderlich ist (Bierhoff & Klein, 1988). Dadurch wird die zweite Person leicht dazu verführt, sich ebenfalls passiv zu verhalten und den Unfallort zu ignorieren. Man spricht dann von pluralistischer Ignoranz (Latané & Darley, 1969, 1970).
Um die relative Häufigkeit der Hilfeleistung in der Fahrrad-Studie besser beurteilen zu können, ist ein Vergleich mit einer amerikanischen Studie sinnvoll, in der ebenfalls die Hilfsbereitschaft gegenüber einem Unfallopfer erhoben wurde, nachdem der Unfall scheinbar stattgefunden hatte (Darley & Batson, 1973). Theologiestudenten wurden im Verlaufe eines Experiments von einem Universitätsgebäude in ein anderes geschickt. Auf dem Weg wurden sie mit einer Person konfrontiert, die in einem Türeingang mit nach unten gesenktem Kopf lag. Während sich die Theologiestudenten näherten, hustete das Opfer zweimal und stöhnte. Die Studenten sollten in dem zweiten Gebäude eine freie Rede auf Tonband sprechen, nachdem ihnen inhaltliche Gesichtspunkte, die in der Rede verarbeitet werden sollten, zuvor mitgeteilt worden waren. 40% der Theologiestudenten boten dem Opfer direkte Hilfe an oder sorgten indirekt für eine Hilfeleistung, indem sie den Versuchsleiter informierten.
Dieser Prozentsatz von Helfern ist ähnlich zu dem Wert, den wir bei den Fahrradunfallsimulationen festgestellt haben. Da die Passanten in unseren Simulationen nicht so leicht eine Möglichkeit fanden, indirekt Hilfe zu leisten, entfiel ein Weg der Hilfeleistung, den die amerikanischen Theologiestudenten zur Verfügung hatten. Unter diesen Umständen ist es eine plausible Schätzung, daß das Ausmaß ihrer direkten Hilfeleistung auch etwa bei einem Drittel der Fälle lag.
Bei diesen Unfallsituationen besteht eine gewisse Uneindeutigkeit der Situation, die die Möglichkeit, Verleugnungs- und Verzerrungsmechanismen einzusetzen, eröffnet (s. Schwartz & Howard, 1982). Zwar sind solche Wahrnehmungsverzerrungen und Verantwortungsverschiebun-

gen für einen Außenstehenden nicht sehr überzeugend – denn letztlich ist es doch sehr ungewöhnlich, daß ein Mensch in einem Gebäude oder mitten im Freien am Boden liegt – aber die Uneindeutigkeit der Situation reicht aus, um Abwehrprozesse zu ermöglichen. Völlig eindeutig sind hingegen Unfälle, die direkt beobachtet werden. Das Problem der Uneindeutigkeit tritt vielfach auf, weil die Beobachter mit den Folgen von Unfällen konfrontiert werden, die stattgefunden haben, bevor sie sich der Situation angenähert hatten.

Wenn in diesem Kapitel Angaben über die durchschnittliche Bereitschaft zur Hilfeleistung gemacht wurden, dann ist darauf hinzuweisen, daß die individuelle Hilfsbereitschaft von Person zu Person sehr unterschiedlich ist. Es ist eine der Aufgaben der Altruismusforschung, diese individuellen Unterschiede zu erklären (z. B. durch Unterschiede in der Erste-Hilfe-Kompetenz). Außerdem ist zu berücksichtigen, daß die Hilfsbereitschaft auch in erheblichem Umfang situationsabhängig ist. Daher besteht eine weitere Aufgabe der Altruismusforschung darin, situative Bedingungen der Hilfsbereitschaft zu identifizieren, die sie beeinträchtigen (z. B. die Anwesenheit passiver Beobachter) oder fördern (z. B. Bekanntheit mit dem Opfer).

Die Beispiele sind aber – wenn man die konkreten Umstände, unter denen die Hilfsbereitschaft erfaßt wurde, berücksichtigt – geeignet, einen allgemeinen Eindruck von der Hilfsbereitschaft der Menschen zu vermitteln. Mit Absicht wurden die meisten Beispiele aus Untersuchungen in der Bundesrepublik Deutschland entnommen, da kulturelle Unterschiede in der Hilfeleistung möglich sind. Mit solchen Unterschieden befaßt sich der nächste Abschnitt.

2.3. Kulturelle Unterschiede im altruistischen Verhalten

2.3.1. Ländervergleiche

Vergleiche der Hilfsbereitschaft zwischen Bewohnern von Paris, Athen und Boston wurden von Feldman (1968) durchgeführt, der über 3000 Beobachtungen auswertete. Wenn ein einheimisches Paar sich nach dem Weg erkundigte, erhielt es in Boston in 83% der Fälle eine Auskunft, in Paris in 76% und in Athen in 74%. Diese Prozentsätze sind alle relativ hoch, wenn auch die Bewohner von Boston etwas altruistischer reagierten als die europäischen Befragten.

Wenn die Auskunft von Ausländern (in Boston von Franzosen, in Paris und Athen von Amerikanern) erbeten wurde, zeigten sich leicht abgeschwächte Werte der Hilfsbereitschaft in den beiden europäischen Städten (Athen 67%, Paris 65%), während Ausländer in Boston gleich gut wie Einheimische behandelt wurden (85% Hilfe).

In einem zweiten kulturvergleichenden Experiment (Feldman, 1968) ging es um die Bereitschaft, einen frankierten Brief für einen Fremden, der die Zielperson an einem Bahnhof ansprach, einzuwerfen. Die Bitte eines Einheimischen wurde in Boston von 85% erfüllt, in Paris von 68% und in Athen von nur 12%. Wenn ein Ausländer die Bitte aussprach, wurde sie in Boston in 75% der Fälle erfüllt, in Paris in 88% und in Athen in 48%. Nach diesen Ergebnissen unterschieden sich die Athener in ihren Reaktionen deutlich von den anderen Städtern durch ihre geringe Hilfsbereitschaft – vor allem gegenüber Einheimischen. Sie scheinen ihre Binnengruppe sehr eng zu definieren und insbesondere gegenüber ihren griechischen Landsleuten eher abweisend zu reagieren (Triandis, Vassiliou & Nassiakou, 1968).

2.3.2. Stadt-Land-Vergleiche

Neben absoluten Unterschieden in der Hilfsbereitschaft kann man auch nach kulturellen Unterschieden in den Auswirkungen bestimmter Determinanten der Hilfsbereitschaft fragen. Ein Beispiel sind die schon erwähnten Stadt-Land Unterschiede. Die Hilfsbereitschaft in ländlichen US-Gemeinden war größer als in New York City (Milgram, 1970). Treten solche Unterschiede in allen Kulturen gleichermaßen auf oder sind sie nicht generalisierbar? Kann man allgemein von einer *urbanen Hilfeverweigerung* sprechen?

Ein Vergleich führte zu dem Schluß, daß Bewohner von Boston weniger hilfreich reagierten als Bewohner von kleineren Gemeinden in Massachusetts. Die Hilfsbereitschaft wurde durch drei Verfahren erfaßt: die Bereitschaft, einem Anrufer, der scheinbar eine falsche Nummer gewählt hat, zu helfen (›wrong number technique‹), die Bereitschaft, zuviel bezahltes Geld zurückzugeben, und die Bereitschaft, scheinbar verlorene Postkarten einzuwerfen (›lost letter technique‹). In allen drei Maßen erwies sich die Landbevölkerung als hilfsbereiter (Korte & Kerr, 1975).

Während diese Untersuchung auf relativ kleinen Stichproben beruhte, analysierten House & Wolf (1978) die Verweigerungsraten bei repräsentativen Umfragen durch demoskopische Institute auf Stadt-Land Unterschiede. Befragungen in den USA in den fünfziger, sechziger und siebziger Jahren, in denen jeweils 2000 und mehr Personen interviewt wurden, zeigten, daß die Verweigerungsquote der Mitarbeit bei Befragten auf dem Land kleiner war als in der Stadt. Das gilt insbesondere für Befragungen aus den sechziger und siebziger Jahren. Diese Unterschiede wurden darauf zurückgeführt, daß Bewohner von Großstädten mißtrauischer waren als die Landbevölkerung (vgl. Milgram, 1970). Die Häufigkeit der Verweigerung stand in direktem Zusammenhang mit der Kriminalitätsrate. Je höher die Kriminalität in einem Gebiet war,

desto größer war auch die Verweigerungsrate unter den angesprochenen Personen.
Eine gewisse Bestätigung für Stadt-Land Unterschiede fand sich in einer Untersuchung in der Türkei (Korte & Ayvalioglu, 1981), in der die Hilfsbereitschaft in Ankara und Istanbul mit der in vier türkischen Kleinstädten verglichen wurde. Die Hilfsbereitschaft wurde mit drei Verfahren erfaßt:

- eine Bitte, Geld zu wechseln,
- eine Bitte um Mitarbeit bei einem kurzen Interview,
- Verlieren einer Schachtel auf dem Bürgersteig.

Alle drei Verfahren wurden mit jeweils mehr als 400 Personen erprobt. Generell war die Hilfsbereitschaft auf dem Land größer als in der Großstadt. Z.B. wechselten 84% der Landbewohner Geld, aber nur 56% in der Großstadt. Allerdings stellten Bewohner von Ankara und Istanbul, die in halblegal errichteten Slums wohnten, eine Ausnahme dar, da ihre Hilfsbereitschaft der der Landbevölkerung entsprach. Da die Bewohner dieser Slums meist noch den ländlichen Gewohnheiten und Traditionen verbunden waren, paßt dieses Ergebnis in die erwarteten Unterschiede zwischen Bewohnern städtischer und ländlicher Gebiete.
Während dieser Vergleich die Generalität von Stadt-Land-Unterschieden in der Hilfsbereitschaft belegt, ergab sich in einer vergleichbaren Studie in Holland kein entsprechender Unterschied zwischen Großstädten (Amsterdam und Den Haag) und Kleinstädten (Korte, Ypma & Toppen, 1975). Dieses Ergebnis könnte darauf zurückzuführen sein, daß Holland als kleines Land relativ homogen ist und nur geringe Stadt-Land-Unterschiede aufweist (Korte, 1981).
Diese Hinweise sind geeignet, einen ersten Überblick über Stadt-Land-Unterschiede in der Hilfsbereitschaft zu geben. Umfangreiche Felduntersuchungen zu diesem Thema unter Verwendung verschiedener Formen der Hilfeleistung wurden in Australien durchgeführt, wobei 55 Gemeinden und Städte einbezogen wurden (Amato, 1983). Diese und weitere Untersuchungsergebnisse, die sich auf Stadt-Land-Unterschiede der Hilfeleistung in Studien in allen Teilen der Welt beziehen, bildeten die Grundlage einer statistischen Metaanalyse (s. Kap. I.5), in die 35 Studien, in denen insgesamt 65 Vergleiche berichtet wurden, einbezogen wurden (Steblay, 1987). 52 Vergleiche bezogen sich auf die Größe der Gemeinden, in denen die beobachteten Personen wohnten, während die restlichen 13 Vergleiche von der Größe des Geburtsorts ausgingen. Da sich die Größe des Geburtsorts als irrelevant für die Hilfeleistung erwies, beziehen die im folgenden berichteten Vergleiche nur die Untersuchungen ein, in denen die Größe der Gemeinde oder Stadt berücksichtigt wurde, in der die Hilfsbereitschaft gemessen wurde.

Wenn die Klassifikation von »Land« und »Stadt« zugrunde gelegt wurde, wie sie *von den Untersuchern selbst* durchgeführt wurde, ergab sich ein stabiler Stadt-Land-Unterschied, da in Städten weniger geholfen wurde als in kleinen Gemeinden. Dieser Vergleich ist aber möglicherweise irreführend, da eine bestimmte Gemeindegröße (z.B. 60000 Einwohner) von einem Untersucher als »Stadt« und von einem anderen als »Land« bezeichnet werden kann.

Eine Neuauswertung unter Zugrundelegung der Einwohnerzahlen zeigte, daß kein eindeutig negativer Zusammenhang zwischen Gemeindegröße und durchschnittlicher Hilfsbereitschaft nachzuweisen ist (Steblay, 1987; s. Abb. 1). Die Gemeinden wurden nach ihrer Größe in folgende Kategorien eingeteilt: kleiner 1000 (1), 1000–4999 (4), 5000–19999 (23), 20000–50000 (14), 60000–300000 (7), 300001–999999 (14), größer 1000000 (29). In Klammern steht die Anzahl der untersuchten Gemeinden in der jeweiligen Größenklasse.

Die Analyse der durchschnittlichen Hilfeleistung in Abhängigkeit von der Einwohnerzahl verwies auf einen kurvilinearen Verlauf: Die Hilfeleistung *stieg an* bis zu einer Gemeindegröße von 60000–300000 Einwohnern, um dann bei den Städten mit einer Einwohnerzahl zwischen 300001 und 1000000 steil abzufallen. Das Niveau der Hilfeleistung in den Millionenstädten unterschied sich nicht von dem in der nächstfolgenden Kategorie, aber auch nicht von dem in den kleinsten Gemeinden.

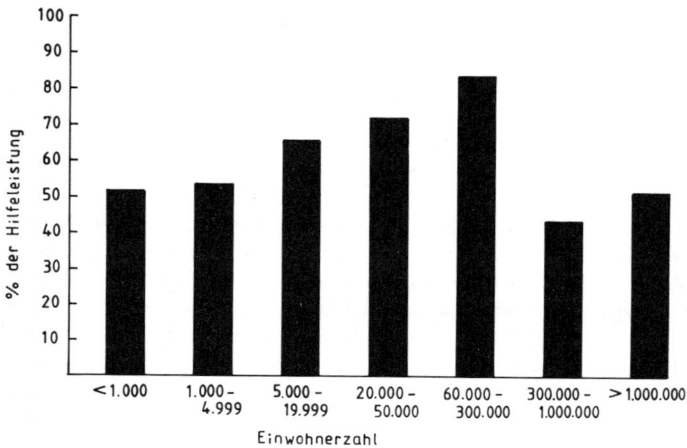

Abb. 1: Hilfsbereitschaft in Abhängigkeit von der Einwohnerzahl des Wohnortes (nach Steblay, 1987)

Weitere Ergebnisse der Metaanalyse weisen darauf hin, daß die Unterschiede in der Hilfeleistung in Abhängigkeit von der Gemeindegröße i.a. von der Verhaltensart unabhängig waren. Der Einfachheit halber wurde als »Land« eine Gemeindegröße von bis zu 50 000 Einwohnern klassifiziert, während unter »Stadt« Gemeinden ab 100 000 Einwohnern fielen. Gemeinden im Mittelbereich wurden in dieser Analyse nicht berücksichtigt, da sie sich nicht eindeutig in die Kategorien Stadt und Land einordnen lassen. Folgende Formen der Hilfe wurden unterschieden (s. Amato, 1983):

- formale Hilfe (z.B. Teilnahme an einer Befragung)
- formlose Hilfe (z.B. zuviel Wechselgeld zurückgeben)
- ernste Notlagen (z.B. einer verletzten Person helfen)
- leichte Notlagen (z.B. Geld wechseln)
- aktive Hilfe (z.B. für einen Bittsteller ein Telefongespräch führen)
- passive Hilfe (z.B. Geld spenden)

Für diese Formen der Hilfe ergab sich übereinstimmend, daß in ländlichen Gemeinden mehr geholfen wurde als in Städten (s. Abb. 2). Die Form der Hilfe ist also für Stadt-Land-Unterschiede von untergeordneter Bedeutung. Zur Interpretation dieses Resultats muß berücksichtigt werden, daß in den empirischen Erhebungen Städte mit einer

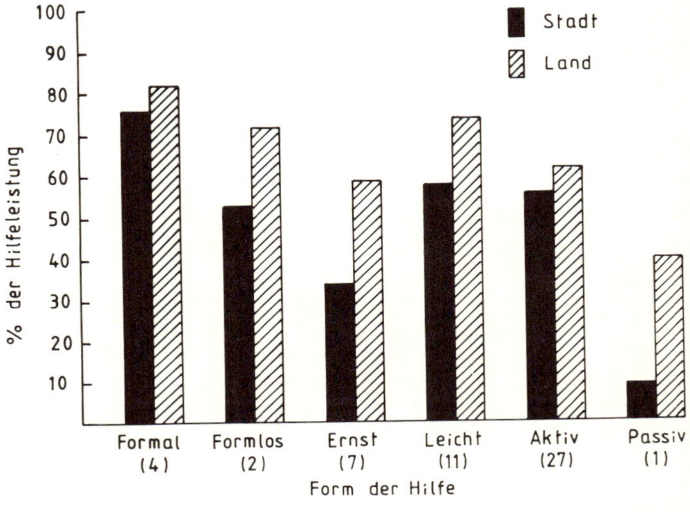

Abb. 2: Stadt-Land-Unterschiede in Abhängigkeit von der Form der Hilfe (nach Steblay, 1987). In Klammern ist die Anzahl der Studien genannt, auf der die Vergleiche beruhen.

Einwohnerzahl von 300000 bis 1 Million bzw. noch größere Städte überrepräsentiert sind. Das sind aber genau die Wohnortgrößen, bei denen ein Absinken der Hilfe beobachtet wurde (s. Abb. 1). Hingegen bezogen sich nur wenige Beobachtungen auf Wohnortgrößen von 100000 bis 300000, bei denen eine hohe Hilfsbereitschaft zu erwarten ist. Hätten diese Wohnortgrößen mehr Beachtung gefunden, würden die in Abb. 2 dargestellten Stadt-Land-Unterschiede vermutlich abgeschwächt. Abb. 2 zeigt die Unterschiede, die bei einem Vergleich von ländlichen Gemeinden mit Großstädten von einer Wohnortgröße von 300000 Einwohnern und größer auftreten. Diese Unterschiede sind konsistent über unterschiedliche Formen der Hilfe.
Bemerkenswert ist auch ein weiteres Ergebnis der Metaanalyse: Frauen erhielten durchweg eher Hilfe (in 70% der Fälle) als Männer (in 42% der Fälle). Diese Geschlechtsunterschiede werden in einem eigenen Abschnitt behandelt (Kap. II, 3.7).

2.3.3. Zeitliche Trends

Die in den Kap. 2.3.1 und 2.3.2 genannten kulturellen Unterschiede sollten vor allem illustrieren, daß es kulturelle Besonderheiten altruistischen Verhaltens gibt. Ein weiterer wichtiger kulturell-historischer Einflußfaktor, über dessen Auswirkungen aber nur wenig bekannt ist, ist die kulturelle Epoche, mit der z.B. technologische Entwicklungen, Erweiterung der Massenmedien, Veränderungen in der Kriminalität und Kriegserfahrungen zusammenhängen.
Langfristige Trends zeigen sich z.B. in der Tendenz zu mehr Mißtrauen im Verlauf der letzten Jahrzehnte, wie sie anhand der Verweigerungsquoten bei Befragungen (House & Wolf, 1978) und anhand von Umfragen zur Einschätzung politischer Führer (Tyler, 1986) deutlich wurden. Es ist schwierig, Voraussagen für die Zukunft zu machen. Wird sich der Trend zu interpersonellem Mißtrauen verstärken (etwa auch aufgrund einer zunehmenden Bedrohung durch Verbrechen)? Oder ist zu vermuten, daß eine zunehmende Konzentration der Menschen in wenigen Megalopolen die Bedeutung der Stadt-Land-Unterschiede (s. Abb. 2) steigert, weil die altruistische Motivation von Menschen, die in einer Megalopolis wohnen, gering ist? Möglicherweise werden sich aber auch aufgrund der bevorstehenden ökologischen Katastrophen Gegentendenzen entwickeln (s. Bierhoff, 1988b, Kap. V.4; Hammerstein & Bierhoff, 1989).

2.3.4. *Soziale Schicht*

Eine andere soziokulturelle Variable, die die Hilfsbereitschaft beeinflussen könnte, ist die Schichtzugehörigkeit. Während einige Ergebnisse dafür sprechen, daß Mitglieder der oberen Mittelschicht hilfsbereiter sind als Mitglieder der Arbeiterschicht (Feldman, 1968, für Boston, Athen und Paris), gibt es auch Hinweise, die in eine andere Richtung deuten, z. B. die relativ große Hilfsbereitschaft in den türkischen Slums von Istanbul und Ankara (Korte & Ayvalioglu, 1981).

Schicht scheint für sich genommen kein eindeutiger Prädiktor für Hilfsbereitschaft zu sein. Vielmehr treten vermutlich Wechselwirkungen der Schicht mit anderen Randbedingungen auf, die die Hilfsbereitschaft beeinflussen. So besteht die Möglichkeit, daß Feldman (1968) Bittsteller einsetzte, die ihrerseits selbst der oberen Mittelschicht angehörten, so daß der Schichteffekt als Ähnlichkeitseffekt interpretiert werden könnte.

Eine andere Möglichkeit besteht darin, daß Mitglieder der oberen Mittelschicht eher an einer Erste-Hilfe-Ausbildung teilgenommen haben als Mitglieder der unteren Mittelschicht und daß aus diesen Lernerfahrungen eine unterschiedliche Hilfeleistung resultiert, wenn die Hilfe entsprechende Kenntnisse verlangt. Schichtunterschiede in der Hilfsbereitschaft sind auch dann zu erwarten, wenn altruistische Werte je nach sozialem Status unterschiedlich stark vermittelt werden.

2.3.5. *Jeder für sich und Gott für uns alle vs. wir sitzen alle in einem gemeinsamen Boot*

Die kulturellen Unterschiede zwischen verschiedenen Ländern sind z. T. sehr groß. Selbst hochindustrialisierte Staaten – wie Japan und Deutschland – weichen in ihren Wert-, Ordnungs- und Leistungsvorstellungen weit voneinander ab (Trommsdorff, Suzuki & Sasaki, 1987). Eine zentrale Dimension gesellschaftlicher Unterschiede ist die individualistische oder kollektivistische Orientierung (s. Hofstede, 1980). Während die spanischen, griechischen und die fernöstlichen Kulturen die Gruppe als Sozialsystem betonen (allozentrische Orientierung), tendieren Deutsche und viele US-Amerikaner zu einer individualistischen Haltung (idiozentrische Orientierung: Triandis, Leung, Villareal & Clack, 1985).

Die Unterscheidung zwischen allozentrischer und idiozentrischer Orientierung ist unmittelbar relevant für altruistisches Verhalten. Zwar kann man sicher nicht sagen, daß allozentrische Kulturen grundsätzlich ein altruistischeres Klima aufweisen als idiozentrische Kulturen, aber in Familien, unter Freunden und unter Arbeitskollegen sollte die Bereitschaft zur Hilfeleistung in allozentrischen Kulturen größer sein.

Diese Sichtweise entspricht einer systemischen Analyse der Hilfsbereitschaft, die darauf beruht, daß in Sozialsystemen durch die Systeme selbst das Verhalten beeinflußt wird (s. Montada, Dalbert & Schmitt, 1988). Ein Großteil alltäglichen Verhaltens findet in Sozialsystemen wie Familie, Freundeskreis, Schule und Beruf statt. Die allozentrische Orientierung gibt diesen systemischen Einflüssen ein größeres Gewicht als die individualistische Orientierung. Daher ist anzunehmen, daß Altruismus innerhalb bestehender Sozialsysteme wie Familie und Beruf in allozentrischen Kulturen stärker ausgeprägt ist als in idiozentrischen Kulturen.

Eine der wenigen Untersuchungen, in denen die systemische Perspektive berücksichtigt wurde, stammt von Amato (1985), der seinen studentischen Beurteilern 33 Formen von geplanter Hilfe (z.B. »Das Haus der Nachbarn im Auge behalten, während sie weg sind«, »Zeit für eine Organisation opfern, die bedürftigen Menschen hilft«) vorlegte. Die Beurteiler sollten angeben, welche der Tätigkeiten sie in den letzten sechs Monaten ausgeübt hatten. Eine multidimensionale Skalierung der Antworten ergab eine sinnvolle Trennung zwischen formalen, an Organisationen gebundene Aktivitäten und informellen Leistungen gegenüber Freunden oder Familienangehörigen. Eine weitere Untersuchung ergab, daß beide Formen von Hilfeleistung unterschiedliche Korrelate aufwiesen.

2.3.6. Lernen von Hilfsbereitschaft in der Kindheit

Aus der Sicht der sozialen Lerntheorie wird betont, daß Hilfsbereitschaft während der individuellen Entwicklung von Vorbildern und Beispielen gelernt wird (Grusec & Lytton, 1988). Dafür gibt es auch viele empirische Belege (z.B. Rice & Grusec, 1975; Rosenhan & White, 1967; Rushton, 1975). Altruistische Vorbilder, die von Erwachsenen gegeben werden, wirken sich erheblich auf die Spendenbereitschaft von Kindern im Alter von sieben bis elf Jahren aus, wobei die Einflüsse auch noch nach vier Monaten (Rice & Grusec) bzw. zwei Monaten (Rushton) nachweisbar sind.

Auch aus der Sicht der kognitiven Entwicklungstheorie von Jean Piaget ergeben sich charakteristische Unterschiede des moralischen Urteilens in Abhängigkeit vom Alter (Piaget, 1932). Jüngere Kinder zeigen einen *moralischen Realismus*, der durch eine egozentrische Perspektive und eine hedonistische Orientierung an den eigenen Vorteilen gekennzeichnet ist. Die Größe des Schadens bestimmt im wesentlichen das Urteil über die Schwere eines Vergehens. Ältere Kinder besitzen eine *Moral der Zusammenarbeit*, die auf ein differenzierteres Urteilen gegründet ist. Sie beurteilen die Schwere eines Vergehens nach der Absicht der Zielperson und legen besonderen Wert auf die kooperative Orientierung gegenüber Gleichaltrigen. Diese Haltung sollte eine altruistische Orientierung erleichtern. Die Entwicklungsstufe des moralischen Urteils hängt offensichtlich positiv mit der Spendenbereitschaft für einen guten Zweck zusammen (Emler & Rushton, 1974; Rubin & Schneider, 1973; Rushton, 1975). Kinder, die nach der Moral der Zusammenarbeit urteilten, erwiesen sich als hilfsbereiter als Kinder, die dem moralischen Realismus folgten (Underwood & Moore, 1982).

Kinder unterscheiden sich je nach Alter in der Art und Weise, wie sie über prosoziale Dilemmata nachdenken (Eisenberg, 1982). Eine kulturvergleichende Untersuchung zwischen Deutschland, Polen, Italien und USA (Silbereisen, Boehnke, Eisenberg, Palmonari & Reykowski, 1988) ergab, daß der Rückgriff auf extrinsische prosoziale Motive (Streben nach Belohnungen, Herstellung von Konformität) im Laufe der Kindheit und Jugend abnimmt. Dieses Ergebnismuster wurde in allen vier Kulturen deutlich, wenn sich auch kulturspezifische Abweichungen im Zeitpunkt der Veränderungen abzeichneten. Jedenfalls lassen diese Ergebnisse vermuten, daß in den genannten Kulturen eine ähnliche Entwicklung prosozialer Motive zu beobachten ist. Dieses Ergebnismuster zeigt sich auch im Längsschnitt bei Kindern, die zwischen vier/fünf Jahren und elf/zwölf Jahren mehrmals getestet wurden. Hedonistische Begründungen nahmen mit dem Alter ab, während differenziertere Urteilsweisen mit dem Alter zunahmen (Eisenberg, Shell, Lennon, Beller & Mathy, 1987). Hedonistisches Denken, das sich an der Höhe des eigenen Gewinns orientierte, korrelierte negativ mit der Spendenbereitschaft und mit der Empathie.

Die Entwicklung der Empathie folgt einem systematischen Alterstrend (Eisenberg, 1986; Hoffman, 1978). Durch Prozesse der klassischen Konditionierung kann schon im ersten Lebensjahr ein *empathisches Mitfühlen* auftreten. In dieser Phase wird das Leiden anderer Personen mit dem eigenen Leiden gleichgesetzt. Aufgrund der zunehmenden kognitiven Differenzierungsfähigkeit zwischen sich selbst und anderen entwickelt das Kind ein *sympathisches Mitfühlen*. Nachdem zunächst noch die eigenen emotionalen Zustände mit denen von anderen Personen gleichgesetzt werden, führt die Entwicklung der Fähigkeit zur Rollenübernahme zu einem empathischen Mitleiden mit den Leiden anderer Personen. In einem weiteren Schritt entsteht die Erkenntnis, daß andere Menschen eine eigene Perspektive haben, sei es im Hinblick auf ihre Wahrnehmung oder im Hinblick auf ihre sozialen Beziehungen und affektiven Reaktionen.

Empathie wird als Erregung der Gefühle eines Beobachters definiert, die nicht eine Reaktion auf die eigene Lage, sondern eine stellvertretende Reaktion auf die Lage einer anderen Person ist (Hoffman, 1978). Eine

Metaanalyse der Untersuchungsergebnisse zu der Beziehung zwischen Perspektivenübernahme und Hilfsbereitschaft verweist auf systematische Beziehungen (Underwood & Moore, 1982). So hängt die Fähigkeit, die Wahrnehmungsperspektive einer anderen Person nachzuvollziehen, positiv mit der Hilfsbereitschaft der Kinder zusammen. Eine weitere Serie von Metaanalysen (Eisenberg & Miller, 1987) ergab eine stabile positive Beziehung zwischen der Stärke des Mitleids und der Hilfsbereitschaft, die allerdings relativ niedrig ausgeprägt war. Das galt sowohl, wenn die Empathie selbst auf einem Fragebogen eingeschätzt wurde, als auch, wenn die Empathie durch Beurteiler eingeschätzt wurde. Außerdem hingen physiologische Messungen, die vermutlich den erregenden Effekt von Empathie erfassen, positiv mit der Hilfsbereitschaft zusammen.

Im Laufe der weiteren Entwicklung der Kinder kann an die Stelle des Wahrnehmens einer Notlage auch das Wissen um die Notlage treten, das empathische Gefühle auslösen kann (Hoffman, 1976). Im Jugend- und Erwachsenenalter entwickeln sich aus diesen empathischen Gefühlen vielfach *existentielle Schuldgefühle*, die mit dem Wissen um die Benachteiligung bestimmter Gruppen (z. B. der Gastarbeiter oder der Menschen in unterentwickelten Ländern) zusammenhängen (s. Kap. V.4.5).

In empirischen Untersuchungen wurde festgestellt, daß Kinder im Vorschul- und Schulalter eine Vielzahl von altruistischen Handlungen zeigen (in den U.S.A. z. B. Radke-Yarrow & Zahn-Waxler, 1984, bei ein- bis zweijährigen Kindern; Berndt, 1981, bei Erst- und Viertkläßlern; in Deutschland, Halisch, 1988, bei drei- bis fünfjährigen Kindern). Während die gerade genannten Ergebnisse auf Experimenten in ›künstlichen‹ Laboruntersuchungen beruhen, wurde auch durch Beobachtungen von Schülern während der Schulzeit festgestellt, daß altruistisches Verhalten relativ häufig auftritt (Krappmann & Oswald, 1988, bei Viertkläßlern).

Generell scheint sich über die ersten Schuljahre ein Anstieg der Hilfsbereitschaft abzuzeichnen. Rushton (1980, S. 69) hält einen Anstieg des altruistischen Verhaltens in der Altersspanne zwischen sechs und elf Jahren für gesichert. Berndt (1981) fand mehrere Belege für eine größere Hilfsbereitschaft von Viertkläßlern im Vergleich zu Erstkläßlern bei identischen bzw. altersangepaßten Aufgabenformen, wobei die Hilfsbereitschaft, die einen eigenen Nachteil hervorrief und somit als Opferbereitschaft bezeichnet werden kann, unter Schulfreunden erfaßt wurde, die bestimmte Aufgaben lösen sollten und zu zweit arbeiteten.

Unter bestimmten Umständen – insbesondere wenn Hilfsbereitschaft das Übertreten von Verboten bedeutete und wenn das Opfer für seine Lage selbst die Schuld trug – blieb ein Altersanstieg der Hilfsbereitschaft aus (Halisch, 1988; Staub, 1970 a). Vielmehr fanden sich sogar Hinweise auf sinkende Hilfsbereitschaft mit dem Alter. Eine Erklärung dafür ist, daß z. B. Verbote eine Furcht vor Mißbilligung hervorrufen, die Hilfe unterdrückt. Ältere Kinder beachten vermutlich mehr als jüngere Kinder die sozialen Konsequenzen ihrer Handlungen. Sie haben gelernt, mehr auf die Wünsche von Erwachsenen zu achten, da sie die Normen des sozialen Systems erfolgreich internalisiert haben. (Natürlich wäre auch vorstellbar, daß die Normen des sozialen Systems Kindern große individuelle Entscheidungsfreiheit einräumen würden. In einem solchen Fall wären andere Ergebnisse zu erwarten als die, die im folgenden dargestellt werden.)

Das Übertreten von Verboten ist tatsächlich häufig für eine Hilfeleistung erforderlich. Bei einem Verkehrsunfall ist es für Helfer möglicherweise notwendig, im Halteverbot anzuhalten. Solche trivialen Verbote können insbesondere bei Kindern und Jugendlichen das Helfen verhindern. Verbote verkörpern bestimmte Standards, die die Kinder in ihrem sozialen System vorfinden und mit denen sie sich mehr oder weniger stark identifizieren. Staub (1970 a) simulierte Geräusche in einem Nachbarraum, die andeuteten, daß ein Kind auf einem Stuhl stand und umstürzte. Die Zeugen des simulierten Unfalls waren Kindergartenkinder, Zweitkläßler, Viertkläßler und Sechstkläßler. In 31,8% der Simulationen reagierten die Kinder mit Hilfsbereitschaft. In der Kindergartengruppe waren es allerdings nur 19% und in der Gruppe der Sechstkläßler nur 15%. Hingegen war die Hilfsbereitschaft bei den mittleren Altersgruppen wesentlich größer. Im zweiten Schuljahr halfen z. B. 51%.

Interviews mit den Sechstkläßlern zeigten, daß sie vielfach aus Angst vor Mißbilligung durch Erwachsene den Raum, in dem sie sich befanden, nicht verlassen hatten. Sie nahmen implizit an, daß sie nicht von sich aus aus dem Zimmer gehen durften. Der Gehorsam gegenüber dieser impliziten Norm schien bei vielen Kindern größer zu sein als die Neigung, der Norm der sozialen Verantwortung zu folgen und zu helfen. In diesem Zusammenhang ist zu bedenken, daß sich die Kinder in einem ihnen fremden Gebäude aufhielten, was sie vielleicht besonders vorsichtig handeln ließ.

Ein späterer Versuch (Staub, 1971) zeigte, daß Kinder aus der siebten Klasse dann wesentlich hilfsbereiter auf den Unfall reagierten, wenn sie explizit die Erlaubnis erhalten hatten, den Nachbarraum zu betreten. Hingegen war die Hilfsbereitschaft bei Kindern, die ein Verbot bzw. keine weiteren Hinweise erhalten hatten, geringer. Bei einer Wiederholung des Versuchs mit Erwachsenen zeigte sich, daß auch bei ihnen durch das Verbot, den Nachbarraum zu betreten, die Hilfeleistung beeinträchtigt wurde. Allerdings ließen sie sich nicht von einer Hilfe abhalten, wenn keine Informationen gegeben wurden. In dieser Bedingung halfen Erwachsene genauso oft als wenn sie die explizite Erlaubnis zum Betreten des Nachbarraums erhielten. Die Auswirkungen eines milden Verbots auf Kinder und Erwachsene im Hinblick auf die Unterdrückung der Hilfsbereitschaft sind bemerkenswert. Bei den Erwachsenen wurde das Verbot z. B. damit begründet, daß die Versuchsperson im Nachbarraum nicht gestört werden sollte. Wenn diese Versuchsperson offensichtlich einen Unfall erlitt, war das Verbot inhaltlich ohne weiteren Belang. Nichtsdestoweniger beeinträchtigte das Verbot die Hilfsbereitschaft. Von 18 Erwachsenen gingen nur sechs in den Nebenraum und versuchten, dem Opfer zu helfen. Die Orientierung an einer Reihe von Verboten, die in vielen Situationen ein sozial angepaßtes Verhalten zur Folge hat, ist in Notsituationen nicht sinnvoll.

Verbote sind ein Beispiel dafür, daß ein situativer Einfluß auf die Hilfsbereitschaft ausgeübt wird. In den Kap. III und IV befassen wir uns ausführlicher mit den situativen Bedingungen altruistischen Verhaltens. Aus Raumgründen kann an dieser Stelle nicht ausführlicher auf die Entwicklung prosozialen Verhaltens bei Kindern und Jugendlichen eingegangen werden. Gute Übersichten über die Forschungsergebnisse finden sich bei Grusec & Lytton (1988) und Schmidt-Denter (1988).

2.4. Altruismus in Sozialsystemen

Menschen leben i. a. nicht isoliert sondern als Mitglieder von sozialen Systemen, in denen sie bestimmte Rollen übernehmen (s. Dahrendorf, 1974). Ein Kind übernimmt z. B. die Rolle eines Schülers in der Schule und die Rolle des Sohnes oder der Tochter in der Familie. Die Rollen in einem Sozialsystem sind mit bestimmten normativen Erwartungen verbunden.

In einer umfangreichen Untersuchung gingen Montada, Dalbert & Schmitt (1988) der Frage nach, inwieweit Systemmerkmale, Personenmerkmale und situative Merkmale Hilfe von Töchtern gegenüber ihren Müttern beeinflussen. Dazu wurden psychologische Merkmale der Mutter-Tochter-Beziehung (z. B. familiärer Zusammenhalt und Beziehungsgüte), generalisierte Einstellungen der Töchter (z. B. Verneinung der Verantwortung und Empathie), gewohnheitsmäßiges prosoziales Verhalten der Tochter gegenüber der Mutter (Gefühl der persönlichen Verpflichtung, Einstellung zu dem angemessenen Hilfeverhalten von Töchtern zu ihren Müttern), entscheidungsrelevante Kognitionen (Einschätzung der Bedürfnisse der Mutter, Berechtigung eines Wunsches der Mutter, Kosten, Fähigkeiten und Möglichkeiten, Antizipation von Schuldgefühlen, Antizipation der Enttäuschung der Mutter), die Ab-

sicht, auf die Wünsche der Mutter einzugehen und das prosoziale Handeln erfaßt.
In die Untersuchung wurden 673 Frauen einbezogen, die in Trier und Umgebung wohnten. Die älteste Kohorte entstammte den Geburtsjahrgängen 1929–34, die mittlere Kohorte den Jahrgängen 1947–52 und die jüngste Kohorte den Jahrgängen 1957–62. In die Untersuchung wurden nur Frauen einbezogen, deren Mütter noch lebten.

Die Absicht, den Wünschen der Mutter zu entsprechen, war durch die folgenden Merkmale bestimmt:
- Die Einschätzung, wie berechtigt die Wünsche der Mutter sind
- Das Gefühl, persönlich zur Hilfe verpflichtet zu sein
- Fähigkeiten und Möglichkeiten
- Antizipation von Schuldgefühlen
- allgemeine Einstellung zur Notwendigkeit der Hilfeleistung von Töchtern ihren Müttern gegenüber
- Verantwortlichkeit der Mutter in dem Sinn, daß sie eine Bedürfnislage selbst herbeigeführt hat.

Während sich die zuerst genannten Merkmale alle positiv auf die Absicht zu helfen auswirkten, führte die Attribution auf die Mutter zu weniger Hilfsbereitschaft. Die genannten Merkmale erklärten zusammen 64% der Varianz der Absicht. Das erste Merkmal allein erklärte 45% der Varianz der Absicht, die persönliche Verpflichtung noch einmal 9%.
Die Absicht zu helfen war der stärkste Prädiktor des prosozialen Handelns. 38% der Varianz des Handelns wurden durch die Absicht erklärt. Zusätzlich wirkten sich aber auch noch einige andere Merkmale förderlich auf das prosoziale Handeln aus:
- das gewohnheitsmäßige prosoziale Handeln, als die Gewohnheit, die sich im Laufe der Zeit eingespielt hat
- Fähigkeiten und Möglichkeiten, also pragmatische Gesichtspunkte der »Machbarkeit«
- Familiärer Zusammenhalt der Herkunftsfamilie, der sich auf das Ausmaß bezieht, in dem das Zusammenleben in der Familie der Eltern durch ein gutes und gleichberechtigtes Miteinanderauskommen gekennzeichnet war.

In die Absichtsvariable gehen die weiter oben schon genannten Determinanten als indirekte Einflußfaktoren auf das prosoziale Handeln ein. Die zusätzlichen Prädiktoren, durch die insgesamt mit Einbeziehung der Absicht 47% der Varianz des prosozialen Handelns aufgeklärt werden, verdienen besondere Beachtung. Die Gewohnheit erweist sich im alltäglichen Helfen nach der Absicht als zweitwichtigster Prädiktor des Handelns. Dieses Ergebnis stimmt sowohl mit der Einstellungs-Verhaltens-Theorie von Bentler & Speckart (1979) überein als auch mit der Alltagserfahrung. Viele Handlungen – nicht nur solche, die unter die Kategorie des Helfens einzuordnen sind – werden quasi aus Tradition oder weil es so üblich ist ausgeführt. Ein einmal eingefahrenes Handlungsmuster erweist sich oftmals – unabhängig davon, wie es ursprünglich entstanden ist und wie sich die Umstände inzwischen verändert haben – als resistent gegen Veränderungen. Gewohnheiten werden i.a. beibehalten, nicht zuletzt auch, weil sie sich durch Internalisierung und Selbstbeobachtung mehr oder weniger »verselbständigt« haben.

Fähigkeiten und Möglichkeiten betreffen das Kompetenzgefühl und die objektiven Handlungsmöglichkeiten. Lange Wege beeinträchtigen zum Beispiel die Hilfeleistung, weil sie die Kosten des Helfens in die Höhe treiben (Clark, 1976). Wenn man sich einer Notlage von den Bewältigungsmöglichkeiten her gewachsen fühlt, greift man eher ein als wenn man sich überfordert fühlt (Bierhoff, Kramp & Klein, 1989).

Der familiäre Zusammenhalt repräsentiert eine systemische Variable, die vermutlich mit der aus Untersuchungen der Beziehungen zwischen Gruppen bekannten Bevorzugung der Binnengruppe in Zusammenhang steht. Insbesondere kleine exklusive Gruppen, wie sie Familien darstellen, rufen eine positive Zuwendung den Gruppenmitgliedern gegenüber hervor (Gerard & Hoyt, 1974).

Dieses Bezugssystem der Hilfe im Kontext Familie ist besonders aufschlußreich, weil es Helfen unter natürlichen Bedingungen erklärt und auf einer großen Stichprobe von Befragten beruht. In die Absicht zu helfen fließen offensichtlich sowohl rationale Abwägungen ein im Sinne der Einschätzung der Berechtigung der Bedürfnisse und der Fähigkeiten und Möglichkeiten als auch Gewissenseinflüsse, die sich in persönlichen Normen kristallisieren, und mehr irrationale Faktoren, wie sie in Schuldgefühlen zum Ausdruck kommen. In Übereinstimmung mit Fishbein & Ajzen (1975) wird als wichtigste Determinante des Verhaltens die Verhaltensabsicht erfaßt. Außerdem wird im Sinne von Einstellungs-Verhaltens-Modellen die Einstellung der Töchter zur Hilfe gegenüber Müttern berücksichtigt, die sich – in Übereinstimmung mit dem Modell von Fishbein & Ajzen – bedeutsam auf die Verhaltensabsicht auswirkt. Wir gehen in einem späteren Kapitel ausführlicher auf das Fishbein-&-Ajzen-Modell der Einstellungsmessung ein.

3. Klassifikation hilfreichen Verhaltens

Der Begriff Altruismus läßt sich auf eine Vielzahl von Verhaltensweisen anwenden, wie die Beispiele zeigen, die bisher schon genannt wurden.

Die Frage ist, ob sich altruistische Verhaltensformen nach ihrer Ähnlichkeit zusammenfassen lassen. Auf diese Frage kann man eine Antwort finden, indem man sich daran orientiert, welche altruistischen Episoden Beurteiler als ähnlich einschätzen. Eine andere Möglichkeit besteht darin, ein theoretisches Bezugssystem zu entwickeln, das sich an den grundlegenden Formen der sozialen Interaktion zwischen Helfer und Hilfeempfänger orientiert.

3.1. Empirische Klassifikationen

Eine Unterscheidung, die schon von vorneherein naheliegend ist, bezieht sich auf das Merkmal einer akuten Notlage. Altruistische Handlungen können dazu dienen, eine akute Notlage – z. B. bei einem Asthma-Anfall – zu beenden oder sie können in einer entspannteren Situation stattfinden (z. B. Hilfe bei den Hausaufgaben).

3.1.1. Akute Notlagen

Shotland & Huston (1979) gingen in mehreren Untersuchungen der Frage nach, welche Merkmale typisch für akute Notlagen sind. Die besten Beispiele für akute Notlagen hingen alle mit Unfallsituationen zusammen:

- Schnitt in die Arterie mit starkem Bluten,
- brennendes Haus, in dem Menschen um Hilfe rufen,
- Vergiftung bei einem Kind,
- Kind verschluckt Rasierklinge.

Demgegenüber wurden folgende Alltagsprobleme von den Beurteilern im allgemeinen *nicht* als akute Notsituationen eingeschätzt:

- Jemand hält eine Zigarre in der Hand und sucht ein Streichholz,
- Katze ist auf Baum entwichen,
- Jemand verliert ein Zehn-Pfennig-Stück in der Telefonzelle,
- Kind hält aus Protest den Atem an.

Besonders bei der Beurteilung der Frage, was eine akute Notlage ist, fand sich eine überwältigende Übereinstimmung unter den Beurteilern. Weitere Analysen zeigten, daß eine soziale Episode dann als akute Notlage eingestuft wurde, wenn man annahm, daß der Schaden mit der verstreichenden Zeit, in der nicht geholfen wird, zunahm. Außerdem erwies sich noch als bedeutsam, daß fremde Hilfe für eine Rettung notwendig war. Die Ergebnisse legen den Schluß nahe, daß akute Notfälle dadurch charakterisiert sind, daß Unfälle, Krankheiten oder Verbrechen auftreten, die eine Bedrohung des Wohlergehens einer

Person hervorrufen. Diese Bedrohung nimmt zu, wenn nicht schnell durch Außenstehende interveniert wird.
Shotland & Huston (1979) arrangierten ein umfangreiches Feldexperiment, um die Auswirkungen einer akuten Notlage auf die Hilfsbereitschaft zu erfassen. Besucher der Universität, die einen großen Parkplatz gerade aufgesucht hatten bzw. im Begriff waren, ihn zu verlassen, wurden durch Passanten mit der Bitte angesprochen, sie mit dem Auto nach Hause zu fahren. (Die Entfernung betrug etwa 8 Kilometer.) Je nach Bedingung wurde als Grund für die Bitte eine akute Notlage genannt oder eine Notlage, die nicht akut war. In der akuten Bedingung sagte der Bittsteller z. B., daß für ihn/sie die Einnahme von Insulin überfällig sei, das er/sie zu Hause vergessen hätte. In der anderen Bedingung wurde z. B. als Begründung genannt, daß die Einnahme eines Allergie-Medikaments, das man zu Hause vergessen habe, überfällig sei.
Bei akuten Notlagen wurde der Bitte in 64% der Fälle entsprochen, während den Vergleichsbitten nur in 47% nachgekommen wurde. Die durch einen akuten Notfall begründete Bitte war also erfolgreicher. Es sei noch erwähnt, daß die Hilfsbereitschaft von ankommenden Autofahrern tendenziell geringer war (mit 50%) als die von abfahrenden Personen (63%), daß weiblichen Bittstellern häufiger geholfen wurde als männlichen (47%) und daß männliche Fahrer häufiger der Bitte nachkamen (61%) als weibliche Fahrer (40%). Diese Geschlechtsunterschiede lassen sich vermutlich damit erklären, daß sich weibliche Fahrer möglicherweise für persönlich verwundbarer halten als männliche Fahrer und daß weibliche Bittsteller als weniger bedrohlich erscheinen könnten als männliche Personen, die im Auto mitfahren wollen (s. unten).

3.1.2. Hilfeappelle

Eine weitere Zweiteilung, die von der erstgenannten weitgehend unabhängig ist, wurde von Schneider (1978) vorgeschlagen. Aufgrund der Vorgabe von 21 Formen von Hilfeleistungen, die eine große studentische Zufallsstichprobe nach ihrer Bereitschaft, altruistisch zu handeln, beurteilte, wurde zwischen sozialen Episoden, in denen eine *Hilfe nach Aufforderung* stattfand und *Kontakten ohne direkten Hilfsappell* unterschieden. Damit ist eine zweite Merkmalsdimension angesprochen, auf der altruistische Episoden abgestuft sind.
Beide Dimensionen sind relativ unabhängig voneinander. So kann z. B. ein Hilfeappell sowohl in einer akuten Notlage als auch in einer entspannten Situation ausgesprochen werden (z. B. »Hilfe, ich gehe unter!«, »Können Sie kurz einmal auf mein Gepäck aufpassen?«). Ob

eine Situation eine akute Notsituation darstellt und ob sie einen Appel beinhaltet, wirkt sich unmittelbar auf das Ausmaß der Hilfeleistung aus.
Hilfeappelle steigern die Hilfsbereitschaft gerade auch in solchen Situationen, in denen die potentiellen Helfer ein Risiko eingehen, wenn sie intervenieren. In einer Untersuchung an einem Strand in New York wurde der Diebstahl eines tragbaren Radios simuliert (Moriarty, 1975). Ein Strandbesucher, der ein laufendes Radio bei sich hatte, suchte sich einen Platz in der Nähe der ausgewählten Zielperson, die natürlich nicht wußte, daß ihr Verhalten beobachtet wurde. Nach wenigen Minuten verließ der Besucher seinen Platz, der durch ein großes Handtuch gekennzeichnet war, und sprach die Zielperson an. In einer Bedingung bat er sie, auf seine Sachen für einige Minuten aufzupassen (Hilfeappell). In der zweiten Bedingung bat er sie um Streichhölzer (neutrale Bedingung).
Nach einigen Minuten kam eine andere Person vorbei, die sich dem leeren Liegeplatz näherte, das Radio an sich nahm und schnell wegging. Etwa ein Drittel der Zielpersonen bemerkte diesen Vorgang nicht. Interessant ist besonders, wie sich die Reaktionen der Zielpersonen, die den Vorfall bemerkten, je nach Bedingung unterschieden:

- 95% sprangen auf und stellten den Dieb, wenn sie um die Beaufsichtigung der Sachen gebeten worden waren,
- 20% intervenierten entsprechend, ohne daß sie eine Aufforderung erhalten hatten.

Die Ergebnisse sprechen für sich. Offensichtlich ist in vielen alltäglichen Situationen das Ausmaß der Hilfeleistung davon abhängig, ob die hilfebedürftige Person um entsprechende Hilfe gebeten hat. Weitere Untersuchungen in einer Universitätsbibliothek (Shaffer, Rogel & Hendrick, 1975) stehen mit dieser Schlußfolgerung in Übereinstimmung (s. Kap. IV).
Ob eine Hilfe auf Aufforderung erfolgen kann oder ohne Hilfeappell stattfinden muß, beeinflußt also die Wahrscheinlichkeit einer Hilfe in erheblichem Umfang. In den genannten Untersuchungen war eine Hilfeleistung mit möglichem Ärger und eventuell sogar mit Gefahren verbunden. Unter diesen Umständen ist es überraschend, wie hoch die relative Häufigkeit von Interventionen nach einer einschlägigen Bitte lag. Andererseits war die Hilfsbereitschaft sehr gering (und in einer Bedingung sogar gleich null), wenn eine Hilfeleistung nicht durch eine Bitte vorgebahnt worden war.
In diesen ›brenzligen‹ Situationen war eine spontane Hilfe eher unwahrscheinlich. Nur wenn die Hilfeleistung durch einen Hilfeappell vorgebahnt war, wurde in diesen Situationen ein substantielles Ausmaß an Hilfeleistung beobachtet. Vermutlich trug der Hilfeappell dazu bei, die Verantwortung für ein Eingreifen auf die Zielperson zu fokussieren

(s. Kap. IV.2.1.5). Schon bei Kindern wurde beobachtet, daß ihre Bereitschaft, in einer Notlage eines anderen Kindes hilfreich einzugreifen, gesteigert wurde, wenn zuvor die Verantwortung auf sie fokussiert worden war (Staub, 1970 b).

In diesem Zusammenhang ist auch zu erwähnen, daß ein Hilferuf die Wahrscheinlichkeit der Intervention bei einer akuten Notlage erhöhte (Yakimovich & Saltz, 1971). Ein Mann, der ein Fenster reinigte, stürzte von seiner Leiter. In einer Bedingung rief er um Hilfe, während er in der zweiten Bedingung nicht um Hilfe rief. Der Unterschied in der relativen Häufigkeit einer Intervention bei Studenten, die Zeugen des Unfalls wurden, war erheblich (81% vs. 29%).

3.1.3. Multidimensionale Skalierung altruistischer Episoden

Schneider (1988) stellte eine Liste von 44 unterschiedlichen Formen von altruistischem Verhalten zusammen. In ähnlicher Weise sammelten auch Smithson, Amato & Pearce (1983) verschiedene Formen der Hilfsbereitschaft. In einer empirischen Untersuchung baten sie Beurteiler, unter 62 altruistischen Handlungsmustern paarweise die Ähnlichkeit auf einer Skala von 1 (ähnlich) bis 5 (unähnlich) einzuschätzen. Diese Ähnlichkeitseinschätzungen wurden mit Hilfe einer multidimensionalen Skalierung auf die den Urteilen zugrundeliegenden Dimensionen untersucht (vgl. Borg, 1981). Die Ergebnisse zeigten, daß die altruistischen Handlungsmuster durch drei Urteilsdimensionen dargestellt werden konnten:

- *spontane*, *informelle* vs. *geplante*, *formale* Hilfe. Ein Beispiel für formale Hilfe ist ›Eine Gruppe jugendlicher Delinquenten durch den Zoo führen‹ und ein Beispiel für informelle Hilfe ist ›Einem Fremden den Weg erklären‹.
- Hilfe in einer *schweren Notlage* vs. Hilfe in einer *leichten Notlage*. Beispiele sind ›Hilfe bei einem Herzinfarkt‹ und ›Einen verlorenen Brief einwerfen‹. Diese Dimension spiegelt die Unterscheidung zwischen akuten Notlagen und anderen Hilfesituationen von Shotland & Huston (1979) wider.
- *direkte* Hilfe (Handeln) vs. *indirekte* Hilfe (Spenden). Ein Beispiel für direkte Hilfe ist ›Aufheben von hingefallenen Computerkarten‹ und ein Beispiel für indirekte Hilfe ist ›Spenden für einen guten Zweck‹.

In dieser Klassifikation ist die Dimension der Hilfe mit und ohne Aufforderung nicht enthalten, möglicherweise weil die verwendeten sozialen Episoden diesen Aspekt wenig berücksichtigen. Jedenfalls scheint es sinnvoll, Aufforderungen als zusätzlichen Gliederungsgesichtspunkt einzubeziehen (s. Schneider, 1978).

In einer späteren Analyse gingen Amato & Saunders (1985) der

Klassifikation von Situationen nach, in denen um Hilfe gebeten wird (z.B. »einen Freund bitten, mich zum Zahnarzt zu fahren», »zum Arbeitsamt gehen und wegen einer Stelle nachfragen«). Eine multidimensionale Skalierung wurde durchgeführt, nachdem Studenten die Beschreibungen der Episoden auf 9-Punkte-Skalen nach Ähnlichkeit eingestuft hatten. Dabei ergaben sich vier Urteilsdimensionen:

- Ernsthaftigkeit des Problems bzw. Bedrohung des Selbstwertes
- Soziale Distanz zum potentiellen Helfer (Freund vs. Fremder)
- Suche nach professioneller oder nichtprofessioneller Hilfe
- Gelegenheit zur »Rückzahlung» (Reziprozität).

Ein Vorteil dieser Klassifikationen besteht darin, daß sie als Bezugssystem für die Beurteilung bestimmter Formen altruistischen Verhaltens dienen können. So kann man auch prüfen, welche Bereiche altruistischen Handelns in der bisherigen empirischen Forschung vernachlässigt und welche Bereiche intensiv erforscht wurden. Smithson et al. (1983) weisen darauf hin, daß Hilfeleistungen, die nicht in einer anonymen Beziehung, sondern in Beziehungen, in denen persönliche Bekanntschaft herrscht (z.B. unter Freunden und Verwandten), stattfinden, zu wenig erforscht wurden. Damit ist Hilfe in Sozialsystemen angesprochen. Außerdem scheint es so zu sein, daß Hilfe, die nicht von außen angestoßen wird (z.B. durch Hilfeappelle oder Hinweise auf Notlagen), sondern intrinsisch motiviert ist, wenig untersucht wurde.

Eine andere Anwendungsmöglichkeit der multidimensionalen Klassifikationssysteme besteht darin, daß man Formen der Hilfe auswählen kann, die einen bestimmten Endpol einer Dimension repräsentieren (s. Amato, 1985). In diesem Zusammenhang berichten Smithson et al. (1983) einen Stadt-Land-Vergleich, bei dem fünf Formen von Altruismus einbezogen wurden (s. auch Steblay, 1987):

- eine falsche Wegbeschreibung korrigieren, die man zufällig hört (spontane Hilfe)
- ein Fußgänger stürzt auf dem Bürgersteig zu Boden, der ein frisch bandagiertes, noch blutiges Bein hat (Hilfe in einer schweren Notlage)
- Spenden für Opfer der Multiplen Sklerose (indirekte Hilfe)
- Bereitschaft, für eine Forschungsarbeit die eigene Lieblingsfarbe zu nennen (Hilfe in einer leichten Notlage)
- Aufheben von hingefallenen Briefumschlägen (direkte Hilfe)

Wie schon in dem Abschnitt über kulturelle Einflüsse dargestellt wurde, zeigt sich generell ein kurvilinearer Zusammenhang zwischen Wohnortgröße und durchschnittlicher Hilfsbereitschaft. Die einzige Ausnahme scheint das Aufheben von Briefumschlägen zu sein. Diese Situation rief insgesamt ein besonders niedriges Niveau der Hilfeleistung hervor (s. Steblay, 1987). Diese niedrige Grundrate macht Stadt-Land-Vergleiche von vorneherein problematisch.

3.2. Theoretisch gewonnene Klassifikation

Da sich altruistisches Handeln in der sozialen Interaktion zwischen Helfern und Hilfeempfängern abspielt, liegt es nahe, eine Klassifikation unterschiedlicher Formen altruistischer Handlungsweisen in Abhängigkeit von dem zugrundeliegenden Interaktionsmuster durchzuführen. Jones & Gerard (1967) haben eine Vierer-Klassifikation sozialer Beziehungen dargestellt, die als Grundlage für eine theoretisch abgeleitete Taxonomie hilfreichen Verhaltens dienen kann (Bierhoff, 1984). Die Klassifikation beruht auf unterschiedlichen Mustern interpersoneller Abhängigkeit, die *Kontingenzen* genannt werden.

Jones & Gerard (1967) unterschieden folgende vier Formen sozialer Beziehungen:

- Pseudokontingenzen. Die soziale Beziehung ist durch eine geringfügige und vielfach minimale soziale Abstimmung gekennzeichnet. In vielen alltäglichen Situationen finden sich Formen der Hilfeleistung, die diesem Interaktionsmuster entsprechen. Typisch für diese Formen der Hilfsbereitschaft ist, daß sie nur ein Randereignis darstellen, dem die Akteure nur geringe Aufmerksamkeit schenken und das sie häufig schnell wieder vergessen. Ein Beispiel ist ›Einem Fremden den Weg in der Stadt beschreiben!‹
- Asymmetrische Kontingenzen. Die soziale Beziehung ist durch eine Machtungleichheit zwischen den Akteuren gekennzeichnet. Während der eine Interaktionspartner einen erheblichen Einfluß auf den anderen ausübt, ist die umgekehrte Einflußrichtung nur schwach ausgeprägt. Eine Form der einseitigen Einflußnahme im Zusammenhang mit Altruismus sind Bitten und Hilfsappelle, die oft einen starken Einfluß auf die Zielperson ausüben (s. oben).
- Reaktive Kontingenzen. Das Verhalten beider Interaktionspartner wird im wesentlichen durch situative Einflüsse bestimmt, die sie zwingen, ihre individuellen Handlungspläne aufzugeben. Soziale Situationen, die in diese Kategorie fallen, sind akute Notlagen, in denen ein schnelles Eingreifen erforderlich ist, damit der Schaden in Grenzen gehalten werden kann (s. Shotland & Huston, 1979). Durch den Zeitdruck, der bei schweren Unfällen oder unerwarteten Bedrohungen entsteht, sind sowohl Hilfeempfänger als auch Helfer nicht in der Lage, ihre Handlungen sorgfältig zu planen. Sie müssen unmittelbar handeln, wobei auf der Seite der Helfer vielfach Formen des impulsiven Helfens zu beobachten sind (Piliavin, Dovidio, Gaertner & Clark, 1981).
- Wechselseitige Kontingenzen. Beide Interaktionspartner sind gegenseitig voneinander abhängig. Ausgesprochen oder unausge-

sprochen folgt die soziale Beziehung der Regel ›Wie Du mir, so ich Dir‹. Die altruistische Handlung eines Partners fördert die Bereitschaft des jeweils anderen, sich auch altruistisch zu verhalten. Diese Gegenseitigkeit ist aber nicht in der Hinsicht eingeschränkt, daß Leistung und Gegenleistung zeitlich unmittelbar aufeinander folgen müssen. Vielmehr können größere Zeiträume – manchmal sogar Jahre – zwischen dem Zeitpunkt der ersten Hilfe und dem Zeitpunkt der Gegenleistung (›Rückzahlung‹) liegen.

Diese Klassifikation ergibt vier gut voneinander abgrenzbare Klassen altruistischen Verhaltens. Eine Vielzahl von empirischen Beobachtungen zum altruistischen Verhalten läßt sich in dieses Schema einordnen (Bierhoff, 1984). Ein Vorteil des theoretischen Bezugssystems besteht darin, daß es bestimmte Hypothesen über altruistische Handlungen in Abhängigkeit von dem Interaktionsmuster zwischen Helfer und Hilfeempfänger nahelegt. Wechselseitige Kontingenzen sollten z.B. zur Entstehung einer normativen Struktur führen, in der die Norm der Reziprozität (s. Gouldner, 1984) bestimmend ist. Hingegen sollten asymmetrische Beziehungen von Bitten und Hilfeappellen gebahnt werden (s. oben).

Wenn man die empirisch gewonnenen Klassifikationssysteme altruistischen Verhaltens mit dem theoretischen Bezugssystem vergleicht, sind Überschneidungen und Ähnlichkeiten unverkennbar. Eine grundlegende Unterscheidung besteht zwischen akuten Notlagen und weniger dramatischen sozialen Episoden, in denen altruistische Handlungsweisen auftreten. Unter dem Begriff der reaktiven Kontingenzen sind altruistische Episoden einzuordnen, die unter hohem Zeitdruck stehen. Diese Kategorie überschneidet sich auch weitgehend mit der Kategorie der schweren Notlagen von Smithson et al. (1983).

Andererseits fällt die Kategorie der informellen, spontanen Hilfe von Smithson et al. (1983) weitgehend unter die Pseudokontingenzen. Bei Bitten und Hilfeappellen ist die Zuordnung zu den unterschiedlichen Formen sozialer Beziehungen zwischen Helfer und Hilfeempfänger weniger eindeutig. Sie lassen sich sowohl den Pseudokontingenzen unterordnen (wenn es sich um Randereignisse handelt) als auch den asymmetrischen Kontingenzen (wenn die Bitte eine längerfristige Beziehung zwischen Helfer und Hilfeempfänger herbeiführt). Schließlich besteht auch die Möglichkeit, daß Hilfeappelle im Sinne von Hilferufen eine reaktive Kontingenz in akuten Notlagen auslösen.

4. Übersicht über Forschungsgebiete der Altruismusforschung

Wie in vielen Bereichen der psychologischen Forschung, so gilt auch für die Altruismusforschung, daß sie eine große Vielzahl von Fragestellungen aufgegriffen hat. Daher besteht die Gefahr, daß Zusammenhänge zwischen Fragestellungen und ihre Einordnung in den Gesamtbereich der Altruismusforschung unklar bleiben. Um dieser Gefahr vorzubeugen, enthält Tab. 1 eine Zusammenfassung der wichtigsten Bereiche der Altruismusforschung, die in einem 2 (für Rolle der Zielperson als Helfer oder Hilfeempfänger) × 4 (für Kategorien der unabhängigen Variablen) Schema gegliedert sind.

Tab. 1: Übersicht über Merkmale, die einen Einfluß auf altruistisches Verhalten ausüben (nach Krebs, 1970)

Kategorien der unabhängigen Merkmale	Rolle der Zielperson als Geber	als Empfänger
Situationale Zustände	Positive und negative affektive Zustände	Abhängigkeit
	Zustände, die durch Modelle hervorgerufen sind	Attraktivität
Eigenschaften	Altruismus, erfaßt durch Ratingskalen, Fragebogen und Verhaltensmaße	Ursache der Abhängigkeit
		Andere Eigenschaften
Soziale Rolle und demographische Merkmale	Geschlecht Alter Geschwisterfolge	Freundschaft Gruppenzugehörigkeit und soziale Klasse
	Gruppenzugehörigkeit und soziale Klasse Nationalität	
Soziale Normen	Norm sozialer Verantwortung	Norm der Reziprozität

Die Unterscheidung zwischen Geber und Hilfeempfänger, die von Krebs (1970) durchgeführt wurde, entspricht der Trennung der Perspektiven von Helfern und Hilfeempfängern (s. Kap. I.1.4). So deuten Untersuchungsergebnisse darauf hin, daß das Selbstkonzept der Hilfe-

empfänger ihre Reaktionen auf den Hilfeerhalt beeinflußt (Nadler, 1987), da Personen mit höherem Selbstwertgefühl eher auf Hilfesuche verzichten als Personen mit niedrigem Selbstwertgefühl. Eine Einordnung des Selbstwertgefühls als vermittelnde Variable ist unter den ›anderen Eigenschaften‹ der Hilfeempfänger in Tab. 1 möglich.
Andererseits läßt sich die Entwicklung des Mitgefühls, die in den letzten Jahren viel diskutiert wurde (z.B. Eisenberg & Miller, 1987; Hoffman, 1981), unter den Eigenschaften der Geber einordnen. Eine weitere – mit Empathie zusammenhängende – Eigenschaft ist die Sympathie mit einem Opfer, die sich als Bedauern und Sorge um das Wohlergehen des Opfers definieren läßt (Eisenberg & Miller, 1987).
Die Stadt-Land-Unterschiede in der Hilfsbereitschaft, die weiter oben ausführlicher dargestellt wurden, sind den soziodemographischen Merkmalen zuzuordnen. Dieser Merkmalsgruppe sind auch Unterschiede in Mitgefühl und Altruismus zwischen verschiedenen Nationalitäten zuzuordnen (Korte, 1981; Feldman, 1968). In der sozialpsychologischen Forschung wurden soziodemographische Faktoren tendenziell vernachlässigt, obwohl sie in erheblichem Umfang einen Einfluß auf soziales und insbesondere prosoziales Verhalten ausüben.
In unterschiedlichen Kulturen finden sich viele Normen, die voneinander abweichen (Hartley & Hartley, 1952). Das gilt sowohl für biologische Bedürfnisse wie Hunger und Sexualität aber auch für soziale Motive wie Helfen und Geselligkeit. Normen üben einen steuernden Einfluß auf die Motivationsformen aus, da sie die ›annehmbaren Formen der Triebbefriedigung‹ (Hartley & Hartley, 1952, S. 302) beschreiben.
Von der Spezifität einzelner Normen abgesehen, lassen sich auch allgemeinere soziale Normen finden, die mehr oder weniger universell zu sein scheinen. Das betrifft z.B. die Norm der Gegenseitigkeit (Triandis, 1978). Möglicherweise ist auch die Norm der sozialen Verantwortung eine universelle Norm (s. unten).
Nationale Unterschiede in der Hilfsbereitschaft wurden in einer vergleichenden Umfrage in fünf Ländern deutlich (Almond & Verba, 1963, zit. nach Berkowitz, 1966). Während sich 65% der Engländer als großzügig einschätzten und 59% der Amerikaner, sank die Zahl derer, die sich entsprechend einschätzten, in Deutschland auf 42%, in Mexiko auf 36% und in Italien auf 25%. Vermutlich war das altruistische Selbstbild je nach Nationalität sehr unterschiedlich, wobei die Befragten aus dem angloamerikanischen Bereich deutlich das positivste Selbstbild artikulierten, während die Einschätzung der Deutschen im unteren Mittelbereich lag.

5. Forschungsmethoden und hilfreiches Verhalten

Generell stehen der empirischen Forschung eine Vielzahl von Methoden der Datenerhebung zur Verfügung (s. Roth, 1987). Ein allgemeiner Grundsatz moderner sozialwissenschaftlicher Forschung besteht darin, daß keine einzelne Methode verabsolutiert werden sollte (Crano & Brewer, 1973). Daher stehen Beobachtungsmethoden, Fragebogentechniken, Interviews, Inhaltsanalysen, Experimente und Einzelfallanalysen prinzipiell gleichberechtigt nebeneinander.

In der Altruismusforschung wurden alle diese Verfahren erfolgreich eingesetzt. Zwar finden sich viele Studien, in denen das experimentelle Vorgehen gewählt wurde, aber es finden sich auch Beobachtungsstudien in der natürlichen Umwelt der Zielpersonen, Untersuchungen auf der Grundlage von Interviewleitfäden und Fragebögen, Einzelfallanalysen (z. B. von Nierenspendern; Fellner & Marshall, 1981) und Inhaltsanalysen der Inhalte von Massenmedien und Lesebüchern (s. Bilsky, 1988, 1989).

Eine ähnliche Vielfalt der Methoden läßt sich im Bereich der Empathieforschung feststellen. Empathie läßt sich als affektiver Zustand, der aus dem Verständnis des emotionalen Zustands einer anderen Person stammt und der damit kongruent ist, definieren (Eisenberg & Miller, 1987). Während sich im Hinblick auf diese Definition eine große Übereinstimmung unter modernen Empathieforschern findet, unterscheiden sich die Methoden zur Erfassung von Mitgefühl ganz erheblich. Folgende Verfahren wurden zur Messung von Mitgefühlen verwendet:

- projektive Techniken, bei denen Kinder zu Bildern eine Geschichte erzählen,
- Selbsteinschätzungen auf Fragebögen,
- Fremdeinschätzungen durch Freunde oder Bekannte,
- Nonverbale Indikatoren von Mitgefühl in Gestik und Mimik,
- physiologische Messungen,
- experimentelle Abstufung durch Instruktionen, die betonen, daß man sich in eine andere Person hineinversetzen soll bzw. daß man eine andere Person distanziert beobachten soll.

Unter diesen Methoden ist keine als die ›beste‹ zu bezeichnen, wenn sich auch Hinweise fanden, daß die projektive Methode am unzuverlässigsten war (Eisenberg & Miller, 1987). Ein wichtiger Gesichtspunkt ist, daß die Messung des Mitgefühls oder des prosozialen Verhaltens altersangemessen erfolgen sollte. Bei Kindern sind besondere Vorkehrungen erforderlich, um die Verständlichkeit der Fragen und die Sinnhaftigkeit der Antworten sicherzustellen.

Eine andere Problematik bezieht sich auf die Künstlichkeit der Versuchssituation. Ein Teil der experimentellen Untersuchungen zur Hilfsbereitschaft leidet unter einer gewissen Künstlichkeit der Situation. Das gilt insbesondere für solche Untersuchungen, in denen sich die Hilfsbereitschaft auf Personen bezieht, die die Zielperson während des Versuchsablaufs überhaupt nicht gesehen hat, von denen sie aber annehmen soll, daß sie sich in einem Nachbarraum aufhält. Daß ein solcher Versuchsablauf bei den Zielpersonen Zweifel an der Glaubwürdigkeit des Experimentators aufkommen lassen kann, ist verständlich.
Ein anderes Problem wird in Studien deutlich, in denen Notfälle in unrealistischer Weise simuliert wurden. Piliavin et al. (1981) und Wilson (1976) wiesen z. B. darauf hin, daß es Unfällen, die mit Tonband- oder Videogeräten simuliert werden, an Echtheit mangelt. So kann der Ton hohl klingen oder die Videoaufnahme kann unzureichend sein. Jedenfalls war der Eindruck eines echten Unfalls auf Zeugen größer als der Einfluß von simulierten Unfällen, die in dieser Weise unzureichend dargestellt wurden.
Schließlich ist ein methodisches Problem der Altruismusforschung zu nennen, das vor allem für Interview- und Fragebogenstudien bedeutsam ist. Da altruistisches Verhalten mit positiven Werten der Gesellschaft übereinstimmt, besteht die Tendenz, die eigene Hilfsbereitschaft in der Selbsteinschätzung zu übertreiben. Daher empfiehlt es sich, das Ausmaß altruistischen *Verhaltens* als tendenziell geringer anzunehmen als das Ausmaß der altruistischen *Selbsteinschätzung*.
Die inflationierte Selbsteinschätzung der Hilfsbereitschaft muß nicht notwendigerweise zu unbrauchbaren Ergebnissen führen. Viel spricht dafür, daß die Selbsteinschätzung in unterschiedlichen Situationen um einen konstanten Faktor nach unten korrigiert werden kann. So fanden Miller, Seligman, Clark & Bush (1976), daß die Zustimmung zu einer telefonischen Bitte um Mitarbeit bei einem therapeutischen Programm in unterschiedlichen Versuchsbedingungen um 10–20% höher war als die Einhaltung der Verabredung.
Wie diese kurze Aufzählung von Problemen zeigt, sind viele Schwierigkeiten in der Altruismusforschung zu überwinden. Eine Möglichkeit, trotz der Schwäche einzelner Untersuchungen generalisierende Schlüsse zu ziehen, besteht in der Durchführung von Metaanalysen, in denen eine Reihe verwandter Untersuchungen nach statistischen Verfahren (s. Fricke & Treinies, 1985; Hedges & Olkin, 1985) zusammengefaßt werden. Beispiele dafür sind Metaanalysen der Beziehung zwischen Empathie und Altruismus (Eisenberg & Miller, 1987), der Beziehung zwischen Perspektivenübernahme und Altruismus (Underwood & Moore, 1982), der Beziehung von Zahl der Zeugen und Interventionsbereitschaft (Latané, 1981; Steblay, 1987), der Beziehung von Wohnort-

größe und Hilfeleistung (Amato, 1983; Steblay, 1987) und der Beziehung zwischen Geschlecht und Hilfeleistung (Eagly & Crowley, 1986).

Metaanalysen stellen eine wichtige Bereicherung für eine integrative Betrachtungsweise sozialpsychologischer Forschungsergebnisse dar (Greenberg & Folger, 1987; Rosenthal & Rosnow, 1984). Andererseits sollte man ihre Bedeutung auch nicht überschätzen. Die Analyse von Prozessen und Modellen, die prosoziales Verhalten erklären, geht über die bloße Zusammenfassung von Untersuchungsergebnissen hinaus. Außerdem ist zu bedenken, daß das Problem unveröffentlichter Studien durch Metaanalysen nicht gelöst wird, wenn auch Versuche unternommen wurden, diesen Gesichtspunkt in die Betrachtung einzubeziehen (Rosenthal, 1979). Aber es ist z.B. bezeichnend, daß Steblay (1987) bei ihrer Metaanalyse der Beziehung zwischen Wohnortgröße und Hilfeleistung feststellte, daß eine systematische Beziehung nur bei veröffentlichten Studien festzustellen war, nicht aber bei unveröffentlichten Arbeiten.

Unglücklicherweise besteht die Tendenz, daß gerade solche Untersuchungsergebnisse nicht veröffentlicht werden, die den modischen Trends, die in einer bestimmten Periode der Forschung dominieren, widersprechen. Nur ungern lassen sich die Meinungsführer der Forschung, die häufig als ›Reviewer‹ abweichende Untersuchungsergebnisse zu bewerten haben, ihre Forschungsergebnisse durch widersprüchliche Resultate ›kaputtmachen‹. Daher ist neben der Zahl von Studien, die ein Ergebnis replizieren, und der Stärke des Effektes im Sinne aufgeklärter Varianz (s. Rosenthal & Rosnow, 1984) die Frage zu beachten, ob der Zusammenhang von unabhängigen Forschergruppen festgestellt wurde. Steblay (1987) konnte z.B. zeigen, daß ein Zusammenhang zwischen der Stadt-Land-Klassifikation und der Hilfeleistung von zwei unabhängigen Forschergruppen festgestellt wurde.

Ein besonderer Vorteil von Metaanalysen besteht in der Möglichkeit, Einflußfaktoren einzukreisen, die die Größe und Richtung eines Zusammenhangs bestimmen (s. Eagly, 1987). So fand z.B. Steblay (1987), daß die Effektgröße des Zusammenhangs zwischen Stadt-Land-Zuordnung und Hilfeleistung mit dem Jahr der Publikation tendenziell zunahm ($r = 0,29$). Neuere Untersuchungen stellten größere Unterschiede fest. Das verweist auf mögliche zeitliche Trends, evtl. aber auch auf eine Selektion von Untersuchungsergebnissen, die in die erwartete Richtung gehen.

Andere Vergleiche zeigten, daß der Zusammenhang zwischen Stadt-Land-Zuordnung und Hilfeleistung in den USA, Kanada, Israel und Australien mittelstark ausgeprägt war, während er in Holland am schwächsten war und in der Türkei am stärksten (Steblay, 1987). Dieser

Vergleich eröffnet die Möglichkeit, weiterführende kulturvergleichende Hypothesen aufzustellen.

I.a. werden durch Metaanalysen schon bekannte bzw. allgemein erwartete Zusammenhänge bestätigt. Aber es ist auch durchaus vorstellbar, daß neue Einsichten in Zusammenhänge unter Merkmalen durch Metaanalysen gefunden werden können (s. Steblay, 1987, die einen kurvilinearen Zusammenhang zwischen Wohnortgröße und Hilfeleistung feststellte, der zuvor nicht erkannt worden war). Daher ist die Bedeutung von Metaanalysen für den Fortschritt der sozialpsychologischen Forschung insgesamt positiv einzuschätzen. Die Betonung von Effektstärken und die Möglichkeit der Analyse von Einflußfaktoren, die die Größe der Effektstärken bestimmen, sind besonders wichtige Merkmale. Schließlich kann auch dem Bedenken Rechnung getragen werden, daß Metaanalysen die Qualität von empirischen Untersuchungen ignorieren. So berichtet Steblay (1987) z.B. von Untersuchungen, die nach der Stichprobengröße gewichtet sind. Es besteht auch die Möglichkeit, Studien zusammenzufassen, in denen ein »härterer« Test der Hypothese durchgeführt wurde, und die Ergebnisse mit den Studien zu vergleichen, in denen ein »weicherer« Test nach Meinung von Experten stattfand. Man kann auch die Merkmale beurteilen lassen, auf denen sich die in die Metaanalyse einbezogenen Studien unterscheiden, und prüfen, ob diese Merkmale mit der Ergebnisausprägung in Zusammenhang stehen (s. Eagly, 1987).

II. Soziale Normen, Einstellungen und altruistisches Verhalten

Normen stellen Regeln der sozialen Interaktion dar, die in einem Kulturkreis als Verhaltensübereinkünfte zu bezeichnen sind, da sie allgemein als Verhaltensregulative akzeptiert werden (Hartley & Hartley, 1952; Müller & Müller-Andritzky, 1987). Normen veranlassen Personen in sozialen Situationen dazu, sich konform zu verhalten, z. T. weil sie die Normen im Laufe der Sozialisation internalisiert haben, z. T. auch, weil sie bei nonkonformen Verhaltensweisen mit Sanktionen rechnen müssen (Axelrod, 1986). Allerdings muß die negative Sanktion nicht unmittelbar einsetzen, sondern tritt vielfach erst auf, nachdem es Mitgliedern der Bezugsgruppe einer Person nicht gelungen ist, die Person von ihren abweichenden Handlungsmustern abzubringen (Schachter, 1951).

Eine Bezugsgruppe wird von Mitgliedern gebildet, die sich mit dieser Gruppe identifizieren (Kruse, 1972). Vielfach stehen die Mitglieder einer Bezugsgruppe in persönlichem Kontakt. Die *normative Funktion* einer Bezugsgruppe besteht darin, daß sie Verhaltensstandards setzt und diese durch Sanktionen bekräftigt. Darüber hinaus haben Bezugsgruppen auch die Funktion, angemessenes Verhalten durch das Vorbild der Gruppenmitglieder zu definieren (Kelley, 1952). Diese *Vergleichsfunktion* dient der Person dazu, Einstellungen, Glaubenssätze und Umweltorientierungen zu entwickeln und zu stabilisieren.

Im Hinblick auf hilfreiches Verhalten läßt sich feststellen, daß altruistische Normen nur mäßig stark ausgeprägt sind (Bierhoff, Klein & Kramp, 1989). Am stärksten scheint die normative Erwartung zu sein, aus Verantwortungsbewußtsein und Pflichtgefühl zu helfen (Norm der sozialen Verantwortung, Amato, 1985; Berkowitz & Daniels, 1963). Eine gewisse Bedeutung hat auch die Norm der Gegenseitigkeit (Amato & Saunders, 1985; Gouldner, 1984). Die Motive des Helfens, insbesondere in akuten Notsituationen, werden ausführlicher in Kap. IV.2 besprochen.

Ob im Alltag z. B. die Norm der sozialen Verantwortung angewandt wird oder nicht, ist weitgehend dem einzelnen überlassen. Die Sanktionen, die Abweichungen von normangemessenem Verhalten betreffen, sind im Zusammenhang mit sozialer Verantwortung und moralischer Verpflichtung zur Hilfe relativ schwach. Aus Computersimulationen (Axelrod, 1986) und empirischen Untersuchungen (Yamagishi, 1986) hat sich ergeben, daß Normen, die nicht durch negative Sanktionen bei Abweichungen unterstützt werden, kooperatives Verhalten nicht sicher-

stellen können. Die Anwendung negativer Sanktionen erhöht die Kooperationsbereitschaft. Darüber hinaus deuten die Ergebnisse der Computersimulationen darauf hin, daß sich stabile prosoziale Normen nur dann etablieren lassen, wenn neben einer entsprechenden Norm auch eine »Metanorm« (Axelrod, 1986) etabliert wird, die denen negative Sanktionen androht, die eine Normverletzung als Beobachter geschehen lassen, ohne korrigierend zu intervenieren.
Erwähnenswert ist auch, daß durch soziale Dienste, Hilfsorganisationen und öffentliche Einrichtungen leicht der Eindruck ausgelöst werden kann, daß für Notfälle vorgesorgt ist, ohne daß dem Einzelnen eine Verantwortung für das Wohlergehen anderer Menschen zugeschrieben wird. Diese professionellen Helfer können dazu beitragen, daß eine Diffusion der Verantwortung auftritt, weil Laienhelfer denken können, daß die professionellen Helfer für eine Hilfeleistung zuständig sind (s. Latané & Darley, 1969; Piliavin, Piliavin & Rodin, 1975; Schwartz & Clausen, 1970).
Das Ausmaß, in dem altruistische Normen befolgt werden, ist von individuellen Unterschieden abhängig (Huston & Korte, 1976). So variiert z. B. die Neigung zu sozial verantwortlichen Einstellungen von Person zu Person erheblich (Berkowitz & Lutterman, 1968; Staub, 1974). Wichtig sind weiterhin individuelle Unterschiede in der Neigung zu konformem, situationsangepaßtem Verhalten und Unterschiede in Fähigkeiten und Kenntnissen, die für eine Intervention nützlich sind (s. unten).

1. Verhaltensintentionen und Gewohnheiten

Im Mittelpunkt der Theorie des begründeten Handelns (Fishbein & Ajzen, 1975) steht die Vorhersage von Verhaltensintentionen. Dieser Ansatz besteht darin, daß Verhaltensintentionen aus relevanten Einstellungen und normativen Erwartungen (subjektiven Normen) abgeleitet werden. Verhaltensintentionen werden als verhaltensbestimmend und eng mit dem tatsächlichen Handeln zusammenhängend interpretiert.
Ajzen (1988) hat die Theorie des *begründeten* Handelns erweitert, indem er zusätzlich neben Einstellungen und Normen die wahrgenommene Verhaltenskontrolle in die Vorhersage der Intentionen einbezogen hat (Theorie des *geplanten* Verhaltens). Der Grund für diese Ergänzung besteht darin, daß die Bildung einer Verhaltensabsicht und die Ausführung des Verhaltens von förderlichen Randbedingungen abhängen. Z. B. sind vielleicht bestimmte Fähigkeiten erforderlich, an denen es

mangeln kann, oder es tritt nicht die passende Gelegenheit ein. Schließlich ist auch zu bedenken, daß Verhaltensweisen wie Rauchen mehr oder weniger zwanghaft sind und sich einer direkten Beeinflussung durch die Person weitgehend entziehen.

Ein anderes Problem besteht darin, daß bestimmte Verhaltensabsichten nur dann sinnvoll verfolgt werden können, wenn andere Personen mitmachen. Kooperation, die nicht erwidert wird, kann sich z. B. im Verhalten nicht verwirklichen (Kelley & Stahelski, 1970) und führt zu hohen Verlusten (Axelrod, 1984). Daher führt eine kooperative Einstellung eines Interaktionspartners i. a. nur dann zu einem kooperativen Austausch, wenn auch der zweite Partner kooperativ eingestellt ist. Im folgenden gehen wir zunächst auf Untersuchungsergebnisse ein, die mit der Theorie des *begründeten* Handelns im Zusammenhang stehen. Im Anschluß daran betrachten wir mögliche Revisionen und Erweiterungen der Theorie.

Unter normativen Glaubenssätzen werden subjektive Annahmen über die Erwartungen von Bezugspersonen verstanden. Eine Möglichkeit der Verhaltensbeeinflussung durch Normen besteht in einfachen Schlußfolgerungen aufgrund subjektiver Annahmen der Person hinsichtlich ihrer Bezugsperson. Das folgende Beispiel (s. Fishbein & Ajzen, 1975, S. 305) soll diesen normativen Inferenzprozeß verdeutlichen:

- Eine Person denkt, daß eine Bezugsperson von ihr erwartet, daß sie sich altruistisch verhalten sollte;
- Sie denkt außerdem, daß Spenden für eine Kinderhilfsorganisation eine Form altruistischen Verhaltens darstellt;
- Dann kommt die Person zu dem Schluß, daß die Bezugsperson denkt, daß sie Kinderhilfsorganisationen unterstützen sollte.

Die Auswirkungen des normativen Glaubens auf entsprechende Verhaltensintentionen hängen davon ab, daß die Person motiviert ist, den Erwartungen der Bezugspersonen zu folgen (»motivation to comply«, Fishbein & Ajzen, 1975). Generell gilt, daß eine Person eine ganze Reihe von Bezugspersonen haben kann, die implizit oder explizit Erwartungen über altruistisches Verhalten äußern. Neben Eltern, Lehrern und Freunden ist z. B. auch an Pfarrer und Ärzte zu denken. Die Meinungen dieser Bezugspersonen können alle in dieselbe Richtung weisen oder auch voneinander abweichen.

Im Zusammenhang mit altruistischem Verhalten ist es sehr wahrscheinlich, daß die relevanten Bezugspersonen nicht alle in Übereinstimmung zu bringen sind. Während z. B. Pfarrer und Lehrer dazu neigen werden, hilfreiches Verhalten zu erwarten, könnte es sein, daß Freunde und Bekannte eher dazu neigen, egoistische Motive für angemessen zu halten. Vielfach werden egoistische mit altruistischen Verhaltenserwartungen im Wettbewerb stehen.

Diese Überlegungen führen zu einer weiteren Schwierigkeit. In einer bestimmten Situation lassen sich häufig unterschiedliche Normen als angemessen darstellen (Darley & Latané, 1970). Wenn z.B. dünner Rauch aus einem Küchenfenster quillt, kann ein Passant der Norm der Selbst-Genügsamkeit folgen, die besagt, daß jeder für sich selbst verantwortlich ist (Gruder, Romer & Korth, 1978). Diese normative Annahme widerspricht der Norm der sozialen Verantwortung.

In eindeutigen Situationen werden Unterschiede in den Erwartungen der verschiedenen Bezugspersonen oft keine große Bedeutung haben. Wenn z.B. eine akute Notlage eindeutig eingetreten ist, wird nahezu jeder in unserer Gesellschaft eine Intervention für richtig halten. Widersprüchlicher sind die Erwartungen aber bei weniger eindeutigen Notsituationen, in denen einiges dafür spricht zu helfen, während gleichzeitig auch Argumente vorstellbar sind, die dafür sprechen nicht zu helfen.

Im Zusammenhang mit hilfreichem Verhalten wurde wiederholt festgestellt, daß nicht soziale Normen generell, sondern vor allem solche normativen Erwartungen, die die Person verinnerlicht hat, die Hilfsbereitschaft beeinflussen (s. unten). Solche internalisierten Normen, die sich gegenüber einzelnen Bezugsgruppen gewissermaßen verselbständigt haben, nennt man *persönliche Normen* oder *moralische Normen* (Schwartz, 1977). Die Bedeutung der Verinnerlichung von prosozialen Normen ist groß, weil die Sanktionen gegen Verletzungen von prosozialen Normen relativ schwach sind.

1.1. Soziale und persönliche Normen als Determinanten der Bereitschaft zur Blutspende

Die Theorie des begründeten Handelns wurde von Pomazal & Jaccard (1976) auf altruistische Verhaltensintentionen angewandt. In ihrer Untersuchung ging es darum, die Teilnahme an einer Blutspendeaktion, für die keine Bezahlung der Spender vorgesehen war, unter Studenten vorherzusagen. In einem Fragebogen wurde die Verhaltensintention zur Teilnahme an der Blutspendeaktion auf einer 7-Punkte-Skala mit den Endpunkten »unwahrscheinlich« und »wahrscheinlich« erfaßt.

Um die *Einstellungen* zu messen, wurde die Feststellung »Blutspenden während der kommenden Blutspendeaktion« auf drei siebenstufigen Bewertungsskalen (gut–schlecht, angenehm–unangenehm, nett–furchtbar) eingeschätzt.

Um die *subjektive Norm* zu erfassen, sollten die Studenten auf einer siebenstufigen Skala mit den Endpunkten »unwahrscheinlich« und »wahrscheinlich« angeben, ob »die meisten Menschen, die für mich bedeutsam sind, denken, ich sollte während der kommenden Blutspendeaktionen Blut spenden«. Außerdem wurde die *moralische Norm* erfaßt durch Einschätzung der Feststellung »Ich persönlich fühle, daß ich die moralische Verpflichtung habe, während der kommenden Blutspendeaktion Blut zu spenden«.

Die Fragebogen wurden in der Woche vor der Aktion ausgefüllt. Nach der Aktion wurden die Studenten befragt, ob sie Blut gespendet hatten. Diese Angaben wurden mit den wirklichen Spenderlisten verglichen, wobei sich keine Abweichungen fanden.

Die Beziehung zwischen der Verhaltensintention, wie sie im Fragebogen gemessen worden war, und der Blutspende kam in einer Korrelation von .46 zum Ausdruck. Die Antworten der Befragten waren entweder positiv (+1, +2, +3), negativ (−1, −2, −3) oder neutral (0). Wenn die neutralen Antworten weggelassen wurden (nur 14 Personen beschrieben ihre Verhaltensintention in dieser Weise neutral), konnte eine Zweiteilung zwischen den Personen, die eine positive Verhaltensintention geäußert hatten, und denen, die eine negative Verhaltensintention angegeben hatten, durchgeführt werden. Von denen, die die Absicht äußerten, Blut zu spenden, nahmen 53 Studenten wirklich teil, während 102 nicht teilnahmen. Von denen, die die Absicht bekundeten, nicht teilzunehmen, nahmen 99 nicht teil, während zwei teilnahmen.

Wenn 68 Personen, die aus gesundheitlichen Gründen kein Blut spenden konnten, aus der Analyse ausgeschlossen wurden, erhöhte sich die Korrelation zwischen Verhaltensintention und wirklichem Verhalten von .46 auf .52. Dieses Ergebnis unterstreicht die Bedeutung der Kontrolle für die Verhaltensvorhersage und rechtfertigt somit eine Erweiterung der Theorie (Ajzen, 1988). Gesundheitliche Befunde, die eine Blutspende ausschließen, sind von dem einzelnen nicht kontrollierbar, so daß er oder sie trotz positiver Einstellung und förderlichen Normen daran gehindert wird, eine prosoziale Handlung auszuführen.

Die Bedeutung der Kontrollierbarkeit zeigte sich auch noch in einem weiteren Ergebnis: Die Korrelation zwischen Verhaltensintention und Verhalten stieg auf .59, wenn auch die Personen ausgeschlossen wurden, die angaben, daß sie zur Teilnahme erschienen waren, wegen Überfüllung aber wieder weggegangen waren. Weitere Ursachen für die Nichtteilnahme bei Studenten, die eine entsprechende Verhaltensabsicht geäußert hatten, waren Verpflichtungen durch Prüfungen und ähnliche Sachzwänge sowie Vergessen der Aktion. Das Vergessen verweist ebenfalls auf die Bedeutung der Kontrollierbarkeit.

Die Korrelationen mit dem Maß der Verhaltensintention bzw. mit dem wirklichen Verhalten zeigten, daß die Einstellung ($r = .59$ bzw. .38) und die moralische Norm ($r = .50$ bzw. .43) hoch mit der Absicht, Blut zu spenden, korrelierten, während die subjektive Norm wesentlich niedrigere Korrelationen erreichte (r = .23 und .09). (Die erste Zahl bezeichnet jeweils die Korrelation mit der Verhaltensintention, die zweite Zahl die mit dem Verhalten.). In der Gesamtstichprobe betrug die multiple Korrelation aller drei Prädiktoren mit der Verhaltensintention .63. Diese Korrelation erhöhte sich auf .69, wenn nur die Studenten einbezogen wurden, die zu einer Blutspende in der Lage waren.

Diese Ergebnisse, die in der Gesamtstichprobe auf 270 Studenten basieren, sprechen dafür, daß die Einstellung und die moralische Norm zur Vorhersage von Verhaltensintention und Verhalten geeignet sind. In der Tradition von Fishbein & Ajzen wurde auch erfaßt, welche Konsequenzen die Studenten mit einer Blutspende assoziierten. Ein Vergleich zwischen Personen, die eine positive und negative Verhaltensintention hatten, ergab keine bedeutsamen Unterschiede im Hinblick auf *positive* Konsequenzen (z. B. »vermittelt mir das Gefühl von Befriedigung«).

Statt dessen unterschieden sich die beiden Gruppen aber deutlich im Hinblick auf die folgenden *negativen* Konsequenzen, die bei positiver Verhaltensabsicht weniger hoch gewichtet wurden:

- »schmerzhafte Erfahrung«
- »macht mich ängstlich«
- »macht mich müde«
- »kostet mich zu viel Zeit«
- »macht mich besorgt«.

Zusammenfassend kann man feststellen, daß sich enge Zusammenhänge zwischen Einstellungen und moralischen Normen einerseits und Verhaltensintentionen und Verhalten andererseits fanden. Hingegen erwies sich die subjektive Norm als unzureichender Prädiktor der Intention, Blut zu spenden. Interessant ist auch noch das Ergebnis, daß die Einschätzung der sozialen Verantwortung besonders hoch, nämlich r = .59, mit der Verhaltensintention korrelierte. Dieser enge Zusammenhang verweist auf die Bedeutung der Norm der sozialen Verantwortung für die Teilnahme an einer nicht bezahlten Blutspende (s. unten).

1.2. Einstellungen, Normen und früheres Verhalten

Fassen wir die Theorie des begründeten Handelns kurz zusammen: Dem Verhalten vorgeordnet ist die Verhaltensabsicht, die unmittelbar von Einstellungen und subjektiven Normen abhängen sollte. Eine Verhaltensabsicht muß nicht unbedingt zu entsprechendem Verhalten führen, weil situative Hinderungsgründe und Hemmnisse auftreten können, die die Umsetzung der Verhaltensabsicht in entsprechendes

Verhalten verhindern können (etwa wenn bei einer Blutspendeaktion Überfüllung herrscht, so daß spendebereite Personen abgewiesen werden müssen). Dieser Ansatz verweist auf zwei Aspekte, die bei einer Entscheidung zu helfen, bedeutsam werden können (s. Schneider, 1988):

- Einstellungen zu der Hilfehandlung, die durch die erwarteten Folgen bestimmt werden
- Berücksichtigung der wichtigsten Bezugspersonen, deren angenommene Meinungen die Bildung einer Verhaltensintention mitbeeinflussen können.

Schließlich macht die Unterscheidung zwischen Verhaltensintention und Verhalten auf die Möglichkeit aufmerksam, daß das Verhalten selbst oft von unvorhergesehenen Einflüssen bestimmt wird, die die Umsetzung einer Verhaltensintention erschweren oder auch erleichtern (Ajzen, 1988).

Eine Erweiterung dieser Theorie ergibt sich, wenn man die Auswirkungen des früheren Verhaltens mitberücksichtigt (vgl. Bentler & Speckart, 1979, 1981). Neben Einstellungen und subjektiven Normen wirken sich auch bestehende Gewohnheiten aus, die einfach von den Individuen fortgesetzt werden. Wer z. B. in der Vergangenheit Blut gespendet hat und es sich zur Gewohnheit gemacht hat, regelmäßig Blut zu spenden, wird vermutlich eher zu einer Blutspende bereit sein als eine Person, die diese Gewohnheit nicht gebildet hat.

In Übereinstimmung damit konnten Piliavin, Callero & Evans (1982) einige empirische Hinweise dafür liefern, daß regelmäßige Blutspender in ihrem Blutspendeverhalten verstärkt werden. Erstspender reagierten negativer vor dem Blutspenden als Personen, die schon 16mal und mehr Blut gespendet hatten. Diese reagierten nach der Blutspende positiver als die Erstspender. Diese Ergebnisse deuten an, daß es eine Gewöhnung an das Blutspenden gibt. Piliavin et al. erklären dieses Phänomen damit, daß die Ängstlichkeit vor Beginn des Blutspendens eine Entspannungsreaktion nach dem Blutspenden auslöst, die um so stärker wird, je häufiger der Vorgang wiederholt wird (s. Solomon, 1980).

Die Bedeutung des früheren Verhaltens für die Planung des zukünftigen altruistischen Verhaltens wurde auch von Montada, Dalbert & Schmitt (1988) in ihrer Untersuchung der Hilfsbereitschaft von Töchtern gegenüber den Müttern unter Beweis gestellt (s. Kap. I.2.4). Es gibt offensichtlich eine gewisse Neigung zu einer Kontinuität des altruistischen Verhaltens, sei es auf hohem oder niedrigem Niveau.

1.3. Entwicklung von altruistischen Normen

Weiter oben wurde schon darauf hingewiesen, daß soziale Normen durch Entwicklungsprozesse von den Kindern verinnerlicht werden können und dann als persönliche oder moralische Normen einen unmittelbaren Einfluß auf Verhaltensintentionen und Verhalten der Kinder und der Erwachsenen ausüben (s. auch Campbell, 1975). Folgen schon Kinder dem Modell begründeten Handelns?
In zwei experimentellen Situationen wurde das altruistisch-kooperative Verhalten von Erst- und Viertkläßlern gegenüber ihren Schulfreunden erfaßt (Berndt, 1981). Außerdem sollten die Kinder ihre prosozialen Verhaltensintentionen vorher angeben sowie ihre persönliche Norm des Helfens (wieviel Hilfe sie für angemessen hielten), die soziale Norm des Helfens (was sie glaubten, was ihr Freund von ihnen erwarten würde) und ihre Einstellung zum Helfen (wie gerne sie helfen würden).
Es ergab sich, daß die Verhaltensintentionen eine gute Vorhersage auf das tatsächliche prosoziale Verhalten der Kinder ermöglichten. Allerdings fand sich auch, daß die Verhaltensintentionen vor allem durch die Einstellungen und die persönlichen Normen, aber nicht durch die sozialen Normen vorhergesagt werden konnten. Diese Ergebnisse stimmen im wesentlichen mit denen von Pomazal & Jaccard (1976) bei Studenten überein.
Weiterhin zeigte sich, daß die soziale Norm im allgemeinen höher eingeschätzt wurde als die persönliche Norm. Dieser Unterschied war bei den Erstkläßlern größer als bei den Viertkläßlern. Das läßt vermuten, daß die Viertkläßler stärker als die Erstkläßler das Niveau ihrer persönlichen Norm an das der sozialen Norm anpaßten.

1.4. Moralische Verpflichtungsgefühle

Der normative Ansatz wurde im Zusammenhang mit altruistischem Verhalten weiter entwickelt (Schwartz, 1977; Schwartz & Howard, 1981). Ausgangspunkt war die Idee, daß Personen in den konkreten Situationen, in die sie hineinkommen, eine *persönliche* Norm formulieren. Die zugrundeliegende Vorstellung besagt, daß Menschen nicht eine Vielzahl von sozialen Normen, passend für unterschiedliche soziale Situationen und hochgradig spezialisiert, präsent haben, sondern daß sie in konkreten Situationen aufgrund der Werte, die sie für richtig halten, eine situationsangemessene persönliche Norm ableiten. Im folgenden wird ein Beispiel für die Messung der persönlichen Norm zu helfen gegeben (nach Schwartz & Tessler, 1972, S. 230):
– Wenn ein naher Verwandter von Ihnen (Eltern, Kind, Bruder,

Schwester, Cousin, Nichte, Neffe) ein Nierentransplantat brauchen würde und Sie wären ein passender Spender, würden Sie dann eine moralische Verpflichtung empfinden, eine Niere zu spenden?

Als Antwortalternativen standen »Verpflichtung, nicht zu helfen« (—1), »keine Verpflichtung« (0, 1, 2, 3) und »starke Verpflichtung zu spenden« (4, 5) zur Verfügung.

Persönliche Normen können für die Bereitschaft, altruistisch zu handeln, wichtiger sein als soziale Normen.

Tessler & Schwartz (1972) verwandten die Theorie des begründeten Handelns, um die Bereitschaft zu Organspenden vorherzusagen. Sie erfaßten die Einstellung gegenüber der Durchführung von Transplantationen auf bewertenden Urteilsskalen (z. B. »gut–schlecht«), persönliche Normen (s. oben), soziale Normen (wobei an die Stelle der Selbsteinschätzung die Einschätzung der Erwartung »der Menschen, die Sie schätzen« trat) und die Verhaltensintention (»Wenn Sie durch einen Arzt als Organspender angesprochen würden, wie sehr wären Sie dazu bereit?«).

Insgesamt bewährte sich die Theorie des begründeten Handelns sehr gut. Je nach angesprochener Organspende erklärte das Modell 45% bis 60% der Varianz der Verhaltensintentionen, wobei persönliche und soziale Normen sowie Einstellungen als Prädiktoren herangezogen wurden. Trotz dieser ermutigenden Ergebnisse äußerten Tessler & Schwartz (1972) Zweifel an der Güte des Modells. Ein Grund für ihre Zweifel lag darin, daß die persönliche Norm allein die Verhaltensintention auch relativ gut vorhersagen konnte. Das Gesamtmodell schnitt zwar besser ab als das Modell der persönlichen Norm, aber der Gewinn durch die Hinzufügung der zwei weiteren Prädiktoren war nicht allzu groß.

In einer zusätzlichen Untersuchung, in der nicht nur persönliche Normen und Verhaltensintentionen, sondern auch (drei Monate später) die tatsächliche Bereitschaft zu einer konkreten Organspende erfaßt wurde, zeigte sich, daß persönliche Normen wenigstens genauso gut wie die Verhaltensintentionen geeignet waren, das altruistische Verhalten vorherzusagen. Offensichtlich zog Schwartz (1977) aus diesen Ergebnissen den Schluß, den Aspekt der persönlichen Normen in den Vordergrund zu rücken. Ironischerweise zogen Fishbein & Ajzen (1975), die erkannt hatten, daß persönliche und soziale Normen eng miteinander zusammenhingen, genau den gegenteiligen Schluß, indem sie die Erfassung persönlicher Normen aufgaben und die sozialen Normen in den Vordergrund rückten.

Offensichtlich hängen persönliche und soziale Normen, die von Fishbein (1967) voneinander unterschieden wurden, miteinander zusammen. Aber in der Praxis der Vorhersage altruistischen Verhaltens erwiesen sich

persönliche Normen durchweg als brauchbarere Prädiktoren des Verhaltens und der Verhaltensintention als soziale Normen (z. B. Pomazal & Jaccard, 1976).
Schwartz (1977) hat das normative Modell altruistischen Verhaltens in einem Prozeßmodell ausgebaut. Andere Autoren (z. B. Berkowitz & Daniels, 1963; Leeds, 1963) haben untersucht, ob es spezifische prosoziale Normen gibt. Solche Normen werden als Norm des Gebens bzw. als Norm der sozialen Verantwortung bezeichnet.

2. Norm der sozialen Verantwortung

In unserer Gesellschaft favorisieren Religion, Kultur und Tradition eher ein altruistisches Verhalten als ein egoistisches. Zwar wird auch Durchsetzungsfähigkeit und Individualismus bewundert, aber die christliche Lebensauffassung stellt den Gedanken der Nächstenliebe in den Mittelpunkt. Eine Vielzahl von Institutionen – Kindergärten, Schulen und andere öffentliche Einrichtungen – stehen einem altruistischen Verhalten positiv gegenüber und vertreten altruistische Normen (Batson, 1983; Campbell, 1975).
Die kulturellen Vorgaben sind allerdings keineswegs eindeutig und widerspruchsfrei. Denn z. B. wird auch der Erfolgsmensch bewundert, der seine wirtschaftlichen Leistungen gegen Widerstände durchsetzt. Es scheint auch einiges darauf hinzudeuten, daß die individualistisch-egoistische Tendenz auf gesellschaftlicher Ebene an Boden gewinnt. Bischof Wilckens wies in einem Leitartikel in »Die Zeit« (53/1987) darauf hin, daß Menschlichkeit bei uns mehr mit Selbstverwirklichung als mit Nächstenliebe gleichgesetzt wird.
Diese Tendenzen zur Privatisierung und Individualisierung des Lebens in unserer Gesellschaft stehen im Widerspruch zu kulturellen Normen, die Hilfsbereitschaft gegenüber Personen, die Hilfe brauchen, vorschreiben. Eine solche Norm des Gebens (Leeds, 1963) ist allerdings kein expliziter Bestandteil des kulturellen Systems. Daher kann man davon sprechen, daß die Norm des Gebens immer dann zur Richtschnur des Verhaltens gewählt wird, wenn andere Normen in einer Situation, in der eine Person Hilfe braucht, nicht zur Verfügung stehen oder sehr vage sind (Leeds, 1963). Dies ist insbesondere dann der Fall, wenn institutionalisierte Hilfeleistung durch professionelle Helfer nicht erwartet wird oder nicht zur Verfügung steht.
Die Norm des Gebens wurde als Norm der sozialen Verantwortung bezeichnet (Berkowitz & Daniels, 1963). Diese Bezeichnung ist insofern gerechtfertigt, als altruistische Handlungen, die der Norm des Gebens

entsprechen, durch Verantwortungsbewußtsein und moralisches Pflichtgefühl motiviert werden. Die wahrgenommene soziale Verantwortung korreliert z. B. hoch mit der Bereitschaft, Blut zu spenden (Pomazal & Jaccard, 1976).

Möglicherweise spielen noch andere Motive eine Rolle – z. B. das Streben nach Selbstbestätigung und das Mitgefühl mit einem Opfer – aber die Bereitschaft, soziale Verantwortung zu tragen, scheint ein zentrales Motiv für spontane Hilfeleistungen zu sein (Amato, 1985; Bierhoff, Klein & Kramp, 1989). Daher ist es nicht verwunderlich, daß umgekehrt der Verneinung der Verantwortung ein hoher Stellenwert für die Verursachung der Unterdrückung der Hilfsbereitschaft zukommt (s. unten).

Berkowitz & Daniels (1963) gingen zum einen von der Tatsache aus, daß sozial verantwortliches Verhalten ohne bewußte Belohnungserwartung im Alltag auftritt. Zum anderen machten sie die Annahme, daß sozial verantwortliches Handeln einer Person um so wahrscheinlicher ist, je größer die Abhängigkeit der potentiellen Hilfeempfänger ist. Daher prüften sie die Annahme, daß die Hilfsbereitschaft positiv mit der Abhängigkeit der Hilfeempfänger von der Hilfe korreliert.

2.1. Größe der Abhängigkeit

Um die Hypothese einer Beziehung zwischen Abhängigkeit des Hilfeempfängers und Ausmaß der Hilfeleistung zu prüfen, entwickelten Berkowitz & Daniels (1963) ein Versuchsparadigma, das es erlaubte, die Abhängigkeit einer Person von der Hilfe durch eine andere Person systematisch abzustufen. Die Versuchspersonen wurden mit einer simulierten Arbeitssituation konfrontiert, in der ein Vorgesetzter mit einem Mitarbeiter zusammenarbeitet.

Angeblich ging es darum, einen Test zur Erfassung der Führungsfähigkeit zu entwickeln. Die Versuchsteilnehmer übernahmen immer die Rolle des Mitarbeiters, der seine Instruktionen schriftlich erhielt. Ihre Aufgabe bestand darin, Papierdosen oder Briefumschläge herzustellen. Die Bewertung des Vorgesetzten sollte aus der Qualität der Instruktion abgeleitet werden, die er für die Mitarbeiter verfaßt hatte. Der Vorgesetzte konnte angeblich einen Preis von 5$ gewinnen. In späteren Untersuchungen wurde der angebliche Preis auf 10$ erhöht. Bei *niedriger* Abhängigkeit bestand keine direkte Beziehung zwischen der Chance des Vorgesetzten, einen Preis zu gewinnen, und der Arbeitsleistung der Mitarbeiter. Bei *hoher* Abhängigkeit war die Bewertung des Vorgesetzten von der Leistung der Mitarbeiter abhängig.

Nach einer Übungsphase, in der die individuelle Arbeitsgeschwindigkeit des Mitarbeiters ermittelt wurde, fand eine 30minütige Hauptphase

statt, in der die Versuchspersonen der Instruktion entsprechend Papierdosen produzieren sollten. Die Leistungssteigerung im Vergleich zur Übungsphase diente als Maß für ihre Hilfsbereitschaft, um die individuelle Arbeitsgeschwindigkeit zu kontrollieren.
Dieses sog. *Mitarbeiter-Supervisor-Paradigma* hat Vorteile und Nachteile als Forschungsverfahren zur Messung hilfreichen Verhaltens. Ein Vorteil besteht in der Möglichkeit, ein quantitatives Verhaltensmaß der Hilfsbereitschaft zu erheben (nämlich die Arbeitsgeschwindigkeit in der Hauptphase), wobei die Annahme eingeht, daß die für die Übungsphase kontrollierte Arbeitsgeschwindigkeit die Anstrengungsbereitschaft der Zielperson erfaßt.
Ein weiterer Vorteil besteht darin, daß die Abhängigkeit systematisch abgestuft werden kann. Die Norm der sozialen Verantwortung läßt erwarten, daß die Hilfsbereitschaft mit dem Grad der Abhängigkeit zunimmt. Daher ist es wünschenswert, die Hypothese mit einem Paradigma zu testen, in dem die Abhängigkeit quantitativ angegeben werden kann. In dem Mitarbeiter-Supervisor-Paradigma läßt sich die Abhängigkeit abstufen, indem spezifiziert wird, wie abhängig der Vorgesetzte in seiner Bewertung von der Arbeitsleistung des Mitarbeiters ist. Berkowitz & Connor (1966) verwendeten z.B. drei Abstufungen der Abhängigkeit, indem sie die Chancen des Vorgesetzten, einen Preis zu gewinnen, als zu 20%, 50% oder 80% abhängig von der Leistung des Mitarbeiters beschrieben.
Eine Reihe von Versuchen, die von Berkowitz und seinen Mitarbeitern durchgeführt wurden, führten zu dem Ergebnis, daß die Arbeitsleistung der Versuchsteilnehmer größer ausfiel, wenn sie in der Bedingung mit hoher Abhängigkeit arbeiteten. Das galt vor allem dann, wenn der Vorgesetzte keine Leistungsrückmeldung erhielt, die ihm eine Kontrolle erlaubt. Bei unbeaufsichtigten Versuchsteilnehmern, für die vermutlich die Norm der sozialen Verantwortung für ihre Anstrengungsbereitschaft bestimmend war (neben individuellen Unterschieden in der Arbeitsgeschwindigkeit, die auf andere Faktoren zurückzuführen sind), war also die Arbeitsleistung und damit die Hilfsbereitschaft bei hoher Abhängigkeit größer als bei geringer Abhängigkeit (Berkowitz & Daniels, 1963).
Wenn das Ausmaß der Abhängigkeit über 20%, 50% auf 80% gesteigert wurde, fand sich eine parallele Zunahme der Hilfsbereitschaft der Zielpersonen (Berkowitz & Connor, 1966). Daher kann man für das Mitarbeiter-Supervisor-Paradigma feststellen, daß die Hilfsbereitschaft mit dem Grad der Abhängigkeit zunahm. Außerdem zeigte sich, daß die Zielpersonen das Ausmaß der Abhängigkeit ihres Vorgesetzten richtig einschätzten und glaubten, daß ihre soziale Verpflichtung zur Hilfsbereitschaft bei hoher Abhängigkeit größer war.

Einschränkend muß allerdings hinzugefügt werden, daß die Unterschiede in der Einschätzung der normativen Verpflichtung zwischen den verschiedenen Abhängigkeitsbedingungen relativ gering waren (Berkowitz & Connor, 1966). Das verweist auf die Nachteile des Mitarbeiter-Supervisor-Paradigmas.

Die Eignung des Paradigmas zur Auslösung der Norm der sozialen Verantwortung dürfte relativ begrenzt sein. Zum einen ist der Berufsbereich sehr speziell und nicht unbedingt typisch für Situationen, in denen eine Norm des Gebens im Mittelpunkt steht. Da aber diese normative Erwartung vor allem dann verhaltensbestimmend werden sollte, wenn keine anderen Normen zur Verfügung stehen, sollte der Stellenwert der Norm der sozialen Verantwortung in vielen beruflichen Situationen eher gering sein.

Das soll nicht heißen, daß im beruflichen Bereich Pflichtgefühl und Verantwortungsbewußtsein keine Bedeutung haben. Wenn z.B. ein Betriebsunfall auftritt, ist nämlich nach normativer Hilfsbereitschaft gefragt. Oder wenn ein Mitarbeiter Schwierigkeiten bei der Einführung einer neuen Technologie zu haben scheint, schafft die Norm der sozialen Verantwortung ein Motiv der Hilfsbereitschaft. Aber in den meisten beruflichen Situationen sind die Abläufe durch Vorschriften, implizite Erwartungen und Sachzwänge bestimmt, so daß die Norm der sozialen Verantwortung eher von nachgeordneter Bedeutung ist.

Hingegen ist diese Norm in vielen anderen Lebensbereichen von größerer Bedeutung. Das gilt für den gesamten Freizeitbereich, Hilfe gegenüber Blinden und Behinderten, sowie für die Bereitschaft, Geld für eine soziale Leistung zu spenden. Vermutlich ist in diesen Bereichen die Abhängigkeit eines Opfers ein direkter Hinweis auf die Pflicht, sich sozial verantwortlich zu verhalten.

Als zweiter Nachteil des Mitarbeiter-Supervisor-Paradigmas ist zu nennen, daß als hilfebedürftige Person ein Vorgesetzter beschrieben wird. Hilfe gegenüber höhergestellten Personen ist zwar durchaus eine Möglichkeit. Im Alltag dürfte aber häufiger der Fall eintreten, daß Gleichgestellte oder schwächere Personen Hilfe brauchen.

2.2. Fokussierung und Diffusion der Verantwortung

Während die meisten Untersuchungen von Berkowitz und seinen Mitarbeitern mit männlichen Versuchspersonen durchgeführt wurden, nahmen an einer interessanten Fortsetzung dieser Untersuchungsserie (Berkowitz, 1978) 60 Studentinnen teil, die auf vier Versuchsgruppen verteilt wurden. Die vier Gruppen ergaben sich aufgrund eines 2 × 2 Versuchsplans, in dem der Grad der Abhängigkeit der Vorgesetzten und

die Anzahl der Mitarbeiterinnen, die unter der Vorgesetzten arbeiteten, abgestuft wurden.
Entweder war die Abhängigkeit gering (20%) oder groß (80%) und entweder war die Mitarbeiterin die einzige Versuchsteilnehmerin oder zwei weitere Versuchsteilnehmerinnen waren anwesend. Wenn drei Personen unter der Leitung der Vorgesetzten arbeiteten, sollte das Ausmaß der persönlichen Verantwortung für die Vorgesetzte geringer sein als wenn eine Mitarbeiterin allein ist.
Diese Versuchsanordnung ermöglicht eine Überprüfung der Annahme, daß tatsächlich die wahrgenommene Verantwortung mit dem Grad der Abhängigkeit variiert. Denn bei drei Mitarbeiterinnen ist die individuelle Verantwortung jeder einzelnen vermutlich geringer als in der Allein-Bedingung.
Die Ergebnisse sprechen für die Bedeutung der Norm der sozialen Verantwortung einerseits und der persönlichen Verantwortungsgefühle andererseits:

- Die Abhängigkeit der Vorgesetzten wurde in der 80% Bedingung als größer wahrgenommen als in der 20% Bedingung,
- In der Dreier-Bedingung wurde die normative altruistische Erwartung in der 80%-Bedingung als größer eingeschätzt als in der 20%-Bedingung,
- Die Einschätzung des eigenen Wunsches, der Vorgesetzten zu helfen, erbrachte den höchsten Wert in der Allein-Bedingung bei hoher Abhängigkeit und den niedrigsten Wert in der Dreier-Bedingung bei niedriger Abhängigkeit,
- Die Leistungssteigerung in der Hauptphase des Versuchs gegenüber der Übungsphase, in der die Vorgesetzte keinen Vorteil von der Leistung der Studentin hatte, war ebenfalls am größten in der Allein-Bedingung mit 80% Abhängigkeit und am niedrigsten in der Dreier-Bedingung mit 20% Abhängigkeit.
- Die genauen Mittelwerte der Zusatzleistung innerhalb der 15 Minuten der Hauptphase ausgedrückt als Anzahl von Papierboxen, die im Vergleich zu der Übungsphase mehr hergestellt wurden, lauten wie folgt:
  Allein – 80% : 11.07 (9.71)
  Drei – 80% : 10.00 (8.36)
  Allein – 20% : 9.21 (8.43)
  Drei – 20% : 6.86 (7.00)

In Klammern sind jeweils die Mittelwerte der Einschätzungen des eigenen Wunsches, der Vorgesetzten zu helfen, angegeben, die auf einer 11-Punkte-Skala (1 = gering, 11 = groß) erhoben wurden.
Sowohl diese Einschätzungen als auch die Leistungssteigerungswerte zeigen, daß die altruistische Motivation in der Dreier-Bedingung bei

geringer Abhängigkeit besonders gering war. In dieser Bedingung sollte auch die geringste persönliche Verantwortung wahrgenommen werden, da die Abhängigkeit der Vorgesetzten relativ gering war und außerdem auch noch die Verantwortung für ein gutes Abschneiden auf mehrere Personen verteilt war.

Andererseits zeigen die Ergebnisse auch, daß die Hilfsbereitschaft in der Allein-Bedingung, in der 80% Abhängigkeit gegeben war, am größten ausfiel. In dieser Bedingung war die relativ große individuelle Verantwortung auf eine Studentin fokussiert, so daß nach den Überlegungen zur Norm der sozialen Verantwortung auch die größte Hilfsbereitschaft zu erwarten war.

Die Gegenüberstellung von Auswirkungen der Größe der Abhängigkeit einerseits und der Zahl der potentiell verantwortlichen Personen andererseits ermöglicht einen Vergleich zwischen zwei Forschungsparadigmen, die lange Zeit weitgehend unabhängig voneinander waren. Einerseits haben sich Latané & Darley (1969) mit der Frage befaßt, inwieweit durch die Anwesenheit mehrerer Zeugen bei Unfällen (akuten Notsituationen) eine Verringerung der individuellen Hilfsbereitschaft hervorgerufen wird, die auf einer Diffusion der Verantwortung beruht (s. Kap. IV). Dieser Überlegung lag die Vorstellung zugrunde, daß ein einzelner Zeuge die Gesamtverantwortung für ein Eingreifen trägt, während mehrere Zeugen sich die Verantwortung aufteilen, so daß sich jeder einzelne persönlich weniger verantwortlich fühlt (Latané, 1981).

Die andere Forschungstradition, die von Berkowitz & Daniels (1963) begründet wurde, stellte die Norm der sozialen Verantwortung in den Mittelpunkt, die vorschreibt, abhängigen Personen Hilfe zu gewähren. Dieser Ansatz beruht auf der impliziten Annahme (s. Berkowitz, 1978), daß Hilfeleistung durch das Gefühl, persönlich für ein Eingreifen verantwortlich zu sein, motiviert wird. Dieses Gefühl der persönlichen Verantwortung stimmt mit dem Konzept der Diffusion der Verantwortung überein, da die Diffusion eine Verringerung persönlicher Verantwortung durch den Anzahl-Effekt bedeutet.

Zusammenfassend kann man feststellen, daß die Norm des Gebens durch das Gefühl, persönlich verantwortlich zu sein, Hilfeleistung motiviert. Das Verantwortungsgefühl kann entweder durch eine hohe Abhängigkeit des Opfers gesteigert werden oder durch Fokussierung der Verantwortung, wenn der potentielle Helfer allein in der Lage ist einzugreifen (z. B. weil keine anderen Zeugen anwesend sind oder weil er/sie allein die erforderlichen Fähigkeiten und Kompetenzen besitzt; s. Kap. IV.2.1.3).

2.3. Soziale Determinanten persönlicher Verantwortung

Norm-vermittelte Hilfsbereitschaft kann unmittelbar durch die Abhängigkeit des Opfers ausgelöst werden. Die normativ ausgelöste Hilfsbereitschaft ist weder davon abhängig, daß das Opfer den Helfer identifizieren kann (Berkowitz & Daniels, 1963; Daniels & Berkowitz, 1963), noch davon, daß eine Autoritätsperson wie der Versuchsleiter Kenntnis von dem Ausmaß der Hilfeleistung des Helfers erhält (Berkowitz, Klanderman & Harris, 1964).

Während also direkte soziale Billigung oder Mißbilligung nicht notwendig ist, um normativ-vermittelte Hilfsbereitschaft zu motivieren, sind verschiedene andere Determinanten zu nennen, die einen Einfluß auf die Befolgung der Norm der sozialen Verantwortung ausüben:

- Die Beziehung zwischen Helfer und Hilfeempfänger,
- Die Ursache der Abhängigkeit der Hilfeempfänger,
- Die Stimmung der Helfer.

Im folgenden wird die Bedeutung der Sympathie als Beziehungsmerkmal und die Bedeutung der Ursachenattribution (internal/external bzw. intentional/nicht intentional) besprochen. Auf die Bedeutung der Stimmung wird in Kapitel V eingegangen.

2.3.1. Attraktivität der Hilfeempfänger

Ein zentrales Beziehungsmerkmal ist die Sympathie. Die Motivation der Helfer, der normativen Vorschrift der sozialen Verantwortung zu entsprechen, sollte größer sein, wenn die Hilfeempfänger einen attraktiven Eindruck hervorrufen.

Um diese Hypothese zu testen, vermittelten Daniels & Berkowitz (1963), die das Mitarbeiter-Vorgesetzten-Paradigma verwandten, ihren Versuchsteilnehmern den Eindruck, daß der Vorgesetzte ihnen ähnlich sei (hohe Attraktivität) oder daß sie nicht gut zu dem Vorgesetzten paßten (niedrige Attraktivität). Außerdem wurde erneut die Abhängigkeit des Vorgesetzten als groß oder gering dargestellt.

Die Ergebnisse zeigten, daß die hohe Abhängigkeit eines attraktiven Vorgesetzten zu einer größeren Steigerung der Hilfsbereitschaft führte (im Vergleich zu einem attraktiven Vorgesetzten, dessen Abhängigkeit gering war) als die hohe Abhängigkeit eines unattraktiven Vorgesetzten, die im Vergleich mit einem unattraktiven Vorgesetzten, dessen Abhängigkeit gering war, nur eine geringe Steigerung der Arbeitsleistung hervorrief. Während die Größe der Abhängigkeit bei einem attraktiven Vorgesetzten die Hilfsbereitschaft stark beeinflußte, fiel der Effekt bei einem unattraktiven Vorgesetzten nur gering aus.

Offensichtlich wurde die Norm der sozialen Verantwortung hauptsächlich dann befolgt, wenn der Mitarbeiter den Vorgesetzten mochte. Bei einem unattraktiven Vorgesetzten war hingegen die Bereitschaft, der Norm entsprechend zu helfen, nur schwach ausgeprägt. Sympathie war also eine wichtige Voraussetzung für die Befolgung der Norm der sozialen Verantwortung.

Wahrgenommene Ähnlichkeit ist eine wichtige Determinante der Sympathie, da ähnliche Personen i. a. gemocht werden, während unähnliche Personen abgelehnt werden (Byrne, 1969). In einem Feldexperiment (Emswiller, Deaux & Willits, 1971), das sich mit den Auswirkungen der Einstellungsähnlichkeit auf die Hilfsbereitschaft befaßte, bat ein Bittsteller um ein kleines Geldstück (etwa 20 Pfennig) für ein Telefongespräch. Die Bittsteller waren entweder konventionell oder als Hippies gekleidet. Andererseits wurde auch zwischen der äußeren Erscheinung der Befragten (konventionell oder Hippie) unterschieden. Nahezu 400 Personen wurden auf diese Weise angesprochen.

In den Ergebnissen wurde die Tendenz deutlich, daß Hippies dazu tendierten, Hippies zu helfen, während konventionell gekleidete Befragte eher bereit waren, konventionellen Bittstellern Geld zu leihen. Dieser Ähnlichkeitseffekt war bei männlichen Befragten deutlicher als bei Frauen.

Auch andere Untersuchungen (Baron, 1971; Pandey & Griffitt, 1974) zeigten, daß Einstellungsähnlichkeit sich förderlich auf die Hilfsbereitschaft auswirkt. Als Erklärung für diesen Zusammenhang bietet sich die Annahme an, daß Einstellungsähnlichkeit die Attraktivität der Bittsteller erhöht, die sich wiederum förderlich auf die Hilfeleistung auswirkt, vermutlich weil Sympathie die Motivation, in Übereinstimmung mit der Norm der sozialen Verantwortung zu handeln, erhöht.

Der Attraktivitätseinfluß scheint allerdings dann auszubleiben, wenn die Erfüllung der Bitte einen minimalen Aufwand erfordert (Baron, 1971). Studentinnen, die gebeten wurden, einer Bekannten Aufzeichnungen vorbeizubringen, ohne daß dadurch ein Umweg entstand, kamen der Bitte nahezu immer nach. Der Deckeneffekt verhinderte eine Differenzierung der Hilfsbereitschaft je nach Attraktivität der Bittstellerin.

Bei einer größeren Bitte (Bücher in die Bibliothek zurückbringen), bei der die Hilfsbereitschaft von vornherein geringer sein sollte, wirkte es sich hingegen förderlich auf die Hilfeleistung aus, wenn die Bittstellerin sich als ähnlich darstellte und zum Ausdruck brachte, daß sie die Zielperson mochte. Der Einfluß der wahrgenommenen Attraktivität des Opfers wurde auch in der Studie von Schwartz & Clausen (1970) deutlich, die einen epileptischen Anfall simulierten. Die Personen, die das Opfer mehr mochten, halfen schneller ($r = .24$).

In einer späteren Untersuchung (West & Brown, 1975) wurde die Bedeutung der Attraktivität des Opfers für die Hilfeleistung in dramatischer Weise unter Beweis gestellt. In einem Universitätsgebäude bat eine Studentin um Geld, um sich eine Tetanusspritze kaufen zu können. In einer Bedingung wurde ihre natürliche Schönheit durch ihre äußere Erscheinung (Make up etc.) betont. In einer zweiten Bedingung wurde die natürliche Schönheit durch ein negatives Äußeres maskiert. Als Ursache für die Abhängigkeit nannte die Studentin, daß sie von einer Ratte während eines Tierversuchs gebissen worden sei. In einer Bedingung geringer Konsequenzen waren keine äußerlichen Anzeichen des Bisses zu erkennen. In einer Bedingung hoher Konsequenzen war der Arm der Studentin notdürftig durch einen blutigen Verband geschützt.

Bei geringen Konsequenzen war die Hilfsbereitschaft generell niedrig. Die Studentin erhielt im Durchschnitt nur 13 bis 14 Cent. Hingegen wirkte sich bei hohen Konsequenzen die Attraktivität der Bittstellerin in erheblichem Umfang aus, da der attraktiven Studentin erheblich mehr Geld gegeben wurde (im Durchschnitt 43.3 Cent) als der unattraktiven Studentin (26.5 Cent). Außerdem ist anzumerken, daß bei deutlich sichtbaren Konsequenzen des Bisses generell mehr gegeben wurde als bei fehlenden konkreten Hinweisen auf die Folgen des Bisses. Daher scheinen Opfer gut beraten zu sein, wenn sie ihre Notlage durch sichtbare und konkrete Merkmale vorführen.

Zwei weitere Untersuchungen (Benson, Karabenick & Lerner, 1976; Gross, Wallston & Piliavin, 1975) bestätigten, daß ein attraktives Opfer mehr Hilfe erwarten kann als ein unattraktives Opfer. In einem Fall wurde die Attraktivität über ein Foto abgestuft, während im zweiten Fall die Attraktivität durch das freundliche oder unfreundliche Verhalten des potentiellen Hilfeempfängers variiert wurde.

Um die Bedeutung des Attraktivitätsfaktors einzuschätzen, ist es notwendig, sich vor Augen zu führen, daß in jeder der genannten Untersuchungen relativ extreme Formen von hoher und geringer Attraktivität – sei sie nun durch das Verhalten, durch Ähnlichkeit oder durch Schönheit bedingt – eingesetzt wurden. Im Alltag ist anzunehmen, daß sich die meisten Menschen in einem mittleren Bereich der Attraktivität einordnen lassen, so daß die genannten Effekte weniger deutlich ausfallen oder ganz verschwinden (s. Macaulay, 1975). Hingegen ist zu vermuten, daß sich z. B. große Schönheit des (weiblichen) Opfers förderlich auf die Hilfeleistung auswirkt.

2.3.2. »Du bist selbst an allem schuld«

Der Einfluß der *Ursache der Abhängigkeit* auf die Hilfsbereitschaft wurde in mehreren Untersuchungen überprüft. Ickes & Kidd (1976) geben einen Überblick über die wichtigsten Hypothesen und Ergebnisse. Meist wurde der Frage nachgegangen, ob es einen Unterschied für die Hilfsbereitschaft macht, wenn die Ursache der Hilflosigkeit internal oder external lokalisiert werden kann (s. Lefcourt, 1982). Eine *internale* Verursachung bedeutet, daß das Opfer seine Notlage selbst verschuldet hat. Eine *externale* Verursachung ist andererseits dann gegeben, wenn äußere Umstände, die das Opfer nicht zu vertreten hat, zu seiner Notlage beigetragen haben. Diese Unterscheidung entspricht der Trennung zwischen einer legitimen und einer illegitimen Notlage (Schwartz & Fleishman, 1978).

Ein Beispiel für die Auswirkungen einer unterschiedlichen Verursachung einer Abhängigkeit auf die spontane Hilfsbereitschaft findet sich in einer Untersuchung von Piliavin, Rodin & Piliavin (1969). In einer U-Bahn, die durch die New Yorker Stadtteile Harlem und Bronx fuhr, wurde der Kollaps eines Passagiers simuliert, der plötzlich auf den Boden fiel. In einer Bedingung schien das Opfer betrunken zu sein, da es eine Likörflasche bei sich trug. Diese Ursache des Sturzes läßt sich insofern als internal bezeichnen, weil das Opfer durch sein eigenes Verhalten (Alkoholmißbrauch) seine Notlage verursacht hat. In einer zweiten Bedingung schien das Opfer krank zu sein, da es einen Stock trug. In diesem Fall kann man davon sprechen, daß das Opfer keine Kontrolle über die Ursache seines Sturzes hatte und nur in sehr geringem Umfang verantwortlich war (externale Bedingung).

Das scheinbar kranke Opfer erhielt im allgemeinen sehr schnell spontane Hilfe. Das betrunkene Opfer erhielt weniger spontane Hilfe. Allerdings erhielten auch betrunkene Opfer – wenn auch vielfach mit einer zeitlichen Verzögerung – Hilfe durch die anwesenden Passagiere im Wagen. Im Durchschnitt waren 43 Passagiere während der Simulation anwesend, so daß die Chance, Hilfe von einem dieser Passagiere zu erhalten, von vorneherein sehr groß war.

Ickes & Kidd (1976) wiesen darauf hin, daß die Schlußfolgerung aus diesem Experiment und anderen zu einfach sei, daß eine internale Verursachung einer Notlage eine geringere Bereitschaft zu einer Hilfeleistung auslöse als eine externale Verursachung. Dieser Hinweis scheint in mehrfacher Hinsicht berechtigt zu sein.

Zum einen muß zwischen der Ursachendimension »external–internal« und der Ursachendimension »intentional–nichtintentional« unterschieden werden. Verschiedene Autoren – z. B. Weiner (1979, 1986) – stellten beide Dimensionen als im wesentlichen voneinander unabhängig dar.

Nun ist gut vorstellbar, daß es weniger die internale Verursachung der Abhängigkeit ist, die mit einer normativ vermittelten Hilfsbereitschaft interferiert, sondern eine Abhängigkeit, die der Hilfeempfänger absichtlich herbeigeführt hat. Die Untersuchungsergebnisse von Schopler & Matthews (1965) lassen sich z. B. in dieser Weise deuten.

Eine nicht intendierte Abhängigkeit könnte auch dann prosoziale Normen aktivieren, wenn sie internal verursacht ist, z.B. durch geringe Fähigkeiten. Es ist sehr plausibel anzunehmen, daß eine Person, die aufgrund mangelnder Kenntnisse oder Fähigkeiten in einer Notlage ist, normativ vermittelte Hilfsbereitschaft hervorruft. Vermutlich wird die prosoziale Norm aber dann weniger wirksam, wenn die Abhängigkeit von dem Opfer durch eigenes Verschulden herbeigeführt wurde (s. auch Schwartz & Fleishman, 1978).
Spätere Untersuchungen (Meyer & Mulherin, 1980; Reisenzein, 1986; Weiner, 1980) stimmen mit dieser Vermutung überein. Meyer & Mulherin ließen Beurteiler im Hinblick auf Verhaltensepisoden angeben, wie hilfreich sie sich verhalten würden. Es zeigte sich, daß weniger die Dimension »internal–external« die Urteile über die Hilfsbereitschaft beeinflußte als vielmehr die Intentionalität bzw. Kontrollierbarkeit. Wenn der Hilfeempfänger seine Abhängigkeit hätte verhindern können, war die angenommene Hilfsbereitschaft besonders gering. Außerdem gaben die Beurteiler an, daß ihr Mitgefühl unter diesen Umständen besonders schwach ausgeprägt und ihr Ärger relativ groß sei.
Ähnliche Resultate wurden auch von Weiner (1980) berichtet, der seine Szenarios auf der Untersuchung von Piliavin et al. (1969) aufbaute. Beurteiler glaubten, daß eine betrunkene Person weniger Hilfe erhalten werde als eine kranke Person. Außerdem gaben sie an, daß die Wahrscheinlichkeit der Hilfe geringer sei, wenn der Sturz einer Person durch Faktoren hervorgerufen wurde, die die Person hätte kontrollieren können (z.B. durch das Auslassen der Einnahme eines Medikaments). Schließlich wurden die Urteile über die Hilfsbereitschaft auch von den vorgegebenen Gefühlen beeinflußt. Wenn das Gefühl der Sympathie dominierte, war die angenommene Wahrscheinlichkeit der Hilfe größer als wenn das Gefühl des Abscheus vorherrschte.
Die Bedeutung der Intentionalität bzw. Kontrollierbarkeit der Ursache der Hilfsbereitschaft wurde auch in einem Feldexperiment deutlich (Barnes, Ickes & Kidd, 1979). Studenten, die sich auf eine Abschlußprüfung vorbereiteten, wurden telefonisch von einem Kommilitonen gebeten, ihm ihre Semestermitschriften zur Verfügung zu stellen. Der Anruf erfolgte wenige Tage vor der Prüfung. Da 200–300 Studenten an der Veranstaltung teilgenommen hatten, war es plausibel, daß der Anrufer ein Fremder war.
In einer Bedingung erklärte der Anrufer, daß er nicht fähig sei, gute Mitschriften zu erstellen (mangelnde Fähigkeit). In einer zweiten Bedingung erklärte er statt dessen, daß er sich nicht darum bemüht habe, eine brauchbare Mitschrift zu erstellen (mangelnde Anstrengung).
Diese beiden Ursachen der Abhängigkeit sind internal. Mangelnde Fähigkeit ist aber eine nicht intentionale Ursache, während mangelnde

Anstrengung bzw. Faulheit als eine intentionale Ursache angesehen werden kann. Die Ergebnisse zeigten, daß der Bittsteller, dessen Abhängigkeit durch mangelnde Fähigkeit erklärt wurde, mehr Hilfe erhielt als der, dessen Abhängigkeit auf mangelnde Anstrengung zurückgeführt wurde.
Daher ist die Schlußfolgerung gerechtfertigt, daß die Norm der sozialen Verantwortung durch intentionale Abhängigkeit unterminiert werden kann. Wenn die Person anders gekonnt hätte und somit Kontrolle über ihre Abhängigkeit hatte und trotzdem in die Notlage gekommen war, erwies sich die normativ vermittelte Hilfeleistung als eher gering (s. Reisenzein, 1986).
Diese Schlußfolgerung sollte aber auch nicht zu weit generalisiert werden. Schon die Alltagserfahrung zeigt, daß auch Personen Hilfe erhalten, die durch ihre Gleichgültigkeit oder Faulheit des Opfers die Hilfeleistung einschränken (s. Berkowitz, 1969), aber nicht unter allen Umständen und bei allen Personen gleichermaßen. Eine internale Ursache für eine Notlage, die schwerwiegend ist, kann den potentiellen Helfern signalisieren, daß eine Hilfe unbedingt erforderlich ist. Denn die niedrige Kompetenz des Opfers läßt vermuten, daß es sich selbst nicht helfen kann (Gruder, Romer & Korth, 1978).
Eine Person, die ihre Abhängigkeit selbst verschuldet hat, kann bei den Beobachtern entweder den Eindruck einer niedrigen Legitimität der Notlage oder den Eindruck einer schweren Bedrängnis hervorrufen. Nur wenn der Eindruck der niedrigen Legitimität dominiert, sollte die Hilfsbereitschaft gering sein (Gruder, Romer & Korth, 1978).
Diese Hypothese wurde in einem Feldexperiment geprüft. Bestimmte Telefonnummern wurden angerufen, wobei die Anruferin so tat, als wenn sie aus einer Telefonzelle die Reparaturwerkstatt erreichen wollte, weil ihr Auto wegen eines Defekts stehengeblieben war. Wenn sich der Telefoninhaber meldete, tat die Anruferin so, als wenn sie sich verwählt hätte. Der Telefoninhaber konnte der Anruferin helfen, indem er für sie die Reparaturwerkstatt anrief. Dieses Verfahren zur Messung des hilfreichen Verhaltens entspricht der »wrong-number-Technik« (s. Gaertner & Bickman, 1971).

Die Beschreibung der Notlage wurde in zweifacher Weise variiert:
- Entweder wurde die Abhängigkeit der Anruferin als hoch oder niedrig dargestellt. Bei *hoher* Abhängigkeit gab sie an, daß sie ihr letztes Telefongeld verbraucht habe. Dieser Hinweis fehlte in der Bedingung, in der *niedrige* Abhängigkeit verwirklicht wurde.
- Entweder wurde die Ursache der Abhängigkeit internal oder external lokalisiert. Bei *internaler* Darstellung der Ursache der Notlage erwähnte die Anruferin, daß sie vergessen habe, ihr Auto rechtzeitig in die

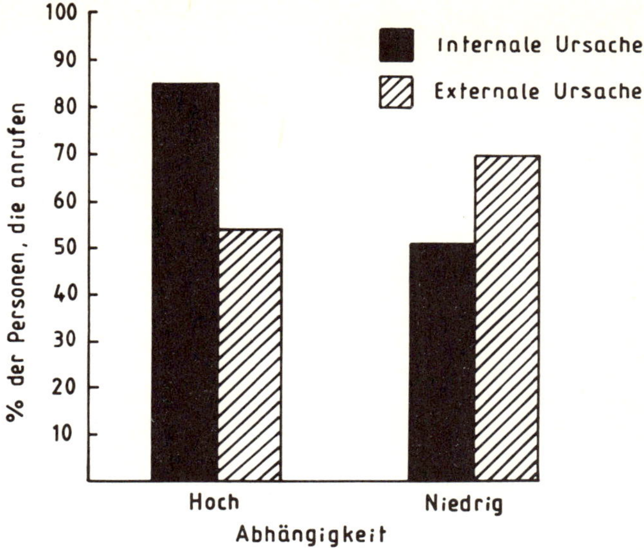

Abb. 3: Relative Häufigkeit der Hilfeleistung (Ausführung eines Telefongesprächs für eine Bittstellerin) als Funktion der Größe und Ursache der Abhängigkeit (nach Gruder, Romer & Korth, 1978)

Reparaturwerkstatt zu bringen. Bei *externaler* Darstellung sagte sie, daß das Auto gerade letzte Woche in der Werkstatt gewesen sei.

Die Ergebnisse, die in Abb. 3 veranschaulicht sind, zeigen, daß eine Selbstverschuldung der Abhängigkeit unterschiedliche Effekte ausübte, wenn die Abhängigkeit groß oder gering war. Bei geringer Abhängigkeit unterdrückte eine Selbstverschuldung offensichtlich eine durch eine prosoziale Norm vermittelte Hilfeleistung. Dieses Ergebnis entspricht früheren Untersuchungen (z.B. Schopler & Matthews, 1965). Bei hoher Abhängigkeit trat aber ein entgegengesetztes Ergebnismuster auf. Selbstverschuldung rief eine besonders hohe Hilfeleistung hervor.

Dieses Ergebnis läßt vermuten, daß eine selbstverschuldete hohe Abhängigkeit ein Signal dafür ist, daß die Bittstellerin besonders dringend Hilfe braucht. Offensichtlich ist sie nicht in der Lage, vernünftig zu planen. Wenn eine solche Person in einer großen Notlage ist, muß der potentielle Helfer fürchten, daß sie sich allein nicht retten kann. Die Selbstverschuldung wirkt dann wie ein zusätzlicher Hinweisreiz auf die hohe Abhängigkeit und intensiviert deren Norm-aktivierende Wirkung.

Die Auswirkungen der Ursache der Abhängigkeit auf die Hilfsbereitschaft sind also differenziert zu bewerten. Man kann nicht einfach davon ausgehen, daß die Norm der sozialen Verantwortung im allgemeinen nicht befolgt wird, weil ein Opfer seine Notlage selbst verschuldet hat. Zutreffender ist die Vermutung, daß eine Selbstverschuldung der Notlage in vielen Fällen zu einer verzögerten und weniger enthusiastischen Hilfeleistung führt. Bestimmte Personen, deren Interesse an Hilfeleistung sowieso gering ist (z.B. weil sie egoistische Persönlichkeitsmerkmale zum Ausdruck bringen), werden allerdings geneigt sein, wahrgenommene Selbstverschuldung als Anlaß für die Unterlassung von Hilfeleistung zu nehmen.

Ein Faktor, der die nachteiligen Folgen selbst-verschuldeter Notlagen mildert, ist ihre Dringlichkeit. Ein anderer Faktor, der in diesem Zusammenhang zu beachten ist, bezieht sich auf die normative Orientierung der potentiellen Helfer. Es ist naheliegend anzunehmen, daß vor allem solche Personen die Legitimitätsfrage in den Vordergrund rücken, deren prosoziale Normorientierung sowieso schwach ist. Hingegen sollten Personen, die die Norm der sozialen Verantwortung internalisiert und zur Richtschnur ihres Handelns gemacht haben, sich in ihrer Hilfsbereitschaft nicht davon irritieren lassen, wie die Notlage der Opfer zustande gekommen ist (Schwartz & Fleishman, 1978).

In einem Telefonanruf wurden verheiratete Frauen gebeten, ihre Zeit für die Aktion »Lebensmittel für alte Menschen« zur Verfügung zu stellen. Diese (fiktive) Organisation habe es sich zur Aufgabe gemacht, alten Menschen, die nicht hinreichend durch die Sozialhilfe unterstützt werden, zu helfen. Dazu sei eine Briefaktion geplant, bei der die angerufenen Frauen mitarbeiten könnten, indem sie Briefumschläge adressierten.

Die Legitimität der Notlage wurde in deutlicher Weise variiert. Bei *hoher* Legitimität wurde erwähnt, daß die alten Menschen bisher Invalide betreut hätten, aber durch das Auslaufen des Fonds kein Geld mehr verdienen könnten. Bei *niedriger* Legitimität wurde gesagt, daß die alten Menschen, denen die Aktion zugute kommen sollte, ihre Tätigkeit bei der Betreuung von Invaliden verloren hätten, weil sie Besuche vorgetäuscht hätten, die sie überhaupt nicht gemacht hatten.

Zehn bis zwölf Wochen vor dem Telefonanruf hatten die Frauen einen Fragebogen ausgefüllt, in dem u.a. ihre persönliche Norm im Hinblick auf die Unterstützung bedürftiger Sozialhilfeempfänger erfragt wurde. Aufgrund der Antworten auf zwei entsprechende Fragen wurde zwischen Frauen unterschieden, die

– eine negative Norm angaben (Hilfe für unangemessen hielten)
– eine neutrale oder schwach positive Haltung hatten
– eine starke prosoziale Orientierung im Hinblick auf Sozialhilfeempfänger zum Ausdruck brachten.

316 Personen nahmen an der schriftlichen Befragung teil und wurden auch zwei bis drei Monate später telefonisch interviewt. In dem Interview erklärten sich 57% der Befragten bereit, wenigstens eine halbe Stunde für die bedürftigen Personen zu arbeiten. Bei den Personen, die eine eindeutig negative und die eine eindeutig positive Norm hatten, wirkte sich die Legitimität der Notlage nicht auf die Hilfsbereitschaft aus. Die Frauen, die eine *positive Norm* der Hilfeleistung gegenüber Sozialhilfeempfängern aufwiesen, waren in dem Telefongespräch wesentlich hilfsbereiter als die Frauen *mit negativer Norm*. Eine *positive Norm* führte also dazu, daß das Ausmaß der Hilfe generell hoch war und nicht von der Legitimität der Notlage abhängig war. Eine explizite Ablehnung der Hilfe gegenüber Sozialhilfeempfängern während der schriftlichen Befragung *(negative Norm)* ging einher mit generell niedriger Neigung, den bedürftigen Personen zu helfen, und zwar ebenfalls unabhängig von der Ursache der Notlage.
Hingegen wirkte sich die Legitimität der Notlage *bei neutraler Norm* sehr deutlich aus. Der Effekt der Legitimität war in dieser Personengruppe so stark, daß sie in ihrem Hilfeverhalten einmal nicht von den Frauen mit der positiven Norm zu unterscheiden waren (bei hoher Legitimität) und einmal nicht von den Frauen mit einer negativen Norm (bei niedriger Legitimität). Wenn die Befragten in der neutralen Gruppe erfuhren, daß die alten Menschen wegen Betrugs ihren Job verloren hatten, opferten sie so wenig Zeit wie die Frauen, die eine negative Norm zum Ausdruck gebracht hatten. Wenn sie aber mit einer legitimen Notlage konfrontiert wurden, waren sie zu einem hohen Ausmaß der Hilfe bereit, das dem der Gruppe der positiv motivierten Frauen entsprach.
Wenn man einen plakativen Ausdruck verwenden will, kann man sagen, daß die neutral eingestellten Befragten chamäleonartig auf die Bitte um Hilfe reagierten. Wenn die Opfer an ihrer Lage unschuldig waren, antworteten sie wie »gute Samariter«, während sie sich zurückweisend verhielten, wenn die Opfer ihre Notlage selbst hervorgerufen hatten. Vermutlich haben die meisten Menschen in vielen Bereichen neutrale oder tendenziell positive altruistische Normen. Die Implikation ist dann, daß viele Menschen nicht verläßlich altruistisch bzw. regelmäßig egoistisch handeln. Vielmehr scheint es so zu sein, daß diese Personen sich einmal moralisch »gut« und einmal moralisch »schlecht« verhalten, weil sie auf die Bedürfnislage von Opfern in Abhängigkeit von bestimmten Randbedingungen reagieren.
Weiner (1980) stellte ein Modell hilfreichen Verhaltens dar, in dem die Attributionsrichtung von zentraler Bedeutung ist. Die Modellüberlegungen orientieren sich an dem Beispiel der Person, die in der U-Bahn – wegen Trunkenheit oder wegen Krankheit – hinfällt. Dieses Ereignis soll über folgende Schritte zu Hilfeleistung führen:

- anfängliche kausale Analyse im Sinne einer Erklärung des Sturzes aufgrund von Trunkenheit oder aufgrund von Krankheit,
- elaborierte kausale Analyse im Sinne einer Lokalisierung des Ereignisses auf wichtigen Ursachendimensionen, insbesondere auf der Dimension internal/external und auf der Dimension intentional/nicht intentional,
- Gefühle, insbesondere Mitleid und Ekel, die sich förderlich oder hemmend auf die Hilfeleistung auswirken,
- Hilfeleistung als letzter Schritt in diesem Sequenzmodell.

Dieses Modell der Hilfeleistung beschreibt eine umfassende Attributionsanalyse der Notlage. Von jedem Schritt in der Sequenz können Impulse auf die Hilfsbereitschaft ausgehen. So besteht die Möglichkeit, daß eine Person nur zwischen Trunkenheit und Krankheit unterscheidet und sich an dieser Unterscheidung bei ihrer spontanen Hilfeleistung orientiert. Insbesondere bei Zeitdruck, wie er bei Unfällen und akuten Notlagen im allgemeinen gegeben ist, oder bei nebensächlichen Ereignissen, denen eine Person nur wenig Aufmerksamkeit zuwendet, sollte die Attributionsanalyse verkürzt ablaufen.

Selbstverschuldung einer Notlage wird vor allem bei den potentiellen Helfern die Hilfeleistung beeinträchtigen, die von vorneherein nur eine geringe Neigung zu einer Intervention haben (Schwartz & Fleishman, 1978). Die Schuldzuschreibung ist mehr als Rechtfertigung für unterlassene Hilfeleistung zu verstehen. Diese Annahme verweist auf individuelle Unterschiede in der Hilfsbereitschaft, die in der Bereitschaft zur Übernahme von Verantwortung, in der Empathiefähigkeit und in der Bereitschaft, soziale Normen zu befolgen, liegen.

3. Persönlichkeitsmerkmale: Egoisten und Philanthropen

Die Hilfsbereitschaft variiert erheblich von Person zu Person. Z. B. sind die einen bereit, Geld für Hilfsorganisationen wie Unicef oder terre des hommes zu spenden, während andere noch nicht einmal im Traum daran denken würden, Geld zu verschenken. Diese individuellen Unterschiede scheinen über die Zeit eine gewisse Stabilität aufzuweisen (Amato, 1985; Eisenberg et al., 1987).

3.1. Handlungsmodell der altruistischen Persönlichkeit

Ein theoretisches Bezugsmodell kann die Einflüsse von Persönlichkeitsmerkmalen auf Altruismus weiter konkretisieren (s. Abb. 4). In diesem

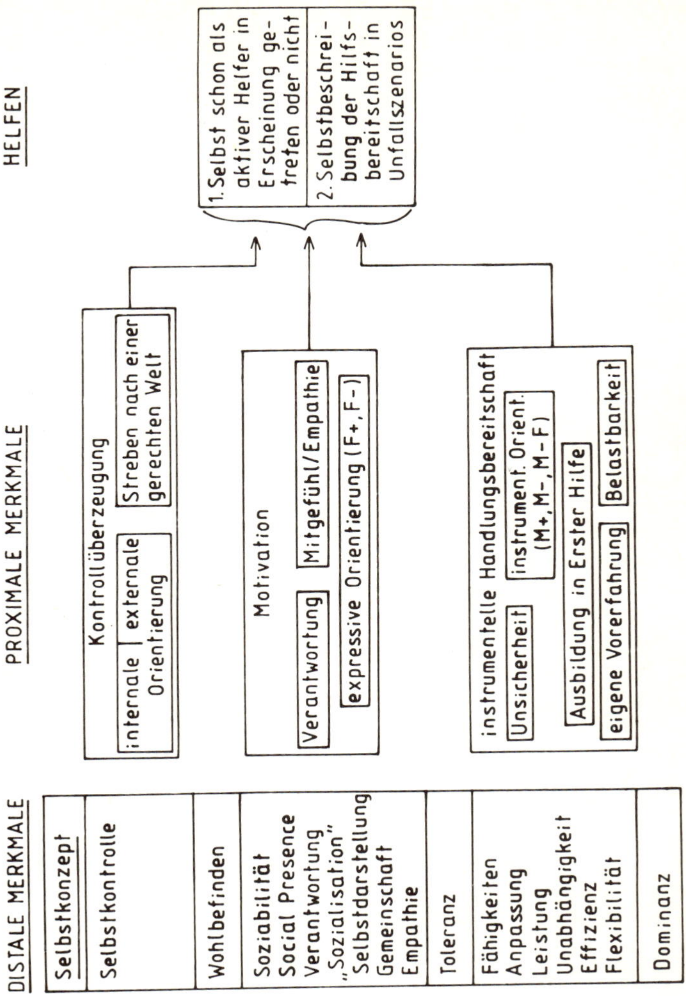

Abb. 4: Modell der altruistischen Persönlichkeit
(Die Abkürzungen werden im Text erklärt)

Modell wird zwischen Merkmalen unterschieden, von denen angenommen wird, daß sie einen direkten Einfluß auf die Hilfsbereitschaft ausüben und die als *proximale Merkmale* bezeichnet werden (z. B. Instrumentelle Handlungsbereitschaft), und Variablen, die sich vermutlich vermittelt über proximale Merkmale auf die Hilfeleistung indirekt auswirken und die als *distale Merkmale* bezeichnet werden.

Das Modell der altruistischen Persönlichkeit wurde als Handlungsmodell konzipiert, weil Altruismus i. a. ein aktives Eingreifen erfordert. Die Notwendigkeit, unaufgefordert aktiv zu werden, stellt Anforderungen an die potentiellen Helfer, die sich in einer Handlungstheorie (s. Lück, 1988) darstellen lassen.

Welche Sichtweise von Persönlichkeitsmerkmalen liegt dem Modell in Abb. 4 zugrunde? Aus der Perspektive der handelnden Person liegt es nahe, Motive, Erwartungen und Handlungsbereitschaften in den Mittelpunkt zu rücken, wie es auch innerhalb der sozialen Lerntheorie getan wird (s. Pervin, 1987; Wright & Mischel, 1982). Persönlichkeitseigenschaften lassen sich als relativ stabile Konfigurationen von Zielvorstellungen und Motiven, Plänen und gewohnheitsmäßigen Handlungsbereitschaften sowie allgemeinen Annahmen, insbesondere auch über die Handlungsmöglichkeiten in einer konkreten Situation, auffassen (Miller & Read, 1987). Diese Umschreibung von Persönlichkeitsmerkmalen erlaubt die Bildung eines Konzepts der altruistischen Persönlichkeit (s. Abb. 4). Folgende Gesichtspunkte sind zu berücksichtigen:

- Allgemeine Annahmen über die eigenen Handlungsmöglichkeiten. Diese Annahmen kommen in Kontrollüberzeugungen zum Ausdruck, die sich darauf beziehen, ob ein Ereignis internal (durch den Akteur selbst) oder external (durch andere oder durch Zufälle) verursacht ist (Krampen, 1982). Erwähnenswert ist auch das Streben nach einer gerechten Welt, das sich auf die Reaktion auf das Unglück (z. B. Unfälle) anderer Menschen bezieht (Lerner, 1980). Personen, die nach einer gerechten Welt streben, sollten eher bereit sein, bei unverdienten Unglücken altruistisch einzugreifen, um ihren Glauben an eine gerechte Welt aufrechterhalten zu können.
- Zielvorstellungen und Motive, die Hilfeleistung in Alltagssituationen anregen; dazu zählen insbesondere soziale Verantwortung und Mitgefühl (Staub, 1974) sowie positiv bewertete (F+) und negativ bewertete (F–) feminine Eigenschaften wie ›herzlich in Beziehung zu anderen‹ (F+) und ›weinerlich‹ (F–).
- Instrumentelle Handlungsbereitschaften, die durch instrumentelle Orientierung, Ausbildung, Kompetenzgefühl, Belastbarkeit unter Streß und Selbstsicherheit gefördert werden können. In diesem Zusammenhang sind auch Körperkraft und eigene Vorerfahrungen einzuordnen (s. Huston, Ruggiero, Conner & Geis, 1981). Instru-

mentelle Orientierung umfaßt positiv bewertete (M+) und negativ bewertete (M—) maskuline Eigenschaften wie ›tatkräftig‹ (M+) und ›feindselig‹ (M—) sowie geschlechtsneutrale Eigenschaften (M-F) wie ›nicht erregbar in größerer Krise‹ (s. Spence & Helmreich, 1978).

Die Darstellung in Abb. 4 soll den Stellenwert der wichtigsten Persönlichkeitsmerkmale für Hilfeleistung in einem theoretischen Bezugssystem darstellen. Wie schon einleitend erwähnt wurde, liegt dem Bezugsrahmen eine Trennung zwischen proximalen und distalen Merkmalen zugrunde. Unterschiedliche Facetten des Selbstkonzepts (z.B. Anpassung, Selbstkontrolle, Toleranz) werden als distale Merkmale aufgefaßt. Die verwendeten Bezeichnungen der Facetten des Selbstkonzepts orientieren sich an der Einteilung von John & Keil (1972), die 18 Facetten des Selbstkonzepts unterschieden, die sich zu bestimmten Selbstkonzeptfaktoren zusammenfassen lassen. Wir bevorzugen zu diesem Zweck eine Unterteilung in instrumentelle (z.B. Fähigkeiten, Effizienzstreben) und empathische (z.B. Verantwortungsbewußtsein und Gemeinschaftsorientierung) Selbstkonzeptmerkmale.

Zwischen diesen distalen Merkmalen und bestimmten proximalen Merkmalen sollten enge Zusammenhänge auftreten. Z. B. sollte sich eine positive Beziehung zwischen Selbstkontrolle und Kontrollüberzeugung finden wie auch zwischen Soziabilität, Empathie und Verantwortung und den Motivationsvariablen. Schließlich sollten auch Leistungsanpassung und instrumentelle Handlungsorientierung in einer positiven Beziehung stehen.

3.2. Altruismusskalen

Huston & Korte (1976) beschrieben das Persönlichkeitsbild der »guten Samariter« wie folgt: Sie folgen dem Gefühl moralischer und sozialer Verantwortung, neigen zu unkonventionellem und mutigem Verhalten, empfinden Mitgefühl mit den Opfern der Gesellschaft und neigen dazu, aufgrund ihres Mitgefühls zu handeln (s. Liebhart, 1972).

Rushton (1980, S. 84) gibt eine noch umfassendere Beschreibung der altruistischen Persönlichkeit, die eine Orientierung an Gerechtigkeit, moralischem Handeln und Mitgefühl umfaßt. Altruistische Einstellungen gingen einher mit Ehrlichkeit, guter Selbstkontrolle und der Auffassung, das eigene Schicksal kontrollieren zu können und nicht von Zufällen bestimmt zu werden (Fincham & Barling, 1978 bei Kindern; Midlarsky, 1971 bei Erwachsenen).

Rushton, Chrisjohn & Fekken (1981) entwickelten eine Altruismusskala, die aus 20 Feststellungen besteht und mit der die Häufigkeit von altruistischen Handlungen (z.B. »Ich habe Blut gespendet«, »Ich habe meinen

Sitz in einem Bus oder Zug einem Fremden angeboten, der stand«) mit einer 5-Punkte-Skala zwischen »nie« und »sehr oft« eingeschätzt werden soll. Diese Skala hat eine zufriedenstellende interne Konsistenz und korrelierte positiv mit der Einschätzung der Skala durch Bekannte, die die Skala im Hinblick auf die Zielperson ausfüllten (r = 0,35). Außerdem korrelierte sie mit einem zusammenfassenden altruistischen Index, der über acht selbsteingeschätzte Maße altruistischen Verhaltens gebildet wurde (r = 0,40). Alle genannten Korrelationen waren statistisch signifikant.

In einer weiteren Untersuchung (Rushton et al., 1981) zeigte sich, daß die Altruismus-Skala mit verschiedenen Fragebogen, die eine prosoziale Wertorientierung erfassen, positiv zusammenhängt. So fanden sich signifikante Korrelationen mit sozialer Verantwortung (Berkowitz & Lutterman, 1968) und Wärme.

In einer späteren Studie (Rushton, Fulker, Neale, Nias & Eysenck, 1986) mit eineiigen und zweieiigen Zwillingen ergaben sich Hinweise auf eine Erblichkeit altruistischer Neigungen, wie sie in dem Rushton et al. (1981) Fragebogen erfaßt wurden, die mit etwa 50% der Varianz von Zwillingen beschrieben wurde. In einer umfangreichen postalischen Fragebogenuntersuchung in England wurden neben dem Altruismusfragebogen auch Fragebogen zur Messung von Empathie, Wärme, Feindseligkeit und Assertivität verschickt. Unter den Zwillingen, die diesen Fragebogen beantworteten, waren 296 eineiige und 179 zweieiige des gleichen Geschlechts. Während Altruismus positiv mit Empathie und Wärme korrelierte, fanden sich negative Korrelationen zu Feindseligkeit und egoistischem Durchsetzungsstreben. Diese Korrelationen sprechen für die Validität der Altruismusskala.

Bemerkenswert ist auch, daß die selbsteingeschätzte Hilfsbereitschaft mit dem Alter zunahm (der Altersbereich reichte von 19 bis über 60), während Feindseligkeit mit dem Alter abnahm. Schließlich ist noch zu erwähnen, daß sich für Altruismus keine Geschlechtsunterschiede fanden, während Empathie und Wärme jeweils bei Frauen höher ausgeprägt waren als bei Männern. Diese Ergebnisse sprechen insgesamt für einen genetischen Einfluß auf die Hilfsbereitschaft, wie sie in Fragebögen abgefragt wird. Sie zeigen auch, daß Altruismus als Persönlichkeitsmerkmal mit hinreichender Verläßlichkeit und Gültigkeit gemessen werden kann.

In diesem Zusammenhang ist anzumerken, daß auch Amato (1985) für die 33 Items seines Fragebogens zur Messung von geplanter Hilfsbereitschaft eine hinreichende interne Konsistenz ermittelte. Außerdem konnte er in einer Studie zur Test-Retest-Reliabilität feststellen, daß sich über sieben Monate eine hohe Stabilität (r = 0,72 bzw. r = 0,84 in zwei Stichproben) ergab. Es fanden sich auch eine Reihe von sinnvollen

Persönlichkeitskorrelaten, die z. T. unterschiedlich waren für die Feststellungen zur formalen und zur informellen Hilfsbereitschaft. Während formale Hilfsbereitschaft mit sozialer Verantwortung (r = 0,23), Internalität (r = 0,24) und Autoritarismus (r = – 0,32) zusammenhing, korrelierte informelle Hilfsbereitschaft mit Stimmung (r = 0,25) und ebenfalls mit sozialer Verantwortung (r = 0,24).
Die Gesamtskala korrelierte positiv mit sozialer Verantwortung (r = 0,31), negativ mit Machiavellismus (r = – 0,23), der als Neigung zu unverantwortlichem Verhalten aufgefaßt werden kann (s. Christie & Geis, 1970), und positiv mit Stimmung (r = 0,28). Die genannten Korrelationen waren alle statistisch signifikant. Diese Ergebnisse lassen den Schluß zu, daß die altruistische Persönlichkeit vor allem durch verantwortungsvolles Verhalten, wie es z. B. durch den Fragebogen von Berkowitz & Lutterman (1968) erfaßt wird, zu charakterisieren ist. Als negativer Gegenpol lassen sich der Machiavellismus und der Autoritarismus nennen.

3.3. Abwehr der Verantwortung

Schwartz (1977) betonte besonders die Rolle der Neigung, die Verantwortung für das Wohlergehen anderer Menschen zu verneinen. Damit ist ein wichtiger Abwehrmechanismus angesprochen, der für normativ vermittelte Hilfeleistung von Bedeutung ist. Menschen unterscheiden sich in ihrer Neigung, Verantwortung von sich zu weisen. Ergebnisse einer Untersuchung, in der ein epileptischer Anfall simuliert wurde (Schwartz & Clausen, 1970), weisen darauf hin, daß diejenigen dem Anfallopfer eher zu Hilfe kamen, die wenig dazu neigten, soziale Verantwortung zu verleugnen. Dieser Unterschied wurde vor allem deutlich, wenn mehrere potentielle Helfer anwesend waren, unter denen eine Diffusion der Verantwortung stattfinden konnte. Es ist naheliegend anzunehmen, daß die Diffusion der Verantwortung besonders die Beobachter eines Unfalls betrifft, die routinemäßig dazu neigen, ihre soziale Verantwortung zu verneinen.
In einer Untersuchung, in der es um die Bereitschaft zu einer Organspende ging (Schwartz, 1973) wurde das Zusammenspiel von prosozialer Norm und Verneinung der Verantwortung deutlich. Anläßlich einer Befragung durch eine medizinische Gesellschaft wurden weibliche Angestellte u. a. nach ihrer normativen Einstellung gegenüber Knochenmarkspenden gefragt. Die Skala reichte von – 1 (Ablehnung der Norm) bis + 5 (starke Verpflichtung zur Spende). Drei Monate später erhielten die Befragten einen Appell eines Chirurgen, sich als potentielle Knochenmarkspender in eine Liste eintragen zu lassen. Die Antwort auf diesen Appell wurde auf einer vierstufigen Skala erfaßt:

(4) Definitives Interesse und Bitte um Verabredung eines Termins,
(3) Interesse und Bitte um ein Diskussionsgespräch,
(2) Bitte um weiteres Informationsmaterial,
(1) Kein Interesse und Bitte, auf weitere Kontakte zu verzichten.

Der Zusammenhang zwischen der Stärke der persönlichen Norm und der Antwort auf den Appell war generell positiv. Aber die Enge des Zusammenhangs hing entscheidend von der Neigung der Angestellten zur Verneinung der Verantwortung ab. Bei denjenigen, die besonders stark zur Leugnung der Verantwortung neigten, fand sich eine Nullkorrelation zwischen Norm und Antwort ($r = 0{,}01$). Bei denjenigen, die besonders wenig Verantwortung leugneten, war die Korrelation wesentlich höher ($r = 0{,}44$). Bei der Mittelgruppe lag die Höhe der Korrelation zwischen der in den beiden Extremgruppen ($r = 0{,}27$).

Zusammenfassend ist festzustellen, daß die normative Einstellung und die entsprechende Hilfsbereitschaft nur dann substantiell korrelieren, wenn die Neigung zur Verleugnung der Verantwortung gering ist. Die Bereitschaft, soziale Verantwortung zu übernehmen, scheint eine wichtige Voraussetzung dafür zu sein, daß prosoziale Normen handlungsrelevant werden. Daher ist es nicht verwunderlich, daß die Hilfeleistung um so geringer ist, je stärker die individuelle Neigung zur Verantwortungsleugnung ausgeprägt ist (Schwartz & Ben David, 1976; Schwartz & Gottlieb, 1976).

3.4. Außenlenkung und Innenlenkung

Vor nahezu vier Jahrzehnten beschrieb David Riesman (1950) eine Unterscheidung zwischen innengeleiteten und außengeleiteten Menschen. Während Innengeleitete ihre Handlungsplanung an ihren persönlichen Überzeugungen und Werten orientieren, sind Außengeleitete geneigt, sich mit den jeweils bestehenden Normen konform zu verhalten, die sie nicht notwendigerweise verinnerlicht haben. Riesman war der Überzeugung, daß innengeleitete Menschen in unserer Zeit immer seltener zu finden sind, während der konformistische Typ im Vormarsch begriffen ist.

In die sozialpsychologische Persönlichkeitsforschung fand diese Unterscheidung in abgewandelter Form unter dem Begriff des Self-Monitoring (Snyder, 1986) bzw. Selbst-Abhörens Eingang. Die Menschen unterscheiden sich nach Snyder in ihrer Neigung, sich an äußeren Gegebenheiten einerseits und an internalisierten Werten und Einstellungen andererseits zu orientieren. Personen, die sich hauptsächlich um eine pragmatische Bewältigung der jeweiligen Situation durch ein möglichst situationsangemessenes Verhalten bemühen, wurden als hoch auf der

Dimension des Self-Monitoring eingestuft. Personen, die sich stattdessen primär an ihren eigenen Einstellungen orientieren, wurden als niedrig eingestuft (Snyder & Gangestad, 1986).
Snyder (1974) entwickelte einen Fragebogen, der die Ausprägung des Selbst-Abhörens individuell erfassen soll. Dieses Persönlichkeitsmerkmal ist für viele Fragestellungen, die in der neueren Sozialpsychologie diskutiert werden, von großer Bedeutung. Z. B. steht es mit dem Prozeß der Selbstwahrnehmung in Beziehung, der von Bem (1972) beschrieben wurde. Außerdem deutet viel darauf hin, daß es einen Einfluß auf die Einstellungs-Verhaltens-Konsistenz ausübt. Personen mit hohen Werten auf dieser Skala scheinen weniger konsistent in ihrem Verhalten zu sein als Personen mit niedrigen Werten (Snyder & Kendziersky, 1982).
Self-Monitoring ist auch unmittelbar relevant für normbestimmtes Verhalten. Generell läßt sich annehmen, daß hohe Selbstabhörer eher den situationsspezifischen Normen folgen werden als niedrige Selbstabhörer. Aus dieser Annahme leiteten White & Gerstein (1987) die Hypothese ab, daß ein normativer Appell, der moralisches Pflichtgefühl, normative Sanktionen und das Prinzip der Gegenseitigkeit betont, vor allem Personen beeindrucken sollte, die hohe Selbstabhörungswerte aufweisen.
Um diese Annahme zu testen, bildeten White & Gerstein drei Versuchsgruppen. Studenten wurden in einer Vorlesungsreihe – scheinbar im Rahmen des normalen Veranstaltungsbetriebs – mit Untersuchungsergebnissen über hilfreiches Verhalten konfrontiert. In einer Veranstaltung wurde ein starker normativer Appell in den Mittelpunkt gestellt. In einer zweiten Veranstaltung wurden ähnliche Untersuchungsergebnisse referiert, wobei aber die Bedeutung situativer Faktoren für die Hilfsbereitschaft in den Vordergrund gestellt wurde, während der Aspekt der moralischen Pflichterfüllung heruntergespielt wurde. Eine dritte Gruppe von Studenten wurde überhaupt nicht mit entsprechenden Untersuchungsergebnissen bekannt gemacht.
Vier Wochen später wurden die Teilnehmer an diesem Versuch – die natürlich nicht wußten, daß sie als Versuchspersonen fungierten – per Telefon kontaktiert mit der Bitte, sich in eine Liste von Personen eintragen zu lassen, die bereit sind, sehbehinderten Studenten vorzulesen. Die Bereitschaft, dieser Bitte nachzukommen, stellte die abhängige Variable dar.
Die Ergebnisse sind in Abb. 5 dargestellt. Sie zeigen, daß der starke normative Appell auf die hohen Selbstabhörer einen deutlichen Effekt ausübte, indem er ihre Hilfsbereitschaft auf ein hohes Niveau brachte. Hingegen war die Hilfsbereitschaft dieser Personen relativ gering, wenn sie auf situative Bedingungen hilfreichen Verhaltens aufmerksam gemacht worden waren.

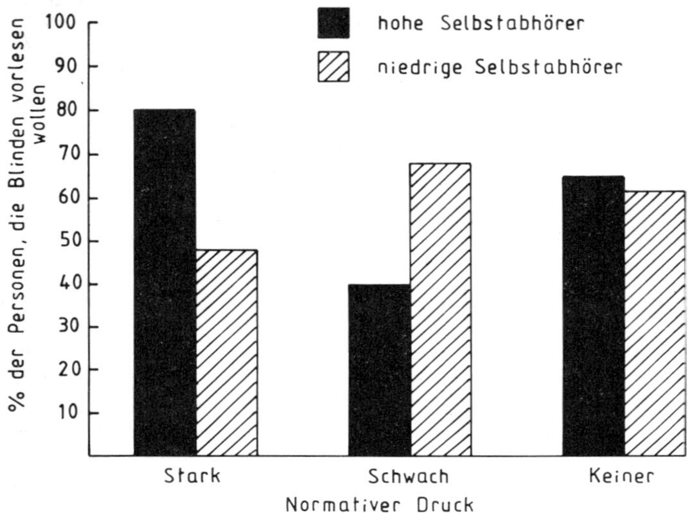

Abb. 5: Hilfsbereitschaft als Funktion eines normativen Appells bei hohen und niedrigen Selbstabhörern

Bei den Personen mit niedrigen Werten auf der Self-Monitoring-Skala zeigte sich eine gegenläufige Tendenz, da ihre Hilfsbereitschaft am größten war, wenn kein normativer Druck auf sie ausgeübt worden war. Möglicherweise hatten sie mit Reaktanz auf den moralischen Appell reagiert, so daß der moralische Appell einen Bumerangeffekt auslöste (s. Berkowitz, 1973). Jedenfalls zeigten sie keine gesteigerte Bereitschaft zu helfen, nachdem sie die Hinweise auf Pflichterfüllung und Gegenseitigkeit gehört hatten.

Der Einfluß des Self-Monitoring verweist auf die Probleme und Möglichkeiten, die eine Unterrichtung mit dem Ziel der Hilfeleistung hat. Während die Gruppe der situationsorientierten Personen, die dazu neigen, sich mit den Normen der Gesellschaft konform zu verhalten, zu Hilfsbereitschaft durch moralische Appelle motiviert wurde – vermutlich weil die Hilfeleistung als angemessenes Verhalten interpretiert wurde –, ließ sich die Gruppe der niedrigen Selbstabhörer nicht entsprechend beeinflussen. Im Gegenteil, es zeigte sich bei ihnen die Tendenz zu einem Bumerangeffekt.

3.5. Bumerangeffekte: Zuviel des Guten

Wenn eine Person glaubt, daß auf sie ein übertriebener Normdruck ausgeübt wird, reagiert sie leicht mit Ärger und Ablehnung. Das zeigt sich schon im Trotzalter der Kinder (Dickenberger, 1983) und ist bei Jugendlichen und Erwachsenen ein weit verbreitetes Phänomen (Wicklund, 1974). Menschen in unserem Kulturkreis reagieren i.a. sehr vorsichtig und abwehrend, wenn sie den Eindruck haben, daß die Freiheit ihrer Wahl eingeschränkt werden könnte.

Die Auswirkungen von Gefühlen der Freiheitseinengung auf normativ motivierte Hilfsbereitschaft wurde in einem Experiment getestet, in dem männliche Studenten nach einem Versuch um freiwillige Teilnahme an einem weiteren Versuch gebeten wurden (Jones, 1970). Die Reaktion auf die Bitte um Mitarbeit hing von der Größe der Wahlfreiheit ab. Wenn die Studenten von vorneherein keine andere Wahl hatten, als fünf Minuten lang an dem zweiten Versuch mitzuwirken, dann führte eine große Abhängigkeit des Bittstellers (verursacht durch die Notwendigkeit, mehrere hundert Versuchsteilnehmer zu finden) zu einer größeren Hilfsbereitschaft als eine niedrige Abhängigkeit (bedingt durch die Notwendigkeit, 10–20 Versuchsteilnehmer zu finden).

Hingegen fand sich bei Studenten, die sich frei entscheiden konnten, daß sie mehr Zeit investieren wollten, wenn die Abhängigkeit gering war als wenn sie groß war. Diese Umkehrung des Abhängigkeitseffektes läßt sich als Bumerangeffekt interpretieren.

Außerdem zeigte sich, daß die Hilfsbereitschaft generell relativ niedrig war, wenn die Studenten erwarteten, daß eine einmalige Zusage implizieren würde, daß sie noch mehrmals um Hilfe gebeten werden. Auch dieses Resultat läßt vermuten, daß die Studenten bemüht waren, eine Freiheitseinschränkung zu vermeiden (s. auch Schwartz, 1970, 1974). Wenn sich die Zielpersonen in die Enge getrieben fühlen, neigen sie dazu, auf normative Appelle zurückhaltend und verärgert zu reagieren (Berkowitz, 1973).

Vermutlich ist die Schwelle, bei der ein Bumerangeffekt ausgelöst wird, bei niedrigen Selbstabhörern niedriger als bei hohen Selbstabhörern (White & Gerstein, 1987). Wer generell dazu neigt, persönlichen Überzeugungen zu folgen, scheint äußeren Druck, der die Befolgung der persönlichen Überzeugungen erzwingen will, negativ zu bewerten.

3.6. Ersthelfer bei Verkehrsunfällen: Verantwortungsbewußt oder besonders kompetent?

Die meisten Untersuchungen, die sich mit dem Zusammenhang zwischen Helfen und Persönlichkeit befassen, sind entweder auf Simulationen von Unfällen bezogen oder konzentrieren sich allein auf den Zusammenhang unter Persönlichkeitsskalen und Altruismusskalen, die gleichermaßen schriftlich ausgefüllt werden. Eine Ausnahme stellt der Vergleich von erwiesenen Intervenierern, die bei Verbrechen zugunsten der Opfer aktiv wurden, und einer Vergleichsgruppe von Personen dar, die nach Alter, Geschlecht und sozialer Schicht parallelisiert wurde (Huston, Ruggiero, Conner & Geis, 1981). Da dieser Vergleich aber auf Interventionen bei Verbrechen bezogen war, läßt er sich nicht unmittelbar auf Interventionen bei Unfällen übertragen. Dazu sind die Erfordernisse in beiden Fällen zu unterschiedlich. Z. B. muß man bei Verbrechen mit einer erheblichen Bedrohung des eigenen Wohlbefindens und der eigenen Gesundheit rechnen und sich evtl. auf einen Kampf mit den Tätern einstellen, die Widerstand leisten könnten. Diese Sachlage ist bei Unfällen nicht gegeben. Zwar kann gelegentlich auch eine Gefahr vorhanden sein (etwa durch auslaufendes Benzin bei einem Autounfall), aber bei der Bewältigung dieser Gefahren kommt es nicht wesentlich auf Körperkraft und Kampfkraft an. Daher ist zu vermuten, daß die größere Körpergröße von Intervenierern bei Verbrechen im Vergleich zu der Kontrollgruppe (Huston et al., 1981) spezifisch für die Situationsanforderungen in diesem Kontext ist.

In einem Vergleich zwischen erwiesenen Ersthelfern, die in Hannover nach Verkehrsunfällen angesprochen wurden, und Vergleichsgruppen, die nach Alter, Geschlecht und Schicht parallelisiert wurden, konnten wir zum ersten Mal prüfen, ob altruistische Persönlichkeitszüge mit dem Eingreifen in alltäglichen Notsituationen nach Verkehrsunfällen in Zusammenhang stehen (Bierhoff, Klein & Kramp, 1989). Da die Ergebnisse von großer Bedeutung für ein besseres Verständnis der altruistischen Persönlichkeit sind, werden sie im folgenden ausführlicher dargestellt.

Der Gruppe erwiesener Ersthelfer, die aus 35 Männern und acht Frauen bestand, wurden drei Vergleichsgruppen gegenübergestellt, die nach Alter, Geschlecht und Schicht angeglichen wurden. Diese Vergleichsgruppen wurden aus einer größeren Stichprobe von etwa 400 Personen ausgewählt, die denselben Fragebogen bearbeitet hatten wie die erwiesenen Ersthelfer. Während eine Vergleichsgruppe nur nach den drei genannten Kriterien gebildet wurde, bestand die zweite Vergleichsgruppe aus Personen, die zusätzlich angegeben hatten, daß sie bei einem Zusammenstoß zweier Autos nicht helfen würden bzw. daß sie diese

Situation schon erlebt und dabei nicht geholfen hatten. Die dritte Vergleichsgruppe bestand nur aus Personen, die schon als Zeugen den Zusammenstoß zweier Autos erlebt hatten und die angaben, nicht geholfen zu haben. Im folgenden werden Ergebnisse dargestellt, die sich in allen drei Vergleichen finden. Es ist aber im voraus anzumerken, daß die Unterschiede am geringsten ausfallen, wenn die Vergleichsgruppe herangezogen wird, die nur nach Alter, Geschlecht und Schicht parallelisiert wurde, ohne daß Angaben über die Hilfsbereitschaft berücksichtigt wurden.

Auf fünf Skalen ergaben sich deutliche Unterschiede zwischen den Vergleichsgruppen und den erwiesenen Ersthelfern, die sich zum ersten durch größere *persönliche Kontrollüberzeugungen* auszeichnen. Erwiesene Ersthelfer sind stärker als andere Personen davon überzeugt, daß ihr Schicksal selbstbestimmt ist. In eine ähnliche Richtung weist der Unterschied auf der Skala *Gerechte Welt.* Ersthelfer glauben eher als die Vergleichspersonen, daß jeder das bekommt, was er verdient. Sie halten die Welt, in der sie leben, für vorhersehbarer und geordneter und glauben eher, daß Gerechtigkeit in der sozialen Welt herrscht. Beide Ergebnisse lassen erkennen, daß Ersthelfer geneigt sind, sich Kontrolle über ihr Schicksal zuzuschreiben und anzunehmen, daß auch andere Menschen eine solche Kontrolle über ihr Schicksal ausüben, so daß insgesamt eine gewisse Fairneß gewährleistet wird.

Ein weiterer Bereich, in dem sich Ersthelfer systematisch von den Vergleichsgruppen unterscheiden, bezieht sich auf *soziale Verantwortung.* Ersthelfer schätzen ihr Interesse an öffentlichen Angelegenheiten und ihre Verläßlichkeit als relativ groß ein. Ihre größere Hilfsbereitschaft paßt zu der Annahme, daß mit sozialer Verantwortung ein Engagement für die Gemeinschaft verbunden ist (Berkowitz & Lutterman, 1968). Ergänzend ist zu erwähnen, daß sich auch Unterschiede auf der *Empathie-Skala* finden, die aus den Selbstkonzept-Antworten abgeleitet wurde. Ersthelfer beschreiben sich eher als verantwortungsbewußt, gewissenhaft und tolerant.

Schließlich beschrieben sich die Ersthelfer wenig in Begriffen von *negativ bewerteten »männlichen« Eigenschaften* des Geschlechtsrollenfragebogens. Ihnen scheint also eine feindselige und egozentrische Grundhaltung, mit der vielfach auch eine gewisse Menschenverachtung und Zynismus einhergehen, eher fremd zu sein. Wer anderen Menschen abwartend und skeptisch gegenübersteht, scheint wenig hilfsbereit auf eine Notsituation zu reagieren.

Diese Ergebnisse verweisen auf deutliche Unterschiede zwischen erwiesenen Ersthelfern und anderen Personengruppen. Daher kann man von einer altruistischen Persönlichkeit sprechen, die durch soziales Verantwortungsbewußtsein, Verläßlichkeit, internale Kontrollüberzeugungen,

Glauben an eine gerechte Welt und Fehlen interpersoneller Feindseligkeit gekennzeichnet ist.
Zusätzlich zu den genannten Persönlichkeitsmerkmalen wurden eine Reihe weiterer Merkmale erfaßt, die für den Vergleich zwischen Helfern und Vergleichsgruppen bedeutsam sein können. Was das Kompetenzgefühl anging, so waren die Unterschiede relativ gering. Sie deuteten aber in die Richtung, daß die Ersthelfer ihr Kompetenzgefühl relativ hoch einschätzten. Allerdings fanden sich keine Hinweise darauf, daß die erwiesenen Ersthelfer eine bessere Erste-Hilfe-Ausbildung genossen hätten als die Personen in den Vergleichsgruppen. Es fanden sich auch keine systematischen Unterschiede in der Körpergröße, was die Annahme unterstützt, daß die Körpergröße für Ersthelfer von untergeordneter Bedeutung ist, während sie vermutlich bei der Bekämpfung von Verbrechen ein gewichtigerer Faktor ist (s. Huston et al., 1981).

3.7. Helfen Männer mehr und haben Frauen mehr davon?

In Kap. II.3.2 wurde schon erwähnt, daß sich keine generellen Geschlechtsunterschiede in der selbsteingeschätzten Hilfsbereitschaft englischer Zwillinge fanden, die in 20 Verhaltensbereichen abgefragt wurde. Auch Amato (1985), der 33 Verhaltensbereiche geplanten Helfens bei zwei australischen Stichproben abfragte, berichtete keine bedeutsamen Geschlechtsunterschiede in zwei Untersuchungen mit 160 und 75 Personen.
Dieses »Keine-Differenz«-Ergebnismuster bei zusammenfassenden Maßen der Hilfsbereitschaft, in die unterschiedliche Verhaltensbereiche eingehen, schließt nicht aus, daß sich Geschlechtsunterschiede in einigen Bereichen altruistischen Verhaltens finden. Ein kurzes Gedankenexperiment zeigt, daß diese Annahme sehr plausibel ist. Wenn die Hilfeleistung selbst eine Tätigkeit erfordert, die Frauen leichter fällt als Männern (z. B. ein Kleinkind beaufsichtigen), sollten Frauen relativ hilfsbereit sein, während bei Tätigkeiten, bei denen Männer i. a. brillieren (z. B. Reifenwechsel bei einem Auto), die Männer hilfsbereiter sein sollten als die Frauen.
Die zwei umfassendsten Zusammenfassungen von Geschlechtsunterschieden bei hilfreichem Verhalten (Bierhoff-Alfermann, 1980, bis einschließlich 1978; Eagly & Crowley, 1986, bis einschließlich 1982) kommen in wesentlichen Punkten zu ähnlichen Resultaten. In diesen Beiträgen werden bisherige Studien zum hilfreichen Verhalten, die sowohl mit Frauen als auch mit Männern durchgeführt wurden, im Hinblick auf Geschlechtsunterschiede analysiert.
Ein geeigneter Ausgangspunkt für die Betrachtung von Geschlechtsun-

terschieden im hilfreichen Verhalten ergibt sich, wenn die Stereotypien von Männern und Frauen zugrundelegt werden. Die normativen Geschlechtserwartungen folgen den Geschlechterstereotypien, für die in unserer Gesellschaft ein relativ hoher Konsensus besteht. Da es sich um das Bild über die Gruppe der Männer und der Frauen handelt, kann man auch von impliziten Persönlichkeitstheorien sprechen, in denen die Erwartungen im Hinblick auf das typische Verhalten von Männern und Frauen gespeichert sind (Bierhoff-Alfermann, 1980).

Den Stereotypien bzw. impliziten Persönlichkeitstheorien über Männer und Frauen entsprechen geschlechtsspezifische Rollenerwartungen. Diese lassen sich als allgemein geteilte Erwartungen definieren, die auf Individuen unter Berücksichtigung ihres Geschlechts angewandt werden (Eagly, 1987). Der Inhalt der männlichen Geschlechtsrolle läßt sich mit den Stichworten »agentisch« und »instrumentell« umschreiben. Diese Rolle beinhaltet Unabhängigkeit, Durchsetzungsvermögen, Kontrollausübung und eine individualistische Einstellung. Der Inhalt der weiblichen Geschlechtsrolle läßt sich als »communal« bzw. »expressiv« bezeichnen. Die weibliche Rolle ist durch eine unterstützende Haltung, Selbstlosigkeit, Emotionalität und interpersonelle Sensitivität gekennzeichnet.

Diese Gegenüberstellung der Geschlechtsrollen bedeutet nicht, daß es sich um zwei monolithische Gruppen handelt. Zum einen finden sich innerhalb der männlichen und der weiblichen Bereiche spezifische Typen (s. Ashmore, 1981), die ein differenzierteres Bild entstehen lassen. Zum anderen sind Geschlechtsstereotypien nicht schicksalhaft und unausweichlich. Frauen, die in ihrem Verhalten agentische Züge verwirklichen, werden auch als agentisch eingeschätzt. Das konkrete Verhalten im Einzelfall bestimmt stärker als irgendwelche globalen Rollenstereotypien den Eindruck, der von einer Person durch Beobachter gebildet wird.

Typischerweise stimmen aber – und das aus mehreren Gründen – Geschlechtsstereotypien und Geschlechtsrollen einerseits und das Verhalten von Männern bzw. Frauen andererseits überein. Das hängt einerseits mit Sozialisationsprozessen zusammen, die zu einer Internalisierung von männlichen bzw. weiblichen Rollenmerkmalen führen. Zum anderen tritt auch eine Dynamik der Erwartungsbestätigung auf, die darauf beruht, daß die Personen des sozialen Umfeldes von einer Frau weibliche Verhaltensmuster und von einem Mann männliche Verhaltensmuster erwarten. Die Erwartung steht am Anfang einer sich-selbsterfüllenden Prophezeiung, die Stereotypien über Frauen und Männer soziale Wirklichkeit verleiht (Deaux & Major, 1987; Skrypnek & Snyder, 1982). Einer Frau wird mehr zugemutet als einem männlichen Interaktionspartner, während die Interessen eines Mannes – seine

Durchsetzungsfähigkeit antizipierend – stärker berücksichtigt werden als das bei einer Frau der Fall ist. Auf diese Weise werden Frauen in der Tendenz daran gewöhnt, Nachgiebigkeit einzuüben, während sich Männer eher daran gewöhnen, Einfluß auszuüben (Eagly, 1987).

Eine Anwendung dieser Überlegungen auf hilfreiches Verhalten führt zu folgenden Annahmen (Eagly & Crowley, 1986): Bei Frauen ergibt sich ein zwiespältiges Bild: Einerseits ist die expressive Geschlechtsrolle durch eine helfende und pflegende Einstellung gekennzeichnet, andererseits lernen Frauen aber auch frühzeitig, sich gegenüber Fremden vorzusehen, um sexuellen Belästigungen aus dem Weg zu gehen. Daher sollte ihre Hilfsbereitschaft gegenüber Fremden, die in den meisten Experimenten und Felduntersuchungen erfaßt wurde, eher gering ausgeprägt sein. Denn eine Hilfeleistung gegenüber Fremden – und speziell fremden Männern – kollidiert mit dem impliziten Verbot, mit Fremden Kontakt aufzunehmen.

Hingegen besteht die Möglichkeit, daß die Hilfsbereitschaft von Frauen in langfristigen Beziehungen besonders ausgeprägt ist. Das hängt z. T. mit ihrer Geschlechtsrollenorientierung zusammen, ist aber z. T. auch dadurch bedingt, daß sie im Beruf vielfach Service-Leistungen gegenüber Männern erbringen (z. B. als Sekretärinnen) oder gegenüber anderen Menschen im allgemeinen (z. B. als Krankenschwestern), wobei oft eine Statusdifferenz zwischen den Hilfeempfängern und den Helferinnen besteht.

Die männliche Geschlechtsrolle ist andererseits durch eine instrumentelle, tatkräftige Orientierung gekennzeichnet. Mit der männlichen Rolle verbindet sich auch eher die Rolle von Helden als mit der weiblichen Rolle (Eagly, 1987). In akuten Notsituationen sind oft entschlossene und mutige Interventionen erforderlich, die diesem Bild mehr oder weniger entsprechen. Für solche Interventionen ist es auch typisch, daß Zuschauer anwesend sind. Berufe wie die des Feuerwehrmanns oder des Polizisten, die hauptsächlich von Männern ausgeübt werden, entsprechen ebenfalls der Vorstellung von entschlossenem und mutigem Handeln.

Ein anderer Aspekt der männlichen Rolle ist durch Ritterlichkeit und Höflichkeit gekennzeichnet. Aus einer solchen Haltung heraus werden eine Vielzahl von kleineren Hilfeleistungen (z. B. Gepäck tragen) speziell gegenüber Frauen motiviert (Latané & Dabbs, 1975).

Ein zusätzlicher Unterschied zwischen Männern und Frauen bezieht sich darauf, daß Frauen eher nachgiebig sein sollten und insofern auch eher Bitten, die an sie gerichtet werden, erfüllen sollten. Männer sollten umgekehrt eher unaufgefordert Hilfe leisten.

Schließlich lassen sich auch unterschiedliche Fähigkeiten und Kompetenzen bei Männern und Frauen vermuten. Männer besitzen eher als

Frauen das Wissen, das für Reperaturen etwa eines Autos erforderlich ist. Frauen verfügen eher über Kenntnisse, die die Versorgung kleiner Kinder erleichtern.
In der Mehrzahl der Experimente zum Hilfeverhalten wurde die Hilfeleistung gegenüber Fremden erhoben. Eagly & Crowley (1986) kommen zu dem Schluß, daß im Durchschnitt mehr Männer in diesen Experimenten helfen als Frauen. Diese Vermutung wurde auf der Grundlage von 172 Untersuchungen, die in den USA und in Kanada durchgeführt wurden, mit einer Metaanalyse überprüft. Die Untersuchungssituationen wurden im Hinblick auf eine Vielzahl von Merkmalen (z. B. Beobachtung durch Dritte, Geschlecht der Opfer, Zeitpunkt der Erhebung) kodiert. Außerdem wurde durch eine Zusatzerhebung erfaßt, wie die in den Studien verwendeten Hilfesituationen von Männern und Frauen im Hinblick auf ihre Kompetenz und ihre Gefahr während des Eingreifens beurteilt wurden.
Die Einschätzungen zeigten, daß Frauen mehr Gefahren erwarteten als Männer. Gleichzeitig schätzten sie sich selbst in den beschriebenen Situationen als hilfsbereiter im Vergleich zu den Selbsteinschätzungen der Männer ein. Die Selbstauskünfte kontrastierten mit der in den Studien beobachteten Hilfsbereitschaft von Männern und Frauen. Denn die beobachtete Hilfsbereitschaft der Männer lag über der der Frauen. In den 99 Studien, in denen die Effektstärken (wie stark die Hilfeleistung der Männer die der Frauen übertrifft bzw. umgekehrt) berechnet werden konnten, wurde das Verhalten von mehr als 37 000 Personen erfaßt.
Auffällig war allerdings, daß die Effektgrößen sehr heterogen waren. Daher wurde bei den 99 Studien nach Einflußgrößen gesucht, die dazu beitragen, daß der Unterschied zugunsten der Männer deutlicher oder schwächer ausfällt. Es zeigte sich, daß Männer vor allem dann als Helfer die Frauen übertrafen, wenn die Untersuchung außerhalb des Universitätsgeländes durchgeführt wurde, wenn Beobachter der Hilfeleistung anwesend waren und wenn keine Bitte gestellt wurde.
Hier deutet sich an, daß Frauen weniger halfen, wenn die Gefahren für sie höher zu sein schienen (außerhalb des Universitäts-Geländes) und wenn die Hilfe mehr Eigeninitiative bzw. mehr Fokussierung der Verantwortung erforderte (wenn keine Bitte gestellt wurde bzw. wenn mehrere Beobachter anwesend waren). Ein Beispiel ist die Untersuchung von Piliavin & Piliavin (1972), in der in U-Bahnen der Kollaps eines Passagiers lebensnah simuliert wurde. Von den 31 Ersthelfern, deren Geschlecht in dieser Studie erfaßt wurde, waren 29 Männer (94%). Im Durchschnitt wurden die U-Bahn-Wagen zu 47% von Männern benutzt. In der in Kap. II.3.6 dargestellten Untersuchung an erwiesenen Ersthelfern deutet sich ein ähnliches Ergebnismuster an, da etwa vier Fünftel der Ersthelfer männlich waren.

Die Anwesenheit von Beobachtern der Hilfeleistung scheint auf Frauen belastender zu wirken als auf Männer (Bierhoff-Alfermann, 1980). Das hängt vielleicht damit zusammen, daß Frauen eher durch ihre typischen Berufsrollen zu Zurückhaltung und Unterordnung veranlaßt werden als Männer (s. Eagly, 1987). Die größere Hilfsbereitschaft der Männer in Notsituationen (wie Reifenpanne, einen Betrunkenen versorgen oder in einen Kampf eingreifen) läßt sich vor allem auf ihr größeres Kompetenzgefühl und ihre geringere Selbstunsicherheit in diesen Situationen zurückführen (Bierhoff-Alfermann, 1980). Bei kleineren Hilfeleistungen (z.B. einen Brief abschicken, Geld spenden) fanden sich nur wenige Geschlechtsunterschiede.

Einige weitere Punkte sind erwähnenswert, die diese Analyse bestätigen: Die Hilfsbereitschaft der Männer übertraf die der Frauen deutlicher, wenn Männer in der Selbsteinschätzung eher als Frauen glaubten, über die notwendigen Kompetenzen zu verfügen und wenn Männer weniger als Frauen glaubten, daß eine Hilfe gefährlich sei (Eagly & Crowley, 1986).

Wie wirkt sich das Geschlecht der *Hilfeempfänger* auf den Hilfeerhalt aus? In Kap. I.2.3.2 wurde schon erwähnt, daß Steblay (1987) in ihrer Metaanalyse festgestellt hatte, daß Frauen eher geholfen wird als Männern. Im Mittel wurde Frauen in 70% aller Beobachtungen Hilfe geleistet, während Männer nur in 42% der Beobachtungen Hilfe erhielten (s. auch Bierhoff-Alfermann, 1980; Eagly & Crowley, 1986).

Ein Beispiel für dieses Ergebnismuster liefert die Untersuchung von Gruder & Cook (1971), in der Studenten aufgefordert wurden, einem anderen Studenten bei der Vorbereitung von Untersuchungsmaterial behilflich zu sein. Die Dringlichkeit der Notlage wurde dadurch variiert, daß der Hilfeempfänger das Material innerhalb von wenigen Stunden fertigstellen mußte oder bis in die nächste Woche Zeit zur Verfügung hatte. Als abhängige Variable diente die Anzahl von Fragebogen, die die Studenten für den Kommilitonen zusammenlegten.

In diesem Kontext wurde das Geschlecht der Bittsteller variiert. Frauen erhielten tendenziell mehr Hilfe als Männer, wenn die Dringlichkeit der Notlage bzw. die Abhängigkeit groß war. Männliche Bittsteller erhielten bei niedriger und hoher Abhängigkeit etwa das gleiche Ausmaß an Unterstützung (Abb. 6).

Frauen können demnach eher auf Hilfe rechnen als Männer, wenn sie die Hilfe dringend brauchen. Dieses Ergebnis entspricht dem allgemeinen Trend, der sich aus einer Zusammenfassung über alle relevanten Untersuchungen ergibt. Darüber hinaus fand sich, daß dieser Effekt im wesentlichen darauf zurückgeht, daß Männer eher Frauen als ihren eigenen Geschlechtsgenossen helfen, während Frauen in ihrer Hilfelei-

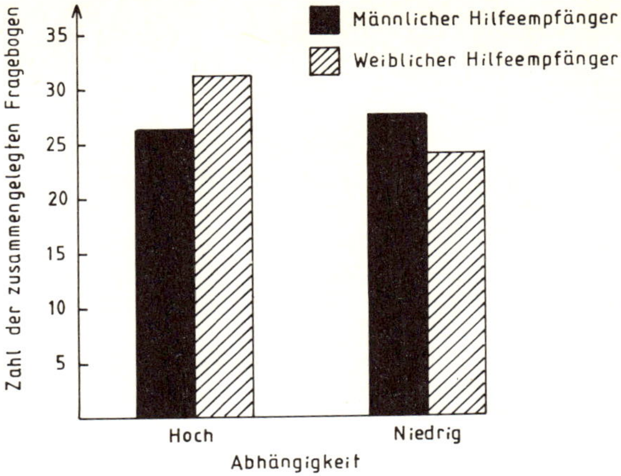

Abb. 6: Hilfe als Funktion der Größe der Abhängigkeit und des Geschlechts der Hilfeempfänger

stung nicht zwischen männlichen und weiblichen Opfern differenzieren. Umgekehrt kann man feststellen, daß männliche Opfer gleich häufig Hilfe erhalten von Männern und Frauen, während weibliche Opfer häufiger von Männern als von Frauen Hilfe erhalten.

Eine besonders typische Konstellation der Hilfeleistung scheint darin zu bestehen, daß ein Mann einer Frau hilft (Bickman, 1974; Bierhoff-Alfermann, 1980; Eagly & Crowley, 1986). Möglicherweise ist dieser Effekt besonders ausgeprägt, wenn die Hilfeempfängerinnen jung und hübsch sind.

III. Prozeßmodelle hilfreichen Verhaltens

Die Ausführung einer Hilfeleistung läßt sich als letzte Stufe eines Entscheidungsprozesses auffassen. Latané & Darley (1970, 1976) gingen von einem fünfstufigen Entscheidungsablauf aus, der im Idealfall eine altruistische Reaktion zur Folge hat. Dieses im Vergleich zu späteren Prozeßmodellen relativ einfache Modell hat bis heute seine heuristische Nützlichkeit behalten (s. Steblay, 1987).
In die Entscheidung spielen eine Reihe von Faktoren hinein, die häufig in Untersuchungen variiert wurden. Dazu zählen die Klarheit und Eindeutigkeit der Notsituation, die Bereitschaft, Verantwortung für andere zu übernehmen sowie Kompetenz und Wissen. Aber auch die Abwägung der positiven und negativen Konsequenzen einer Intervention sind zu beachten, da Handlungen nahezu immer durch Kosten-Nutzen-Analysen beeinflußt werden (s. Bierhoff, 1973, 1981).

Latané & Darley beschrieben die altruistische Entscheidungssequenz mit den folgenden fünf Phasen:
- Bemerken: Aufmerksamkeitszuwendung
- Interpretieren: Als Notfall erkennen
- Verantwortung zuschreiben: Fokussierung der persönlichen Verantwortung
- Altruistische Handlungsalternative auswählen
- Implementieren: Ausführung der Hilfeleistung im Detail vorausplanen unter Berücksichtigung von situativen Besonderheiten, möglichen Nebeneffekten und Störfaktoren.

Wenn eine Autofahrerin z. B. sieht, daß ein Passant auf einer Straße eilig läuft, und zudem an einer Stelle, die weit von der nächsten Ortschaft entfernt liegt, dann könnte sie auf den Mann aufmerksam werden oder ihn auch übersehen. Wenn sie ihn bemerkt, dann könnte die Fahrerin z. B. denken, daß es sich um einen Jogger handelt. Wenn sie vielleicht vor wenigen Minuten an einem stehenden Auto vorbeigefahren ist, könnte sie auch den Schluß ziehen, daß der Mann sein Fahrzeug verlassen mußte und jetzt Hilfe sucht.
Bis zu diesem Punkt wurden die ersten beiden Stufen der Entscheidungssequenz – Bemerken und Interpretieren – durchlaufen. Wenn die Fahrerin das Verhalten des Mannes als Hinweis auf eine Notlage interpretiert, besteht die Möglichkeit, daß sie weiterfährt, weil sie es eilig hat und sich auf einer belebten Straße befindet, auf der schon bald jemand anhalten könnte, der über mehr Zeit verfügt. Eine andere

Möglichkeit, die eine Intervention wahrscheinlich machen würde, besteht darin, daß sie sich persönlich verpflichtet fühlt, sich um den Mann zu kümmern. Die Selbstzuschreibung der Verantwortung ist eine Voraussetzung dafür, daß nach einer passenden prosozialen Handlungsalternative gesucht wird (in diesem Fall z. B. Anhalten und Nachfragen) und die Ausführung der Intervention geplant wird (z. B. unter Berücksichtigung des dichten Verkehrs zur Vermeidung eines Verkehrsunfalls).

Diese Entscheidungssequenz ist schon relativ elaboriert. Wenn eine Person alle Entscheidungspunkte berücksichtigt, ist die Entscheidung über die Intervention sorgfältig durchdacht. In vielen Situationen ist es allerdings nicht möglich, so lange zu warten, bis das Eingreifen in dieser Weise vorbereitet ist. Deshalb ist anzunehmen, daß bei großem Zeitdruck aufgrund von bedrohlichen Umständen die Entscheidungssequenz abgekürzt wird. Im Extremfall kommt es zu einer impulsiven Hilfeleistung, die ein ganzheitliches Reaktionsmuster darstellt, das nicht auf rationalen Überlegungen beruht (Piliavin, Dovidio, Gaertner & Clark 1981).

Dieses Beispiel sollte zur Veranschaulichung des Entscheidungsmodells dienen, das sicher bestimmte Aspekte des Helfens angemessen erfaßt. So wurden z. B. Hinweise darauf, daß die Schritte »Als Notlage interpretieren« und »Verantwortung zuschreiben« zeitlich aufeinanderfolgen gefunden (Schwartz & Gottlieb, 1976).

1. Kosten der Hilfe und Kosten der Nichthilfe

Der Ansatz von Schwartz & Howard (1981) ist dem beschriebenen Sequenzmodell relativ ähnlich, wenn auch stärker die Bedeutung der Motivation in den Vordergrund gerückt wird. Dieses Anliegen ist durchaus berechtigt, da Hilfeleistung wesentlich von einer aktiven Bewältigung der Situation durch die Beobachter abhängt. Wie Latané & Darley gehen auch Schwartz & Howard von der Annahme aus, daß durch die Wahrnehmung einer Notlage ein sequentieller Prozeß ausgelöst wird, der sich in mehrere Phasen unterteilen läßt. Der folgende Ablauf wird dem Entscheidungsmodell zugrunde gelegt:

Aufmerksamkeit – Motivation – Antizipatorische Bewertung –
Abwehrprozesse – Verhalten.

Besondere Beachtung verdient in diesem Modell der Prozeß der antizipatorischen Bewertung. In dieser Phase der Entscheidungssequenz werden die Konsequenzen des Handelns berücksichtigt. Die Person wird z. B. die Anstrengung und den Zeitaufwand in Rechnung stellen,

die mit der Handlung verbunden sind. Hohe Kosten der Hilfe machen ein Eingreifen eher unwahrscheinlich (s. Piliavin et al., 1981).
In diesem Zusammenhang unterscheiden Jane Piliavin und ihre Mitarbeiter zwei Kostenkomponenten, die eine Entscheidung beeinflussen: Kosten der Hilfe und Kosten der Nichthilfe. Die Kosten der Hilfe beziehen sich auf den Aufwand und die Gefahren, die mit einer Intervention verbunden sind (z. B. Zeitverlust, finanzielle Einbußen, Fehler machen). Die Kosten der Nichthilfe umfassen die negativen Konsequenzen, die für den Fall antizipiert werden, daß eine Intervention unterlassen wird. Darunter fallen Gewissensbisse, Verstöße gegen gesetzliche Vorschriften, die ein Eingreifen in bestimmten Fällen vorschreiben und Selbstkonzept-Bedrängnis (weil das Selbstbild eines verantwortungsvollen Bürgers in Frage gestellt worden ist).
Es wird angenommen, daß Kosten der Hilfe und Kosten der Nichthilfe als Determinanten der Interventionsbereitschaft in Wechselwirkung treten. Zwar ist generell zu erwarten, daß die Wahrscheinlichkeit einer Intervention bei geringen Kosten der Hilfe und bei hohen Kosten der Nichthilfe groß ist, aber eine besonders interessante Konstellation ergibt sich, wenn beide Kostenkomponenten hoch ausgeprägt sind. Eine Zusammenfassung des Kostenmodells findet sich in Tab. 2.

Tab. 2: Hilfeleistung als Funktion der Kosten der Hilfe und der Kosten der Nichthilfe (nach Piliavin, Dovidio, Gaertner & Clark, 1981)

Kosten der Nichthilfe	Kosten der Hilfe: Niedrig	Kosten der Hilfe: Hoch
Hoch	Direkte Intervention	Indirekte Intervention, Neudefinition der Situation, Abwertung der Opfer
Niedrig	Bestimmt durch situationsspezifische Normen (z. B. Blinden in der Stadt helfen, sich in öffentlichen Verkehrsmitteln einen Platz sichern)	Verlassen der Situation, Ignorieren der Notlage, Verleugnung der Notlage

Ein Beleg für die Annahme, daß bei hohen Kosten der Nichthilfe und niedrigen Kosten der Hilfe eine Intervention sehr wahrscheinlich ist, fand sich in der Untersuchung, in der Studenten gebeten wurden, einem blinden Studenten fünf Stunden lang vorzulesen (Clark, 1976). Die Kosten der Nichthilfe wurden wie folgt abgestuft:
- Das Vorlesen diente der Vorbereitung auf eine wichtige Prüfung (hohe Kosten der Nichthilfe),

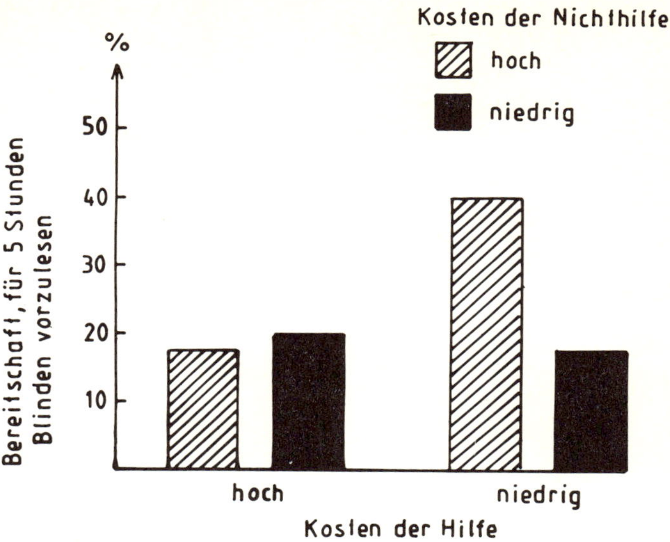

Abb. 7: Bereitschaft, blinden Studenten vorzulesen, in Abhängigkeit von den Kosten der Hilfe und den Kosten der Nichthilfe (nach Clark, 1976)

- das Vorlesen sollte das übliche Semesterprogramm unterstützen (niedrige Kosten der Nichthilfe).

Außerdem wurden die Kosten der Hilfe variiert, da entweder ein langer oder ein kurzer Weg zurückzulegen war.

Die Ergebnisse (s. Abb. 7) zeigten, daß die Hilfsbereitschaft bei hohen Kosten der Nichthilfe kombiniert mit niedrigen Kosten der Hilfe gesteigert war. Dieses Ergebnis entspricht dem Modell, weil die Interventionsbereitschaft unter diesen Bedingungen am stärksten ausgeprägt sein sollte.

Die Bedeutung der Kosten der Hilfe wurde in vielen Untersuchungen deutlich. Ein eindrucksvolles Beispiel ist der Vergleich zwischen einem blutenden und einem nicht-blutenden Opfer (Piliavin & Piliavin, 1972). In einem U-Bahn-Zug in Philadelphia führten Untersuchungsteams von vier Personen folgende Unfallsimulation durch: Das spätere Opfer ging durch den Wagen und erlitt scheinbar einen Kollaps unmittelbar vor einem Verbündeten, der instruiert war, sich passiv zu verhalten. Von den 42 Simulationen beschränkte sich die Hälfte auf einen einfachen Kollaps, die andere Hälfte schloß ein, daß mit Hilfe einer Vorrichtung Blut aus dem Mund des Opfers floß.

Hilfeleistungen gegenüber einem blutenden Opfer waren verzögert. Nach 70 Sekunden war die Zahl der Interventionen ohne Blut deutlich höher als mit Blut. Von 20 Fällen der einfachen Bedingung fand sich nur ein Durchgang, bei dem unter den Passagieren kein aktiver Helfer war. Bei 20 Durchgängen in der Blut-Bedingung fanden sich immerhin sieben Fälle, in denen keine direkte Hilfe gegeben wurde. Dieser Unterschied läßt sich darauf zurückführen, daß eine Hilfe gegenüber dem blutenden Opfer als besonders aufwendig erschien.

Offensichtlich waren diese Simulationen sehr beeindruckend für die anwesenden Fahrgäste. So kam es gelegentlich zu panikartigen Zuständen im Wagen oder Passagiere versuchten, die Notbremse zu ziehen. Das spricht dafür, daß es sich hier zwar um Simulationen handelte, die aber der Wirkung von tatsächlichen Unfällen ungewöhnlich nah kamen. Die Interpretation der unterschiedlichen Hilfeleistung auf der Grundlage von unterschiedlichen Kosten des Helfens ist nicht ganz schlüssig, weil ein blutendes Opfer andere Anforderungen an Erste Hilfe stellt als ein nicht-blutendes Opfer und weil die Passagiere durch das Blut möglicherweise vorsichtiger wurden. Eine spätere Untersuchung (Piliavin, Piliavin & Rodin, 1975) zeigt, daß derselbe Effekt auch auftritt, wenn diese Einwände nicht zutreffen. In dieser Nachfolgeuntersuchung hatte das Opfer, das einen Kollaps in der U-Bahn von New York erlitt, eine große Narbe im Gesicht. Dieses möglicherweise die Beobachter irritierende Merkmal (s. Goffman, 1963) reichte aus, um die Hilfeleistung der Passagiere zu verzögern. Das war insbesondere dann der Fall, wenn ein medizinischer Assistent anwesend war.

Abwehrprozesse können – je nachdem wie erfolgreich sie verlaufen – zu einer Neubewertung der Notlage, der Handlungsmöglichkeiten, der Kompetenz oder der Verantwortung führen, die dann eine veränderte subjektive Kosten-Nutzen-Analyse zur Folge hat. Wenn auf diese Weise die antizipierten Nachteile bei der Neubewertung die Vorteile überwiegen, sollte die Hilfsbereitschaft sinken. Weitere Hinweise auf Abwehrprozesse werden im nächsten Abschnitt gegeben. Es sei aber jetzt schon erwähnt, daß es zu leicht wäre, einer Person Vorwürfe zu machen, die ihre Verantwortung durch Verneinung der Verantwortung reduziert oder durch eine andere Abwehrtechnik eine Hilfeleistung unwahrscheinlich macht. Viele Alltagssituationen, in denen die antizipierten Konsequenzen nicht eindeutig in eine Richtung weisen, sind relativ schwer zu bewältigen, so daß Patentrezepte nicht zur Verfügung stehen.

2. Streß des Helfers

Beobachter einer Notlage, die ein schnelles Eingreifen und Kenntnisse zur Bewältigung erfordert oder bei der ein Eingreifen mit einer Gefährdung verbunden ist, empfinden Streß. Insofern kann man sich fragen, wie Streßsituationen typischerweise bewältigt werden und inwieweit diese Reaktionen auf die Situation der potentiellen Helfer übertragbar sind.

Diesen Ausgangspunkt hat Schneider (1988) gewählt, um den Entscheidungsweg von potentiellen Helfern zu beschreiben. Lazarus (1981; s. auch Lazarus & Folkman, 1984) befaßt sich mit den kognitiven Verarbeitungsweisen einer Person, die mit einem Verlust, einem möglichen Verlust (Bedrohung) oder einer Herausforderung konfrontiert wird. Die Grundidee besteht darin, daß die subjektive Verarbeitung einer belastenden Situation von den subjektiven Sichtweisen der Betroffenen wesentlich abhängt. So kann z. B. jemand auf eine unangenehme Entwicklung in seinem Leben mit Angst reagieren oder mit aktiven Bewältigungsversuchen, die dadurch motiviert werden, daß die Person das unangenehme Ereignis als Herausforderung auffaßt. Lazarus & Folkman (1984) verweisen in diesem Zusammenhang auf die Lage eines Bewerbers, der vermutet, daß seine Chancen im Bewerbungsgespräch sehr gering sind. Ein solcher Bewerber könnte die Situation dementsprechend entweder als hoffnungslos einschätzen oder er könnte nach dem Motto reagieren »denen zeig' ich's aber« und voll konzentriert versuchen, »das Ruder herumzureißen«.

Lazarus (1981) unterscheidet zwischen einer primären Einschätzung der Notlage und einer sekundären. Die primäre Einschätzung bezieht sich allgemein darauf, ob eine Situation belastend, angenehm oder neutral ist. Sie entspricht einer orientierenden Reaktion auf Fragen wie »Um was handelt es sich?« bzw. »Was geht hier vor?«. Wenn die Antwort auf diese Fragen einschließt, daß die Person sich bedroht oder herausgefordert fühlt, folgt die sekundäre Einschätzung, die die Beurteilung möglicher Bewältigungstechniken und die Erfolgsaussichten dafür, daß sich eine Bewältigungsweise verwirklichen läßt bzw. daß sie erfolgreich sein wird, umfaßt.

Auf eine sekundäre Einschätzung kann auch wieder eine primäre Einschätzung folgen, die im Sinne einer Neubewertung aufzufassen ist. Lazarus & Folkman (1984) weisen darauf hin, daß die Ausdrücke »primäre« Einschätzung und »sekundäre« Einschätzung nicht glücklich gewählt sind, weil sie eine Bedeutungsabstufung oder eine zeitliche Folge zu implizieren scheinen, die irreführend ist. Ein besonderes Merkmal des Streßansatzes besteht darin, daß er einer spezifischen Besonderheit von Unfällen und Notfällen – nämlich ihrer erregenden und verunsichernden Qualität – entspricht. Das Modell von Latané & Darley läßt sich auf Hilfeleistungen unter ganz verschiedenen Umständen anwenden. Das Entscheidungsmodell von Schneider (1988) trägt in spezifischer Weise den Merkmalen einer bedrängenden Notlage Rechnung.

Der primären Einschätzung entspricht die Entscheidung darüber, ob ein Ereignis als Notlage zu interpretieren ist. Wenn eine solche Interpretation gewählt wird, entstehen möglicherweise aversive Gefühle, weil ein Handlungsbedarf entsteht. Die sekundäre Einschätzung bezieht sich auf die Beurteilung der Frage, welche erfolgversprechenden Handlungsalternativen zur Verfügung stehen, die die Notlage reduzieren können (Schneider, 1988). Sie kann aber auch darauf hinauslaufen, daß die Beobachter die Notwendigkeit oder Möglichkeit des Eingreifens leugnen oder nach Gründen suchen, wie sie eine Intervention umgehen können, ohne sich selbst Vorwürfe machen zu müssen oder von anderen Vorwürfe gemacht zu bekommen.

Ein Merkmal des Modells von Lazarus (1981) besteht darin, daß eine Bewertungsphase folgt, in der die Person den Erfolg ihrer Handlungsweise überprüft. Diese Erfolgskontrolle wirkt auf die primäre und sekundäre Einschätzung – möglicherweise korrigierend – zurück. Wer z. B. im ersten Schrecken vor einer Unfallsituation weggelaufen ist, kann sich kritisch fragen, ob diese Flucht angemessen war und sich eines Besseren besinnen. Allerdings ist festzustellen, daß solche Korrekturen eher die Ausnahme zu sein scheinen.

Dieser Ansatz verdeutlich einige wichtige Aspekte des Helfens. Zum einen besteht für die potentiellen Helfer vielfach die Möglichkeit, die Notlage einer anderen Person als Herausforderung an sich selbst aufzufassen, ein Problem zu lösen, wobei sie auch zur Sinngebung für ihr eigenes Leben beitragen. Oder die Notlage wird als Bedrohung aufgefaßt, der sich die potentiellen Helfer nicht gewachsen fühlen und auf die sie vielfach mit intrapsychischen Regulationsprozessen antworten, die eine Hilfeleistung unwahrscheinlich machen. Vermutlich ist für die eine oder andere Zugangsweise neben persönlichen Dispositionen der potentiellen Helfer auch die Situation der Notlage mit ausschlaggebend.

3. Physiologische Erregung und Attributionsprozesse

Die bisher behandelten Modelle trugen in spezifischer Weise zu unserem Verständnis des Entscheidungsprozesses in akuten Notsituationen bei.

Latané & Darley machen deutlich, daß die Entscheidung zu helfen ein komplexer Prozeß ist, bei dem die Zuschreibung von Verantwortung eine wichtige Rolle spielt. Schwartz & Howard haben die individuelle Motivation zu helfen genauer untersucht und haben gleichzeitig auch die Bedeutung von Verneinung der Verantwortung betont. Schneider hebt die Frage der Bewältigung einer schwierigen Situation hervor. Piliavin, Dovidio, Gaertner & Clark (1981) schließlich heben besonders hervor, daß die Beobachtung eines Notfalls die Beobachter physiologisch erregt. Diese Erregung drängt auf eine Reduzierung, weil sie als unangenehm erlebt wird. Damit ist ein Homöostase-Modell angesprochen, das abschließend dargestellt werden soll.
Eine erste Annahme besagt, daß eine Notsituation Zuschauer physiologisch erregt. Zwar ist diese stellvertretende Erregung im allgemeinen weniger intensiv als eine Erregung, die durch eine Bedrohung des eigenen Wohlbefindens zustandekommt. Aber auch die Beobachtung der Bedrohung des Wohlbefindens anderer Personen erzeugt Streß. Diese Sichtweise entspricht der von Schneider (1988), der ebenfalls hervorhebt, daß Beobachter der Bedrohung des Wohlbefindens anderer Personen ähnlich – wenn auch vielleicht weniger intensiv – reagieren wie Personen, die selbst in ihrem Wohlbefinden beeinträchtigt sind.
Die zweite Annahme von Piliavin et al. bezieht sich auf die erlebnismäßige Qualität der physiologischen Erregung. Je größer die durch die Notlage anderer ausgelöste Erregung ist, desto unangenehmer wird die Erregung erlebt und desto mehr ist der Beobachter motiviert, die Erregung zu verringern.
Diese Annahme wurde in einer Studie von Gaertner & Dovidio (1977) bestätigt, wenn nur die Personen betrachtet wurden, die auf den Unfall mit gesteigertem Herzschlag reagierten. Bei diesen Personen ergab sich eine Korrelation zwischen Erregungsanstieg und Schnelle des Eingreifens von $r = -0,42$. Hingegen fand sich bei den Studentinnen, die mit einer Verringerung der Herzfrequenz reagierten, ein umgekehrter Zusammenhang: Je langsamer der Herzschlag relativ zum Basisniveau wurde, desto später intervenierten sie ($r = 0,39$).
Piliavin et al. (1981) weisen darauf hin, daß Erregung, die auf die Notlage einer anderen Person attribuiert wird, hilfreiches Verhalten motiviert. Im Unterschied zu früheren Analysen wird die Motivation aber nicht mehr nur egoistisch interpretiert (wonach die Helfer nur dadurch motiviert sind, daß sie ihre persönlichen Spannungen reduzieren wollen), sondern es wird auch die Möglichkeit gesehen, daß die Erregung eine altruistische Quelle hat (also durch Empathie mit dem Opfer zustande kommt; s. Kap. VII).
Die interessantesten experimentellen Belege der Bedeutung der physiologischen Erregung für die Hilfsbereitschaft finden sich in Untersuchun-

gen, in denen eine Fehlattribution der Erregung herbeigeführt wird. Gaertner & Dovidio (1977, Exp. 2) stellten die Möglichkeit für die Fehlattribution einer Erregung dadurch her, daß sie den Versuchsteilnehmerinnen eine Plaecebotablette anboten, von der gesagt wurde, daß sie schnelles Atmen, Herzklopfen und Schwitzen verursachen könne. Eine andere Gruppe von Studentinnen erhielt Placebos, die angeblich Nebenwirkungen wie Kopfschmerzen und Ohrensausen auslösten. In der erstgenannten Gruppe sollte eine physiologische Erregung, die durch einen Unfall ausgelöst wird, fehlattribuiert werden, weil sie zumindest teilweise auf die Nebenwirkungen der Tablette zurückgeführt werden sollte. Diese Fehlattribution sollte die Hilfsbereitschaft verringern. Hingegen sollte in der Bedingung, in der sich keine alternativen Erklärungsmöglichkeiten für die physiologische Erregung anbieten und daher der Unfall als erregend wahrgenommen werden sollte, keine entsprechende Beeinträchtigung der Hilfeleistung auftreten. Diese Annahme wurde durch die Untersuchungsergebnisse bestätigt. Die Fehlattribution der Erregung verringerte die Interventionsbereitschaft nach einem Unfall. Dieselben Ergebnisse wurden von Coke, Batson & McDavis (1978) und Harris & Huang (1973) berichtet.

Diese Ergebnisse belegen die Annahme, daß je größer die Erregung ist, die auf den Unfall zurückgeführt wird, desto stärker ist die Motivation, die Erregung durch Hilfeleistung zu reduzieren. Eine weitere Annahme von Piliavin et al. (1981) besagt, daß die Reaktion ausgewählt wird, die eine Erregungsverringerung möglichst schnell und effektiv herbeiführt und die die günstigsten Konsequenzen hervorruft. Das ist dann der Fall, wenn die Nettokosten, die sich aus den Belohnungen und den Kosten ergeben, minimalisiert werden. Direkte Hilfeleistung ist eine Möglichkeit, das Erregungsniveau zu senken. Andere Möglichkeiten sind indirekte Hilfe, Verlassen der Situation und Neudefinition der Situation.

Die Darstellung des Ablaufs des Helfens in den genannten Prozeßmodellen zeigt, daß einer Hilfeleistung eine Entscheidung vorausgeht, die durch eine Reihe von Einflußfaktoren bestimmt ist. Dazu zählen:

– Aufmerksamkeitszuwendung und Interpretation des Ereignisses als Notlage
– Persönliche Verantwortung und Gefühle der Verpflichtung, in Übereinstimmung mit moralischen Werten bzw. mit den sozialen Normen wichtiger Bezugspersonen zu handeln
– Bewertung der positiven und negativen Konsequenzen einer Intervention im Sinne von Kosten, Belohnungen und Bewertung der Folgen
– Reduzierung der physiologischen Erregung, die durch die Beobachtung eines Unfalls ausgelöst wird

– Einschätzung der Notlage als Bedrohung der eigenen Handlungskompetenz oder als Herausforderung, die konkrete Bewältigungsversuche auslöst.

IV. Hilfe in akuten Notsituationen

Die Ereignisse, die unter akute Notsituationen zusammenzufassen sind, erweisen sich als sehr vielfältig. Ein Flugzeug, dessen Fahrwerk bei der Landung klemmt, ruft genauso eine akute Notlage hervor wie der Schwimmer, der die Wellenstärke des Meeres unterschätzt hat und sich aus eigener Kraft nicht mehr retten kann. In beiden Beispielen werden vermutlich professionelle Helfer – etwa die Flughafen-Feuerwehr und ein Mitglied der Deutschen-Lebens-Rettungs-Gesellschaft – eingreifen. In vielen Unfallsituationen hängt die Rettung der Opfer aber auch von der Intervention von Laienhelfern ab. Bei Verkehrsunfällen kann das Leben eines Verletzten dadurch gerettet werden, daß ein Passant Erste Hilfe leistet.

Das Zusammenwirken von Laienhelfern und professionellen Helfern läßt sich als Rettungskette darstellen. Nach dem Unfallereignis muß die Notlage erkannt werden. Dann erfolgt evtl. eine Sofortmaßnahme (z. B. Blutung stillen, Unfallstelle absichern) durch Laienhelfer, die auch eine Unfallmeldung abgeben. Daraufhin entscheidet die Leitstelle über die Hilfsmaßnahmen, die i. a. einen Rettungswagen und evtl. auch einen Notarzt an den Unfallort schickt. Weitere Glieder in der Rettungskette sind die Anfahrt der ausgebildeten Helfer, die Versorgung der Verletzten am Unfallort, der Transport im Rettungswagen und die Ankunft im Krankenhaus. Die Gesamtzeit der Rettungsaktion läßt sich in zwei im Durchschnitt etwa gleich lange Phasen unterteilen: Etwa 45% der Zeit verstreicht zwischen dem Unfall und der Notfallmeldung und etwa 45% der Zeit vergeht von der Alarmierung des Rettungswagens bis zur Einlieferung ins Krankenhaus (Riediger, 1987).

Das Rettungswesen in der Bundesrepublik wurde in den letzten zwei Jahrzehnten systematisch erweitert und verbessert. Froböse (1988) weist darauf hin, daß der Rettungsdienst in 94% der Fälle nicht mehr als zehn Minuten Zeit von der Unfallmeldung bis zum Eintreffen am Unfallort und zur Versorgung der Verletzten benötigt. Diese Schnelligkeit des Rettungsdienstes kann aber nicht darüber hinwegtäuschen, daß die Rettungskette nur so stark ist wie ihr schwächstes Glied. Die schwächste Stelle liegt vielfach in den Reaktionen und Fehlreaktionen der Unfallzeugen. Die Rettungskette kommt nur in Gang, wenn eine Unfallmeldung erfolgt, die im allgemeinen von Ersthelfern abgegeben wird (Blumenberg, 1988). Erst wenn Laienhelfer einen Notruf durchgegeben haben, kann der Rettungsdienst tätig werden. Darüber hinaus können Ersthelfer schon unmittelbar nach dem Unfall die Unfallopfer durch lebensrettende Maßnahmen versorgen.

Bei der Ersten Hilfe geht es darum, »den Gesundheitszustand, aber auch die psychische Verfassung eines Hilfsbedürftigen zu verbessern, zumindest jedoch zu stabilisieren« (Kühner, 1988, S. 40). Die Bedeutung der psychischen Verfassung wird häufig übersehen oder als zu gering eingeschätzt. Verletzte befinden sich in einem schweren seelischen Belastungszustand. Schon das Anstellen der Sirene des Notwagens kann zu einer weiteren Verschlechterung führen, weil der subjektive Belastungszustand zunimmt. Die Stabilisierung der psychischen Verfassung von Verletzten ist von großer Bedeutung und hängt mit ihrem körperlichen Zustand zusammen.

1. Merkmale akuter Notsituationen

In diesem Abschnitt befassen wir uns vor allem mit der Bereitschaft von Laienhelfern, bei akuten Notlagen den Opfern zu helfen. Weiter oben wurde schon erwähnt, daß Notlagen sehr unterschiedlich sind. Die große Vielfalt solcher Situationen ist eines der fünf Merkmale, die nach Latané & Darley (1969) eine akute Notsituation charakterisieren. Sie erschwert es den potentiellen Helfern, sich in angemessener Weise auf eine erfolgreiche Intervention bei Notfällen vorzubereiten, weil die Sofortmaßnahmen ein ganzes Repertoire von Handlungsweisen umfassen müssen.

Ein weiteres Merkmal einer akuten Notlage, das auch schon mehrfach erwähnt wurde, besteht darin, daß das Leben und Wohlbefinden der Opfer mehr oder weniger stark bedroht ist (Rossi, 1988). In diesem Zusammenhang werden Leichtunfälle bzw. -erkrankungen im häuslichen Bereich, Unfälle mit Leichtverletzungen oder Akut-Erkrankungen, Unfälle mit Schwerverletzten oder schwere Akut-Erkrankungen und Katastrophen bzw. Großunfälle unterschieden (Kühner, 1988; s. auch Shotland & Huston, 1979). Je größer der Schweregrad der Notlage, desto größer ist i. a. der Hilfeleistungsbedarf und desto wahrscheinlicher ist eine erfolgreiche Intervention von der Schnelligkeit des Eingreifens abhängig.

Ein drittes Merkmal akuter Notsituationen besteht dementsprechend darin, daß es auf die Schnelligkeit der Intervention ankommt. Je länger die Hilfe verzögert wird, desto größer ist die Wahrscheinlichkeit, daß sich die Lage der Opfer verschlechtert. Dieses Merkmal und die folgenden Merkmale treffen vor allem auf Unfälle mit Schwerverletzten zu. Akute Notsituationen treten gewöhnlich nur selten auf. Das bedeutet, daß Laienhelfer nur wenig Erfahrung mit entsprechenden Situationen haben (Kühner, 1988).

Außerdem ist festzustellen, daß akute Notsituationen i. a. unerwartet und überraschend auftreten. Daher können sich die Laienhelfer nicht direkt auf das Eintreten der Notlage einstellen. Vielmehr besteht nur die Möglichkeit einer allgemeinen Vorbereitung, wie sie etwa durch die Kurzkurse zu Sofortmaßnahmen am Unfallort oder durch die umfangreichere Erste-Hilfe-Ausbildung geleistet wird. Es kann aber leicht möglich sein, daß die potentiellen Ersthelfer durch den Unfall derart überrascht sind, daß sie ihre relevanten Kenntnisse nicht zur Verfügung haben und keinen geeigneten Handlungsplan entwickeln können.
Eine weitere Anmerkung verweist auf ein zusätzliches Problem: Da die Notsituationen unerwartet auftreten, werden potentielle Helfer in der Ausführung ihrer Pläne gestört. Das ist insbesondere dann bedeutsam, wenn sie es eilig haben, so daß eine Intervention mit ihren vorgefaßten Absichten interferiert. Daher müssen potentielle Helfer Prioritäten setzen, da sie unterschiedlichen Handlungsimpulsen ausgesetzt sind. Einerseits sind sie motiviert, ihr »Tagespensum« zu erledigen, andererseits löst der Unfall eine Bereitschaft aus, den Opfern zu helfen.
Die weiter oben genannten Merkmale einer Notsituation – insbesondere die große Unterschiedlichkeit und Unvorhersehbarkeit – legen die Vermutung nahe, daß potentielle Helfer sich i. a. nicht besonders sicher fühlen (es sei denn, es handelt sich um ausgebildete Helfer). Die Gegenüberstellung unterschiedlicher Prozeßmodelle in Kap. III hatte u. a. auch den Aspekt der Belastung der Helfer durch die Notfallsituation deutlich gemacht, die in den wichtigsten Merkmalen mit anderen typischen Belastungssituationen übereinstimmt.

2. Motivation und Kompetenz

Wodurch wird die Entscheidung, bei einer Notlage zu intervenieren, beeinflußt? Allgemein lassen sich zwei Aspekte nennen, die von Bedeutung sind:

- *Motivation der Ersthelfer.* In diesen Bereich fällt z. B. das Mitleiden mit dem Opfer, das vielfach als intrinsisches Motiv der Hilfeleistung genannt wird (Eisenberg & Miller, 1987). Aber auch einige andere Motive sind für Altruismus maßgebend, z. B. moralische Verpflichtungsgefühle, die sich aus Normen der sozialen Verantwortung ableiten (Schwartz & Howard, 1981, 1982).
- *Kenntnisse der Ersthelfer.* Hierzu gehören Fertigkeiten, die eine erfolgreiche Ausführung einer altruistischen Handlung erleichtern oder überhaupt erst ermöglichen. Ein gutes Beispiel sind die Anforderungen einer wirkungsvollen Ersten Hilfe bei Verletzten. Wichtig ist im

Zusammenhang mit Kenntniseinflüssen die Unterscheidung zwischen dem objektiven Wissen einer Person, das sich z.B. in einem Leistungstest überprüfen läßt, und der subjektiven Kompetenzeinschätzung. Letztere bezieht sich auf die Selbsteinschätzung eigener Fähigkeiten und Fertigkeiten und muß nicht notwendigerweise den objektiven Kenntnissen entsprechen. Vielmehr kann es sowohl zu einer Überschätzung als auch – und das ist für die Unterlassung von Hilfeleistung besonders bedeutsam – zu einer Unterschätzung der objektiven Kenntnisse kommen. So liegen z.B. empirische Belege dafür vor, daß Frauen dazu tendieren, ihre Erste-Hilfe-Kenntnisse bei gleichem objektiven Kenntnisstand niedriger einzuschätzen als Männer.

2.1. Motive des Helfens in akuten Notsituationen

Im folgenden geht es zunächst um die Motivationsfrage. Batson, Duncan, Ackerman, Buckley & Birch (1981) stellten programmatisch eine egoistisch motivierte Hilfeleistung, die auf das Endziel der Steigerung des eigenen Wohlergehens des Helfers gerichtet ist, einer altruistisch motivierten Hilfeleistung, die auf das Endziel der Steigerung des Wohlergehens einer anderen Person gerichtet ist, gegenüber. Ob es wirklich möglich ist, zwischen diesen beiden Zielsetzungen eindeutig zu unterscheiden, darf bezweifelt werden (s. Batson, Darley & Coke, 1978). Einige Autoren bevorzugen eine stärkere Betonung egoistischer Strebungen als Grundlage altruistischen Verhaltens (A. Freud, 1946; Krebs, 1975; Piliavin, Dovidio, Gaertner & Clark, 1981), wenn auch mit unterschiedlichen Argumenten. Vermutlich läßt sich letztlich nicht ausschließen, daß Altruismus egoistische Wurzeln hat, insbesondere wenn die individuelle Biographie und die Möglichkeit altruistischer Bindungen an andere Personen (A. Freud, 1946) berücksichtigt wird. Nur wenn man die individuelle Biographie ausblendet, besteht Hoffnung darauf, einen »altruistisch motivierten« Altruismus nachzuweisen (s. Kap. VII).
Während Empathie und Gefühle der Verantwortung der altruistisch motivierten Hilfe zugrunde liegen sollten, sind Motive wie Streben nach Anerkennung, Gegenseitigkeit des Helfens oder Streben nach einer gerechten Welt vermutlich egoistisch motiviert. Das Streben nach einer gerechten Welt besagt z.B., daß Menschen das Bedürfnis haben zu glauben, daß sie in einer Welt leben, in der die Menschen im allgemeinen das bekommen, was sie verdienen (Lerner, 1980). Dieser Glaube an eine gerechte Welt kann erschüttert werden, wenn Beobachter sehen, wie eine andere Person unverschuldet in eine Notlage gerät. Um ihren Glauben

an eine gerechte Welt wiederherzustellen, können die Beobachter dem Opfer Beistand leisten (Regan, 1971). Das Motiv für diese Unterstützung liegt dann darin, daß die Beobachter ihren Glauben an eine gerechte Welt verteidigen bzw. aufrechterhalten wollen.

Die egoistische Motivation hinter dieser Form von Helfen wird deutlich, wenn die Notlage nicht eine einzelne Person betrifft und korrigierbar ist, sondern viele Personen und durch eine Hilfe nicht vollständig zu beseitigen ist, weil dann keine altruistischen Handlungen motiviert werden (Miller, 1977 b). Die Beobachter sehen dann keine Möglichkeit, ihren Glauben an eine gerechte Welt durch altruistisches Verhalten zu rechtfertigen. Stattdessen wurden Tendenzen beobachtet, Opfer, denen nicht geholfen werden kann, und Märtyrer relativ negativ zu bewerten (Abwertung von Opfern; Lerner & Simmons, 1966).

Das Streben nach einer gerechten Welt ist eines von mehreren möglichen Motiven des Helfens. In einer empirischen Untersuchung sind wir der Frage nachgegangen, welche Motive für die Erste Hilfe bedeutsam sind und welche von diesen Motiven besonders zentral sind (Bierhoff, Klein & Kramp, 1989). Zunächst stellte sich das Problem, die bedeutsamen Motive zu ermitteln. Wir führten eine Interviewstudie mit 150 Befragten durch, in der diese die Gelegenheit hatten, die Vorteile und Nachteile der Ersten Hilfe zu nennen (Bierhoff, Klein & Kramp, 1989). Dazu wurden die Befragten gebeten, zu bestimmten vorgegebenen Szenarios (Zusammenstoß zweier Autos, gestürzter Radfahrer, Lastwagen mit Brückenpfeiler kollidiert) persönliche Erlebnisse zu berichten. Daran anschließend sollten sie angeben, welche Risiken und Vorteile in den jeweiligen Situationen mit dem Helfen verbunden waren. In einer Inhaltsanalyse wurden diese offenen Antworten mit hinreichender Beobachterübereinstimmung in eine Reihe von Kategorien eingeordnet. Auf diese Weise wurden förderliche Ursachen hilfreichen Verhaltens und hemmende Ursachen identifiziert.

Ein weiterer Schritt der Motivanalyse bestand darin, die Vorteile und Risiken nach ihrer Bedeutung einschätzen zu lassen. Wir wählten zehn Vorteile aus und neun Risiken, die 62 Befragten (31 männlich und 31 weiblich) aus unterschiedlichen Bevölkerungsschichten vorgelegt wurden. Unter den Befragten waren Angestellte, Auszubildende, Handwerker und Lehrer. Die Stichprobe war also heterogen zusammengesetzt. Das Durchschnittsalter der Befragten betrug 32 Jahre, wobei der jüngste 16 Jahre alt war und der älteste Befrage 59*. Die Befragten sollten

* Die Daten wurden von Andreas Homburg und Andreas Stollberg erhoben. Die Ergebnisse stimmen weitgehend mit denen einer EMNID-Befragung überein, die 1987 mit ähnlichen Vorgaben durchgeführt wurde (Bierhoff, Klein & Kramp, 1989).

angeben, wie wahrscheinlich bestimmte Vorteile und Risiken für Helfer bei einem schweren Verkehrsunfall sind (1 = besonders unwahrscheinlich; 5 = besonders wahrscheinlich).

In Abb. 8 und Abb. 9 sind die mittleren Einschätzungen der Vorteile und Risiken dargestellt. Bei den Vorteilen erhält »Gewissen« den höchsten Mittelwert (M = 4,0). Die Einschätzung bezog sich darauf, daß Helfer in Übereinstimmung mit ihrem Gewissen handeln können. Diese Vorgabe spricht das Verantwortungsgefühl bzw. das Gefühl moralischer Verpflichtung, Hilfe zu leisten, an.

Einen relativ hohen Mittelwert (M = 3,4) erreicht auch die Vorgabe »Helfer können Kenntnisse zeigen«. Dann folgen drei Vorteile des Helfens, deren Mittelwerte im mittleren Skalenbereich liegen: Mitgefühl, Schutz vor strafrechtlicher Verfolgung wegen unterlassener Hilfeleistung und Steigerung des Selbstwertgefühls durch Hilfe. Etwas niedrigere Mittelwerte finden sich schließlich noch für Solidarität zeigen (2,9) und Anerkennung erhalten (2,8), während Neugier befriedigen, persönliche Kontakte knüpfen und materielle Vorteile als relativ unwahrscheinliche Motive des Helfens nach einem Verkehrsunfall erscheinen. Diese Resultate wurden auch durch die Ergebnisse einer Repräsentativbefragung an 2000 ausgewählten Bundesbürgern durch das EMNID-Institut im Jahre 1987, bei der entsprechende Kategorien vorgegeben wurden, im wesentlichen bestätigt (s. Bierhoff, Klein & Kramp, 1989).

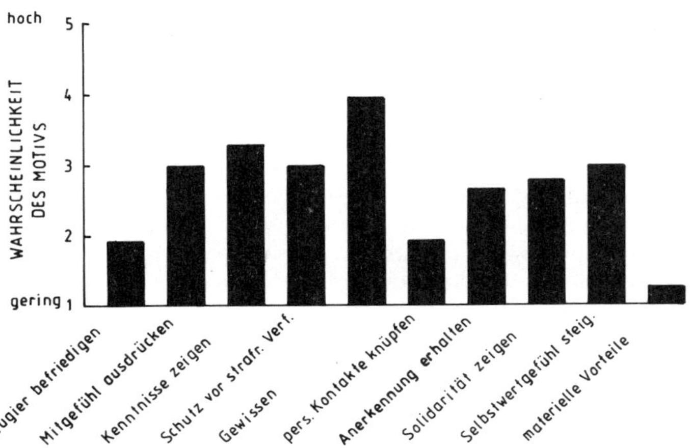

Abb. 8: Vorteile des Helfens (1 = besonders unwahrscheinlich; 5 = besonders wahrscheinlich)

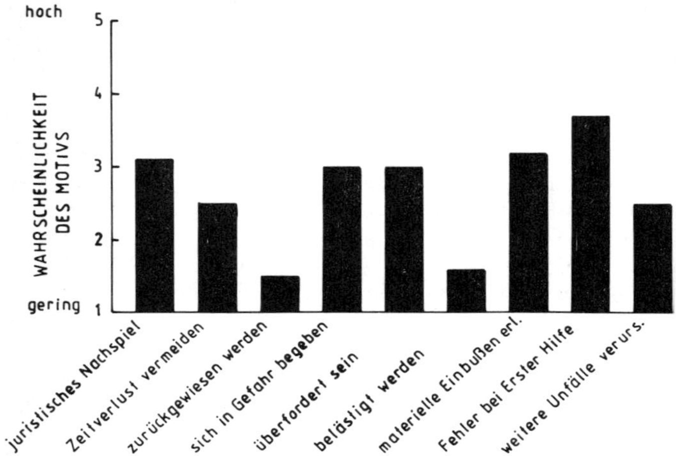

Abb. 9: Risiken des Helfens (1 = besonders unwahrscheinlich; 5 = besonders wahrscheinlich)

Was die Risiken des Helfens angeht, so erscheint als wichtigste Möglichkeit, daß Helfern bei der Ersten Hilfe Fehler unterlaufen könnten (M = 3,7). Eine größere Bedeutung haben noch die Aussicht, in ein juristisches Nachspiel verwickelt zu werden (M = 3,2), die Gefahr, in die sich die Helfer selbst begeben könnten (M = 3,0), und die Möglichkeit, daß die Helfer durch die Hilfeleistung körperlich oder geistig überfordert werden (M = 2,9).
Direkte Einschätzungen der Vorteile und Risiken des Helfens sind der Möglichkeit einer Verzerrung durch systematische Urteilstendenzen ausgesetzt. Das gilt sowohl für die Vorteile des Helfens, bei deren Einschätzung die Gefahr besteht, daß nach vorgefertigten kulturellen Denkweisen geantwortet wird, als auch für die Risiken des Helfens, die möglicherweise verdrängt werden, um sich nicht Schwächen eingestehen zu müssen. Was die Antworten auf die Vorteile des Helfens angeht (Abb. 8), so könnte dieses Argument am ehesten auf die Beurteilung der Bedeutung des Gewissens zutreffen. Auf dem Hintergrund der Ergebnisse zur Norm der sozialen Verantwortung (s. Kap. II.2) und im Hinblick auf weitere Resultate, die die Bedeutung moralischer Verpflichtungsgefühle belegen (Shaffer, Rogel & Hendrick, 1975; s. unten), scheint eine solche Interpretation aber eher unwahrscheinlich.
Bei den Risiken des Helfens dominieren Vorgaben, die mit der Kompetenz der Helfer zusammenhängen. Die Feststellung »Helfern

könnten Fehler bei der Ersten Hilfe unterlaufen« erhält eine besonders hohe durchschnittliche Einschätzung und die Gefahrenmöglichkeiten und die Möglichkeit, überfordert zu sein, erreichen auch eine relativ große Bedeutung. Die Angst vor einem juristischen Nachspiel gehört auch in diesen Bereich. Denn die Korrelationen zeigen, daß diejenigen eher ein juristisches Nachspiel befürchten, die die Gefahr von Fehlern betonen ($r = 0,34$, $p < 0,01$) und eher eine Überforderung erwarten ($r = 0,32$, $p < 0,01$).
Weitere Hinweise auf die große Bedeutung der Angst vor Fehlern bei der Ersten Hilfe finden sich auch im Zusammenhang mit der Frage, warum die Befragten in der Vergangenheit bei einem konkreten Anlaß (z. B. nach einem Verkehrsunfall) keine Hilfe geleistet haben. Zwar konnte sich etwa die Hälfte der Befragten an kein entsprechendes Erlebnis erinnern, aber von denen, die einen konkreten Anlaß erlebt hatten, gaben 78,1% aller Befragten an, sie hätten deshalb nicht geholfen, weil sie befürchteten, bei der Ersten Hilfe Fehler zu machen. 50,0% stimmten der Feststellung zu »Eine Hilfeleistung hätte mich überfordert«. Erwähnenswert ist auch, daß 62,5% der Feststellung zustimmten »Ich wußte nicht, was ich tun sollte, weil die Situation nicht eindeutig genug war«. Die Uneindeutigkeit der Notlage wurde auch in experimentellen Studien (Clark & Word, 1974; Gaertner & Dovidio, 1977) als Hemmfaktor der Hilfe identifiziert.
Verantwortung und Kompetenzgefühl scheinen für Hilfe in akuten Notsituationen einen zentralen Stellenwert zu besitzen. Die Kombination dieser beiden Einflußfaktoren zeigt, daß sie – weitgehend unabhängig voneinander – die Hilfsbereitschaft beeinflussen. (Allerdings zeigt eine differenziertere Analyse, daß sich doch subtile Zusammenhänge zwischen Kompetenz und Verantwortung abzeichnen, die eine gewisse praktische Bedeutung haben. Dieser Zusammenhang wird weiter unten diskutiert.) In einer Untersuchung von Schwartz & Ben David (1976) wurde die Verantwortung und das Kompetenzgefühl jeweils als hoch oder niedrig abgestuft. Bevor eine akute Notlage eintrat, interagierte das Opfer mit der Versuchsperson. Daher bestand die Möglichkeit, die Verantwortung für den dann folgenden Unfall unterschiedlich zu verteilen. Die Verantwortung wurde auf die Versuchsperson gelenkt, indem das Opfer sie für die Notlage verantwortlich machte. In einer zweiten Bedingung machte das Opfer sich selbst für die Notlage verantwortlich, während in einer dritten Bedingung keine explizite Verantwortungszuschreibung stattfand.
Außerdem wurde das Kompetenzgefühl der Versuchspersonen beeinflußt. Bei einem Teil wurde der Eindruck erweckt, als wenn eine besonders gute Eignung zu einer Intervention bestünde. Ein anderer Teil der Versuchspersonen wurde in den Glauben versetzt, wenig

geeignet zu sein, während die übrigen Teilnehmer keine besondere Eignungsinformation erhielten.
Die Ergebnisse zeigten, daß sowohl die Verantwortungszuschreibung als auch die Kompetenzwahrnehmung einen Einfluß auf die Hilfeleistung ausübten. Verantwortliche Personen griffen besonders häufig und schnell ein, während die Intervention besonders gering ausfiel, wenn das Opfer selbst die Verantwortung für den Unfall trug. Dieses zweite Ergebnis entspricht den Hinweisen aus verschiedenen Untersuchungen, daß Selbstverschuldung einer Notlage die Hilfsbereitschaft verringert (s. Kap. II.2.3.2). Die Kompetenzabstufung wirkte sich tendenziell sogar noch stärker auf die Interventionsbereitschaft aus. Bei hoher Fähigkeit wurde eher interveniert als bei durchschnittlicher Fähigkeit, während bei geringer Fähigkeit besonders wenig bzw. langsam eingegriffen wurde.
Zwei zusätzliche Ergebnisse sind noch erwähnenswert. Die Versuchsteilnehmer wurden aufgrund eines Persönlichkeitsfragebogens danach unterteilt, ob sie dazu neigten, Verantwortung zu leugnen oder nicht zu leugnen. Die Gruppe der Verleugner reagierte tendenziell langsamer als die Vergleichsgruppe. Damit wird ein zweiter Beleg für die Bedeutung des Verantwortungsgefühls geliefert. Außerdem zeigte sich, daß sich die Kompetenzwahrnehmung vor allem bei den Versuchsteilnehmern in der beschriebenen Weise auswirkte, die zur Gruppe der Verleugner zählten. Dieses Resultat verweist auf den engen Zusammenhang zwischen Verantwortungsgefühl und Kompetenz. Die niedrige Kompetenz wurde als Entschuldigung und zur Abwehr von Vorwürfen für eine geringe Interventionsbereitschaft benutzt.
Diese Untersuchung vermittelt vermutlich ein treffendes Bild der Motivation in akuten Notsituationen. Wenn die Fähigkeit zur Intervention gering ist, wird dieser Tatbestand vor sich und vor anderen Menschen gerne als Entschuldigung benutzt, die plausibel erklären kann, warum eine Hilfeleistung – die doch eigentlich wünschenswert gewesen wäre und die gleichzeitig eine große Belastungsprobe dargestellt hätte – unterblieben ist. Wenn das Opfer selbst verantwortlich ist, liefert dieser Umstand ebenfalls eine psychologische Rechtfertigung für Passivität und Gleichgültigkeit. Umgekehrt besteht bei guter Fähigkeit kein hinreichender Anlaß zur Vermeidung einer Intervention, weil die Belastung als tragbar erscheint, und bei Selbstzuschreibung der Verantwortung entsteht das moralische Gefühl der Verpflichtung einzugreifen (Schwartz, 1977; Shaffer, Rogel & Hendrick, 1975).

2.1.1. Situatives Verantwortungsgefühl

Das Verantwortungsgefühl, das in der Notsituation wahrgenommen wird, übt einen dominierenden Einfluß auf die Hilfsbereitschaft aus

(Bierhoff, Klein & Kramp, 1989). In einer umfangreichen Interviewstudie mit etwa 180 Befragten wurden drei Notfallsituationen beschrieben (Zusammenstoß zweier Autos, gestürzter Fahrradfahrer, Lastwagen mit Brückenpfleiler kollidiert) und die Hilfsbereitschaft sowie weitere situationsspezifische Merkmale erfaßt. Die situative Verantwortung erwies sich in allen drei Notlagen als der zentrale Prädiktor der Hilfsbereitschaft. Demgegenüber war das Kompetenzgefühl von geringerer Bedeutung.

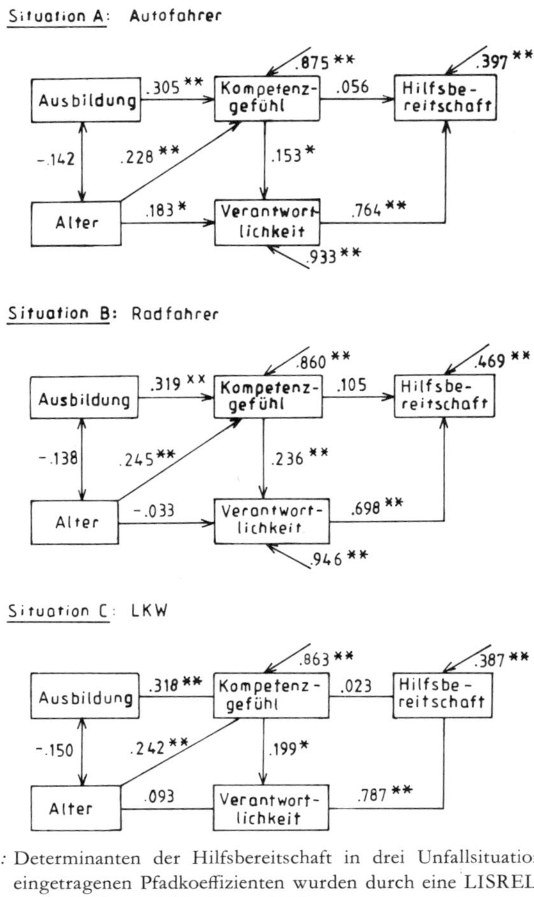

Abb. 10: Determinanten der Hilfsbereitschaft in drei Unfallsituationen. Die eingetragenen Pfadkoeffizienten wurden durch eine LISREL-Analyse ermittelt. * p < 0,05; ** p < 0,01.

Wie ein pfadanalytisches Modell zeigte (s. Abb. 10), war der *direkte* Einfluß des allgemeinen Kompetenzgefühls, Erste Hilfe leisten zu können, auf die Hilfsbereitschaft relativ gering. Stattdessen fand sich ein *indirekter* Effekt des Kompetenzgefühls, da bei größerer Kompetenz die situative Verantwortung höher eingeschätzt wurde, die sich – wie schon dargestellt – entscheidend auf die Hilfsbereitschaft auswirkte.
Die Anpassung des pfadanalytischen Modells an die empirischen Zusammenhänge, die nach verschiedenen Kriterien überprüft wurde (s. Jöreskog & Sörbom, 1984), erwies sich in allen drei Unfallsituationen als günstig. In dem Modell wird die Annahme gemacht, daß die Ausbildung das Kompetenzgefühl bestimmt, während das Alter sowohl das Kompetenzgefühl als auch die Verantwortung beeinflußt. Diese Annahmen wurden im wesentlichen in allen drei Unfallsituationen bestätigt. Mit der Ausbildung wächst das allgemeine Kompetenzgefühl. Außerdem fühlen sich die älteren Personen (in dem gegebenen Altersbereich von etwa 20 bis 60 Jahren, Mittelwert = 33,6 Jahre) kompetenter als die Jüngeren. 92% der Befragten waren 50 Jahre und jünger. Daher ist festzustellen, daß die älteren Jahrgänge unterrepräsentiert waren. Das Kompetenzgefühl scheint bei alten Menschen wieder zu sinken (s. Kap. IV.2.2.1).
In dem Szenario »Zusammenstoß zweier Autos« ergab sich darüber hinaus auch der erwartete bedeutsame Zusammenhang zwischen Alter und Verantwortungsgefühl, so daß ältere Personen situative Verantwortung zum Ausdruck brachten. Aber es ist klar, daß das Verantwortungsgefühl durch das Alter nur geringfügig bestimmt wurde. Andere Faktoren, die in diesem Modell nicht repräsentiert sind, üben vermutlich einen Einfluß auf das Verantwortungsgefühl aus.
Diese Überlegung wurde in einem erweiterten Modell berücksichtigt, das in derselben Untersuchung entwickelt wurde (Bierhoff, Klein & Kramp, 1989). Die Erweiterung beruht insbesondere auf der Variable der situativen Entschlußsicherheit. Die Versuchsteilnehmer wurden gefragt: »Wie sicher waren sie sich, ob Sie eingreifen sollten?« Die Entschlußsicherheit enthält sowohl dispositionale Aspekte (im Sinne von Entschlußkraft) als auch situative Aspekte, da die Entschlußsicherheit bei großer Eindeutigkeit der Notlage größer sein sollte. In dem erweiterten Modell wurde angenommen, daß der Einfluß des Kompetenzgefühls auf die Verantwortlichkeit über die Entschlußsicherheit verläuft (s. Abb. 11). Weiterhin wurde postuliert, daß sich die Entschlußsicherheit selbst sowohl förderlich auf die Verantwortlichkeit als auch direkt auf die Hilfsbereitschaft auswirkt. Gleichzeitig stellt die Entschlußsicherheit diejenige Variable dar, über die instrumentelle Persönlichkeitseigenschaften im Sinne von Handlungsbereitschaften wirksam werden.

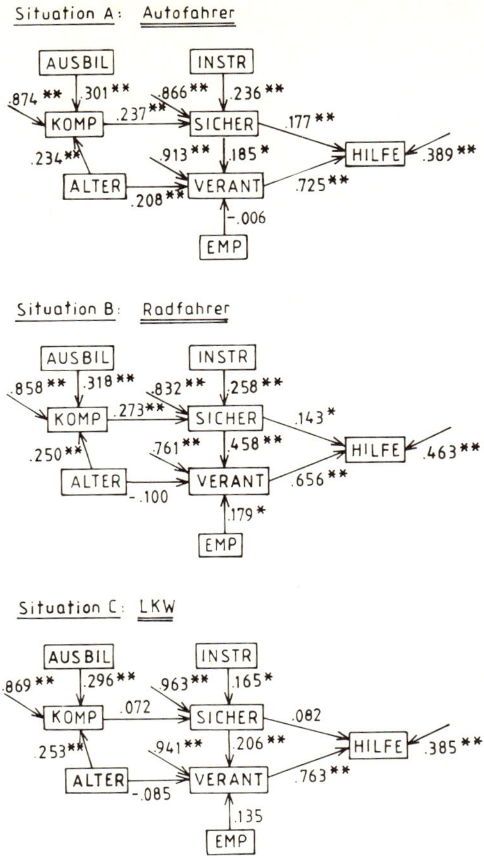

Abb. 11: Erweitertes Modell der Determinanten der Hilfsbereitschaft in drei Unfallsituationen. Die eingetragenen Pfadkoeffizienten wurden durch eine LISREL-Analyse ermittelt. * $p < 0{,}05$; ** $p < 0{,}01$.

Neben der Entschlußsicherheit wurden zwei Persönlichkeitsmerkmale – Instrumentalität (s. Spence & Helmreich, 1978, Kap. II.3.7) und Mitgefühl (Empathie) – in das Pfadmodell einbezogen. Instrumentalität sollte die Entschlußsicherheit steigern, während Empathie sich förderlich auf das Verantwortungsgefühl auswirken sollte. Nach den schon genannten Kriterien erwies sich das Modell, das in Abb. 11 dargestellt ist, in den drei Unfallsituationen als gut angepaßt. Außerdem zeigen die

Ergebnisse, daß das Ziel der größeren Varianzaufklärung für die situative Verantwortung teilweise erreicht wurde, da die Entschlußsicherheit mit der Verantwortung in Beziehung steht. Hingegen ist der Einfluß der Empathie – außer in der Situation des gestürzten Radfahrers – zu vernachlässigen. Die Vermutung, daß die Entschlußsicherheit durch die Instrumentalität bestimmt wird, findet ebenfalls eine gewisse Unterstützung. Außerdem wird sie – wie erwartet – durch das Kompetenzgefühl beeinflußt.

Diese Resultate verdeutlichen auch die Auswirkungen der Ausbildung auf die Hilfsbereitschaft, die indirekt vermittelt sind. Die Ausbildung wirkt sich förderlich auf das Kompetenzgefühl aus, das sich wiederum (außer im LKW-Szenario) positiv auf die Entschlußsicherheit auswirkt. Die Entschlußsicherheit ihrerseits wirkt sich sowohl auf die Hilfeleistung aus (außer im LKW-Szenario) als auch indirekt vermittelt über das situative Verantwortungsgefühl, das seinerseits der zentrale Prädiktor der Hilfsbereitschaft in allen drei Unfallsituationen ist.

2.1.2. Der Mordfall Catherine Genovese

Eine ganze Reihe von Untersuchungen befaßt sich mit den motivationalen Determinanten der Hilfeleistung in akuten Notsituationen. Die Pioniere in diesem Bereich waren Latané & Darley (1969, 1970), deren Untersuchungen durch einen Mordfall in Queens, einem Stadtteil von New York, ausgelöst wurden. Die 28jährige Catherine Genovese, die ihre Nachbarn Kitty nannten, wurde in der Nähe ihrer Wohnung in einem dicht besiedelten mittelständischen Wohnbereich spät in der Nacht von einem Triebtäter ermordet. Mehrere Dutzend Nachbarn waren Zeugen, als sie von dem späteren Mörder überfallen wurde. Sie schrie zweimal und rief nach Hilfe (Rosenthal, 1968).

Wegen der Anwesenheit der Zuschauer ließ der Täter zweimal von seinem Opfer ab, das sich in diesen Phasen zu retten versuchte. Erst nach einer längeren Auseinandersetzung, die 35 Minuten dauerte, erstach der Täter sein schwer verletztes Opfer, das vor der Wohnungstür am Boden lag und sich nicht mehr wehren konnte. Insgesamt wurden 38 Zuschauer dieses Vorfalls gezählt (Rosenthal, 1968), die früher oder später auf die gewaltsamen Vorgänge aufmerksam wurden. Die Polizei wurde erst von einem Nachbarn verständigt, nachdem der Mord geschehen war. Der Nachbar hatte erst noch in einem Ferngespräch mit einem Bekannten geklärt, was zu tun sei, und dann eine Bekannte beauftragt, den Anruf bei der Polizei auszuführen. Die Polizei war in zwei Minuten am Tatort (Rosenthal, 1968).

Die Suche nach den möglichen Motiven für die Untätigkeit der Zeugen führte zu aufschlußreichen Hinweisen. Vielfach wurde auf die Apathie der Nachbarn verwiesen (s. auch Milgram, 1970, der als Ursache der Apathie eine dauernde Reizüberflutung postuliert, die den New Yorkern eine Vernachlässigung vieler zwischenmenschlicher Bereiche aufzwingt). Ein weiteres Motiv, das in Gesprächen mit den Zeugen deutlich wurde, war Zurückhaltung und Furcht vor der Möglichkeit, in etwas hineingezogen zu werden. Milgram (1970) erwähnt in diesem Zusammenhang die größere Verwundbarkeit des Städters im Vergleich zu Menschen, die auf dem Land leben. Rosenthal (1968) verweist auch auf die Möglichkeit, daß Hilfe nur in bestimmten Situationen wahrscheinlich ist und daß Indifferenz wie ein »bedingter Reflex« bei den New Yorkern zu interpretieren sei.

Darley & Latané (1968) führten eine Untersuchung durch, die durch den tragischen Tod der Catherine Genovese ausgelöst wurde. Sie veranstalteten Diskussionsrunden mit zwei, drei oder sechs Teilnehmern zu persönlichen Problemen. Während der Diskussion wurde ein epileptischer Anfall eines der Teilnehmer, der zuvor schon darauf verwiesen hatte, daß er/sie unter solchen Anfällen leide, simuliert. Die Versuchsteilnehmer wurden zu Beginn darauf hingewiesen, daß sie sich nicht kennenlernen und in Einzelkabinen sitzen sollten, damit sie sich frei fühlten, ihre persönlichen Probleme über ein Mikrophon-Netz in der Diskussionsrunde darzustellen.

Nach 70 Sekunden Sprechzeit des Opfers war der epileptische Anfall offensichtlich. Nach weiteren 55 Sekunden hatten in der Zwei-Personen-Bedingung, in der nur ein Zeuge des Anfalls anwesend war, 85% der Versuchsteilnehmer interveniert. Wenn die Versuchsperson glaubte, daß ein zweiter Zeuge anwesend war, intervenierten 62% in dieser Zeit und bei scheinbar vier weiteren Zeugen griffen nur 31% ein. Je mehr potentielle Helfer anwesend zu sein schienen, desto schwächer fiel die individuelle Hilfsbereitschaft aus. Dieses Ergebnis wurde damit erklärt, daß ein einzelner die volle Verantwortung des Eingreifens trägt, während die Verantwortung unter mehreren Zeugen verteilt wird und daher schwächer ausfällt.

Einige Persönlichkeitsmerkmale, die erhoben wurden, wirkten sich nicht auf die Interventionsgeschwindigkeit aus. Einzig die Größe des Geburtsortes korrelierte signifikant negativ ($r = -.26$) mit der Schnelligkeit des Eingreifens. Spätere Untersuchungen erbrachten aber keine eindeutigen Befunde, was die Auswirkungen der Größe des Geburtsortes auf die Hilfsbereitschaft betrifft (Steblay, 1987).

Das geschilderte Experiment wurde in wesentlichen Aspekten wiederholt (Schwartz & Clausen, 1970). Eine Bedingung, in der nur der potentielle Helfer anwesend war, wurde mit Bedingungen verglichen, in denen noch vier weitere potentielle Helfer anwesend zu sein schienen. Die Diffusion der Verantwortung fand sich nur bei weiblichen Versuchsteilnehmern, während sich die Gruppengröße bei männlichen Personen kaum auswirkte (an dem ersten Versuch hatten nur Frauen teilgenommen.). Allerdings war der Gesamteffekt für Männer und Frauen zugunsten einer größeren Interventionsrate in der Allein-Bedingung (84%) im Vergleich zu der Gruppenbedingung (54%) deutlich (s. Latané & Nida, 1981, Tab. 1). Eine Zusammenfassung aller vorliegenden Untersuchungsbefunde ergibt, daß insgesamt wenig dafür spricht, daß die soziale Hemmung der Hilfeleistung auf Männer oder Frauen beschränkt ist (Latané & Nida, 1981).

2.1.3. Soziale Hemmung der Hilfeleistung

In Kap. I.2.2 wurden schon zwei Prozesse gegenübergestellt, die eine Hemmung der Hilfeleistung in Gruppen wahrscheinlich machen (Diffusion der Verantwortung und Hemmung durch passive Vorbilder). Außerdem wurden schon Ergebnisse eines Feldexperiments dargestellt, die eine geringere Hilfsbereitschaft bei Personenpaaren als bei Einzelpersonen zeigen. Insgesamt ist der »Anzahl-Effekt« sehr robust. In einer Metaanalyse der relevanten Studien konnten Latané & Nida (1981) feststellen, daß es sich um eines der bestgesicherten Ergebnisse der Sozialpsychologie handelt. Er tritt in unterschiedlichen Umgebungen, bei unterschiedlichen Opfern und unterschiedlichen Helfern gleichermaßen auf und scheint nicht auf Notsituationen beschränkt zu sein.

Eine Einschränkung ergab sich einzig im Hinblick auf das Alter der potentiellen Helfer, da bei Kindern unter neun Jahren kein sozialer Hemmungseffekt auftrat. Diese Schlußfolgerung beruht allerdings nur auf einer Untersuchung (Staub, 1970a), deren Ergebnisse von Latané & Nida reanalysiert wurden. Bei 9–11jährigen Kindern wurde in der Staub-Untersuchung der Effekt der sozialen Hemmung in der Reanalyse deutlich.

In ihrer Metaanalyse faßten Latané & Nida (1981) die Ergebnisse aus über 60 Untersuchungen zusammen, in denen das Verhalten von etwa 6000 Personen als Beobachter von Notlagen erfaßt wurde. Der Begriff der Notlage ist hier allerdings sehr weit definiert. Darunter fallen neben krankheitsbedingtem Kollaps, Unfällen und Verbrechen auch Bitten und Korrekturen von falschen Weginformationen. Wenn nur die Studien herangezogen werden, in denen keine freie Kommunikation mit den weiteren Zeugen der Notlage möglich war (entweder war die zweite Person durch Video- oder Tonbänder simuliert oder es handelte sich um Verbündete des Versuchsleiters, deren passives Verhalten im voraus einstudiert worden war), fand sich in der Allein-Bedingung eine Hilfe in 75% der Fälle, während in Gruppenbedingungen eine individuelle Hilfsbereitschaft von 53% festgestellt wurde. Dieser Vergleich verdeutlicht einen starken Effekt der sozialen Hemmung der Hilfe in Gruppen. Zu beachten ist, daß sich die relativ hohen Prozentsätze der Hilfe dadurch erklären, daß neben schwerwiegenden Unfällen und Notlagen auch weniger dramatische Formen der Hilfeleistung einbezogen wurden.

Wenn der Vergleich zwischen der Allein-Bedingung und echten Gruppenbedingungen, in denen freie Kommunikation gegeben war, durchgeführt wurde, ergab sich, daß allein etwa 50% halfen, während in Gruppen die individuelle Wahrscheinlichkeit der Intervention nur 22% betrug. Auch bei der Interpretation dieser Prozentsätze ist zu bedenken, daß sehr unterschiedliche Formen der Hilfeleistung in den einzelnen Studien erforderlich waren. Diese Ergebnisse sind im Hinblick auf eine soziale Hemmung hochgradig aussagekräftig, da sie von einer Vielzahl unabhängiger Forscher unter Einbeziehung einer großen Zahl von Versuchsteilnehmern regelmäßig (bis auf wenige Ausnahmen) repliziert wurden. Per Zufall wäre ein entsprechendes Ergebnismuster über alle relevanten Untersuchungen hinweg völlig unwahrscheinlich, da es nur einmal in 1,6 Milliarden Fällen zu erwarten wäre. Etwa 11000 zusätzliche Studien mit Null-Ergebnissen (keine Differenz zwischen Allein-Bedingung und Gruppen-Bedingung) müßten vorliegen, damit die Schlußfolgerung auf eine soziale Hemmung in Gruppen in Frage gestellt würde.

Einige Bedingungen, unter denen der Effekt der sozialen Hemmung verschwindet oder abgeschwächt wird, sind zu erwähnen (s. Latané & Nida, 1981):

- bei Kindern unter neun Jahren
- bei eindeutigen Notsituationen, die vermutlich gleichzeitig auch eine größere Ernsthaftigkeit der Notlage bedeuten als weniger eindeutige Notlagen
- bei Aufforderungen oder Andeutungen der anderen Zeugen in der Gruppe, daß eine Hilfeleistung angemessen ist
- wenn andere Zeugen weniger fähig zur Hilfe sind als die Zielperson (z.B. Kinder oder Blinde)
- wenn die Zahl der Kommunikationskanäle zwischen den Zeugen gering ist (s. unten).

Eine andere Frage bezieht sich darauf, wie groß die Chance eines Opfers ist, Hilfe zu erhalten. Diese Frage zielt nicht auf die individuelle Wahrscheinlichkeit der Hilfe in Gruppen ab, sondern auf die Wahrscheinlichkeit, daß in einer Gruppe irgendeine Person hilft. Diese Wahrscheinlichkeit kann mit der Wahrscheinlichkeit der Hilfe in der Allein-Bedingung verglichen werden. Betrachtet man nur die Vergleiche zwischen Einzelhelfern und Gruppen von Helfern, die frei miteinander kommunizieren, dann ergibt sich eine Gruppenwahrscheinlichkeit von

55%, der eine Einzelwahrscheinlichkeit von 62% gegenübersteht. Es ist also aus der Sicht des Opfers etwas günstiger, wenn ein einzelner Passant am Unfallort eintrifft, als wenn Passanten in Gruppen eintreffen (Latané & Nida, 1981).

Bei der Aufzählung der Bedingungen, die die soziale Hemmung verringern, wurde auch die geringe Kommunikationsmöglichkeit unter den Zeugen genannt. Die Bedeutung dieses Einflußfaktors ist unmittelbar einsichtig, weil soziale Hemmung ein Mindestmaß von Kommunikation zwischen den Zeugen voraussetzt, die erst die soziale Hemmung ermöglicht. Eine Mindestvoraussetzung besteht darin, daß die Zeugen voneinander wissen. Unter diesen Umständen ist vor allem eine *Diffusion der Verantwortung* als Hemmungsmechanismus plausibel. Die Gesamtverantwortung wird unter den Zeugen gewissermaßen aufgeteilt und jeder einzelne fühlt sich weniger verantwortlich als in einer Allein-Bedingung (Bierhoff, 1982).

Angesichts des traurigen Schicksals der Catherine Genovese liegt es nahe, sich über die Passivität der Zeugen zu empören und ihnen Egoismus und Gleichgültigkeit zuzuschreiben. Diese Reaktion ist um so mehr verständlich, weil sie dazu beitragen kann, den Glauben daran aufrechtzuerhalten, daß die bedrohliche Passivität der Zeugen ein Ausdruck ihrer Persönlichkeit ist und nicht das Ergebnis einer Situationsdynamik, der man selbst zum Opfer fallen könnte.

Die Bedeutung dieser Situationsdynamik wird schon viel verständlicher, wenn man sich weniger sensationelle, beinahe schon alltägliche Notsituationen vorstellt, die aber dennoch für die Opfer schwerwiegende negative Konsequenzen haben können. Wie schnell kann man auf der Autobahn auf dem Weg in den Urlaub an einer Unfallstelle vorbeifahren mit der festen Überzeugung, daß bestimmt einer der vielen anderen Passanten eingreifen wird? Wer denkt schon in solchen Sekunden darüber nach, daß möglicherweise auch die anderen Autofahrer genauso denken und deshalb auch vorbeifahren? Das Dilemma der Diffusion der Verantwortung liegt gerade darin, daß in dem Moment, in dem jemand denkt, daß sich ein anderer Passant um den Notfall kümmern wird, die anderen Passanten nach der gleichen Logik dieselbe Erwartung bilden.

Die Diffusion der Verantwortung ist grafisch in Abb. 12 dargestellt. Bei einem Unfallzeugen wird die gesamte Verantwortung auf eine Person fokussiert. Entsprechend stark sollte ihre Motivation sein, verantwortungsbewußt zu handeln. Bei mehreren Zeugen verringert sich der Verantwortungsdruck für jeden einzelnen, weil die Gesamtverantwortung implizit aufgeteilt wird.

Eine zweite Möglichkeit ist die Kenntnis der Reaktion der anderen Zeugen. Wenn diese sich passiv verhalten, geben sie ein Beispiel für

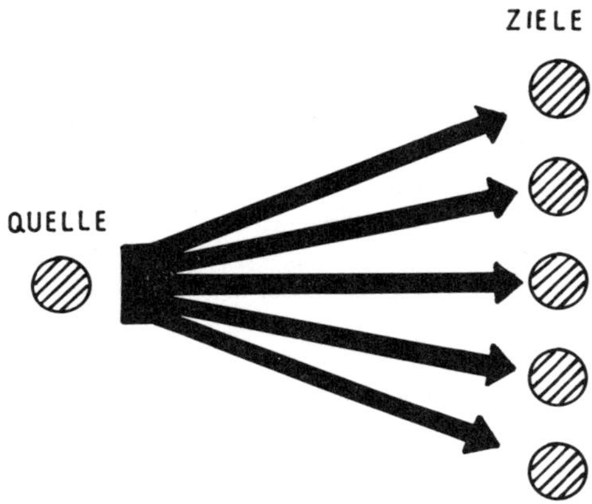

Abb. 12: Aufteilung der Verantwortung unter mehreren Unfallzeugen (nach Latané & Nida, 1980, und Bierhoff, 1982)

Unterlassung von Hilfsbereitschaft. Eine solche Entwicklung ist in echten Gruppen, die mit Unfällen konfrontiert werden, durchaus plausibel. Denn das unerwartete Ereignis überfordert und verunsichert die meisten Zeugen, die dementsprechend mit ratlosem Abwarten reagieren. Diese Ratlosigkeit wird dann von den anderen Zeugen, die alle zunächst einmal ratlos sind, als Hinweis darauf gedeutet, daß ein Eingreifen nicht angemessen ist, da sie die Ratlosigkeit als Vorbild für Passivität nehmen. Diese unglückliche Konstellation in Gruppen von Zeugen wird als *pluralistische Ignoranz* bezeichnet.

Dieser Effekt wird deutlich in einer Untersuchung von Darley, Teger & Lewis (1973), in der ein Unfall simuliert wurde. Der Unfall bestand darin, daß im Nebenzimmer eine Person von einer Leiter stürzte und ein Regal auf das Opfer stürzte. Der Unfall war mit lautem Lärm verbunden, der plötzlich einsetzte. Die Versuchsteilnehmer erlebten den Unfall entweder in einer Allein-Bedingung, oder sie waren mit einem zweiten Zeugen zusammen. In einer der Zwei-Zeugen-Bedingungen saßen die Zeugen Rücken an Rücken. Das bedeutete, daß sie ihre unmittelbaren Schreckreaktionen auf den Unfall nicht sehen konnten. In dieser Bedingung war die individuelle Hilfsbereitschaft sehr gering, da nur 11% intervenierten. (In der Allein-Bedingung halfen 90% der Personen.) In einer zweiten Vergleichsbedingung saßen die zwei Zeugen so, daß sie sich direkt ins Gesicht sehen konnten, als der Unfall passierte. Die typische Reaktion auf den lauten und plötzlichen Lärm war ein Zusammenzucken und ein alarmierter Gesichtsausdruck. Da sich die

Zeugen direkt ansahen, konnte ihnen im allgemeinen die alarmierte Reaktion des Partners nicht entgehen. Daher erschlossen sie richtig, daß der Partner vermutete, daß ein Unfall passiert sei. In dieser Bedingung stieg die individuelle Hilfsbereitschaft auf 80% und entsprach nahezu der in der Allein-Bedingung.

Der Begriff der pluralistischen Ignoranz geht auf F. H. Allport zurück, der den Begriff prägte, um eine Konstellation zu beschreiben, in der die Individuen persönlich eine bestimmte Norm ablehnen, während sie gleichzeitig annehmen, daß ihre Mitmenschen die Norm akzeptieren (Miller & McFarland, 1987). Auf diese Weise kann eine Norm ihren Einfluß behalten, obwohl sie von nahezu jedem Mitglied der Gesellschaft kritisch eingeschätzt wird. Pluralistische Ignoranz hängt damit zusammen, daß die Individuen sich selbst als ängstlicher einschätzen als den Durchschnitt ihrer Mitmenschen. Studenten glaubten z.B. selbst mehr Eigenschaften zu haben, die zu einer sozialen Hemmung führen (z.B. gehemmt, zögernd; im Vergleich zu ihrer Vermutung über die Ausprägung dieser Eigenschaften bei durchschnittlichen anderen Studenten; Miller & McFarland, 1987, Exp. 1).

Ein dritter psychologischer Prozeß hängt mit der Notwendigkeit des Handelns vor Zeugen zusammen, die in Gruppen gegeben ist. In der Allein-Bedingung muß sich ein potentieller Helfer nicht vor Zuschauern exponieren. Hingegen muß ein Helfer in einer Gruppenbedingung damit rechnen, daß die anderen Zeugen die Effektivität seines Verhaltens bewerten. Daher kann *Bewertungsangst*, wie sie auch für viele Leistungssituationen typisch ist (s. Paivio, 1965), ausgelöst werden, die die Hilfeleistung weiter reduziert (Latané & Darley, 1976). Die Parallele zum Lampenfieber ist in diesem Zusammenhang genau zutreffend. Das Auftreten in der Öffentlichkeit ist – insbesondere wenn man etwas falsch machen könnte – sehr unangenehm (Jackson & Latané, 1981). Die Nervosität und Spannung wächst mit der Zahl der Zuschauer. Sie sinkt mit der Anzahl der Personen, die sich vor den Zuschauern exponieren. Paivio (1965) vermutet, daß Zuschauer Angst wegen einer möglichen Negativbewertung erzeugen, die Vermeidungstendenzen wachrufen und die Leistung verändern kann (s. auch Geen, 1980).

Nur wenige Untersuchungen, die von der Ermordung der Catherine Genovese in New York ausgelöst wurden, haben Situationen verwandt, die annähernd mit dem wirklichen Geschehen vergleichbar sind. Eine Ausnahme stellen die Experimente von Schwartz & Gottlieb (1976, 1980a) dar, in denen jeweils ein gewaltsamer Raubüberfall simuliert wurde, der mit einem Kampf zwischen Opfer und Angreifer verbunden war. In beiden Untersuchungen, die einmal in Israel und einmal in den USA durchgeführt wurden, ergab sich ein deutlicher Effekt der Diffusion der Verantwortung. Der direkte Vergleich in der Studie von

1976 zeigte, daß in der Allein-Bedingung in 92% der Fälle eingegriffen wurde (es handelte sich bei den Versuchsteilnehmern um männliche Studenten), während in der Diffusionsbedingung (mit vier weiteren anwesenden Zeugen) die Hilfsbereitschaft auf 45% sank.

In der späteren Untersuchung stellten Schwartz & Gottlieb (1980a) fest, daß der Diffusionseffekt ausblieb, wenn die Versuchsperson glaubte, dem Opfer und evtl. anderen anwesenden Zeugen bekannt zu sein. In diesem Fall schien sich durch die Kenntnis des Opfers eine hohe Hilfsbereitschaft zu entwickeln.

In dem Versuch von Schwartz & Gottlieb (1976) wurde erfaßt, wie die Hilfsbereitschaft ausfiel in Abhängigkeit davon, ob die Versuchsteilnehmer von anderen beobachtet werden konnten oder nicht. Es zeigte sich ein unerwartetes Ergebnis: In den Gruppenbedingungen griffen die Studenten, die beobachtet werden konnten, häufiger ein als die, die nicht beobachtet werden konnten. Möglicherweise hängt dieses Resultat damit zusammen, daß die Studenten kampferprobt waren und den Umgang mit feindlichen Aktionen erfolgreich geübt hatten.

In diesem Zusammenhang ist auf eine aufschlußreiche Untersuchung zu verweisen, in der Erfolg oder Mißerfolg hervorgerufen wurde (Geen, 1980). Die Lösung komplexer Aufgaben fiel den Versuchspersonen, die zuvor einen Erfolg bei einer vergleichbaren Aufgabe erreicht hatten, leichter, wenn sie beobachtet wurden, als wenn sie nicht beobachtet wurden. Hatten die Versuchspersonen aber anfänglich einen Mißerfolg erlebt, wirkte sich die Beobachtung beeinträchtigend auf ihre Leistung aus.

In einer weiteren Studie wurde festgestellt, daß sich Beobachter positiv auf die Leistung auswirkt, wenn die Aufgabe gut gelernt war, während sie sich negativ auswirkten, wenn die Aufgabe noch nicht so gut gekonnt wurde (Martens, 1969). Diese Ergebnisse unterstützen die Annahme, daß sich die Anwesenheit von Beobachtern positiv auf das Leistungsniveau auswirkt, wenn die Reaktionsweisen gut gelernt sind bzw. wenn die Aufgaben leicht sind, während ein negativer Effekt erwartet wird, wenn die Aufgabe neu oder komplex ist (Zajonc, 1965). Die Anwesenheit von Publikum bewirkt also, daß schlecht gelernte Reaktionen beeinträchtigt werden, während gut gelernte Reaktionen profitieren (Zajonc & Sales, 1966).

Publikum scheint eine gesteigerte physiologische Erregung bei den Beobachteten auszulösen (Martens, 1969). Die Konfrontation mit einem Unfallgeschehen steigert ebenfalls die physiologische Erregung (Gaertner & Dovidio, 1977). Daher ist zu vermuten, daß ein Eingreifen bei einem Unfall, das von Zuschauern beobachtet wird, eine besonders hohe Aufregung hervorrufen kann.

Die Ergebnisse legen die Schlußfolgerung nahe, daß die Hilfsbereitschaft bei Notlagen durch die Anwesenheit von Zuschauern beeinträchtigt oder gefördert werden kann. Wenn die erforderlichen Handlungsweisen gut gelernt sind und leicht ausgeführt werden können – etwa aufgrund von vorheriger Übung – besteht die Möglichkeit, daß die Hilfsbereitschaft von Zuschauern profitiert. Das ist das Ergebnis, das Schwartz & Gottlieb (1976) bei ihren israelischen Studenten festgestellt hatten. Wenn hingegen die erforderlichen Handlungsweisen schlecht geübt sind bzw. nur unzureichend beherrscht werden, sollten Zuschauer eher hemmend auf die Interventionsbereitschaft wirken. Dieses Ergebnis stellten Latané & Darley (1976) bei amerikanischen Studenten fest. Es ist wohl nicht falsch anzunehmen, daß potentielle Ersthelfer im allgemeinen die erfolgversprechenden Reaktionsweisen nur unzureichend beherrschen, weil ihre Erste-Hilfe-Ausbildung meist schon Jahre oder Jahrzehnte zurückliegt. Daher dürfte i.a. der hemmende Effekt der Zuschauer wahrscheinlicher sein als der förderliche Effekt. Hingegen sollten gut ausgebildete Helfer durch Zuschauer in keiner Weise in ihrer Intervention beeinträchtigt werden.
Ein anekdotisches Beispiel veranschaulicht diesen Punkt. Als Kind war ich z. B. stolz, als ich zum ersten Mal ohne Hilfen Fahrrad gefahren war. Ich wollte das neue Können möglichst gleich meinen Eltern demonstrieren. Doch was noch vor wenigen Minuten – während des unbeobachteten Übens – erfolgreich ausgeführt werden konnte, ließ sich unter den erwartungsvollen Blicken der Eltern nicht mit gleichem Erfolg wiederholen. Die Probefahrt vor Zuschauern endete nach wenigen Metern vorzeitig in einem Busch. Bei Profifahrern hingegen kann die Anwesenheit von Publikum die Leistung steigern und Höchstleistungen ermöglichen.

2.1.4. Ethische Bedenken gegen Simulationen von Notlagen

Untersuchungen wie die von Schwartz & Gottlieb (1976, 1980a) führen zu der Frage, inwieweit es ethisch vertretbar erscheint, Versuchsteilnehmer mit schweren Streßsituationen zu konfrontieren und welche Folgen diese Erfahrungen für die Versuchsteilnehmer haben. Schwartz & Gottlieb (1981) berichten, daß Versuchsteilnehmer an ihren Versuchen im nachhinein die Experimente positiv beurteilten. 94% der Befragten gaben an, daß sie die Experimente als ethisch gerechtfertigt einschätzten, und 98% sprachen sich dafür aus, diese Forschungsweise fortzusetzen. Nur 3% der Versuchsteilnehmer bedauerten, an dem Versuch teilgenommen zu haben und 4% ärgerten sich über die Vortäuschung einer Notlage. Im allgemeinen wurde das Experiment auch als instruktiv für die Arbeitsweise in den Sozialwissenschaften

und als interessant im Hinblick auf die persönlichen Reaktionsweisen eingeschätzt.
Ein anderes Problem hängt mit der Entwicklung der Hilfsbereitschaft bei Personen zusammen, die an einem Experiment, in dem eine Notlage simuliert wurde, teilgenommen haben. Es besteht die Möglichkeit, daß die Konfrontation mit einer unechten Notlage die spätere Hilfsbereitschaft bei Notlagen beeinträchtigt. In einer Untersuchung, in der nach einer ersten Begegnung mit einer Notlage 6–8 Monate oder 11–21 Monate später eine zweite Notlage simuliert wurde, wurde die Frage überprüft (Schwartz & Gottlieb, 1980b).
Die zweite Notlage wurde durch einen Mann simuliert, der in einem Treppenhaus bewegungslos am Boden lag und an dem die Versuchsteilnehmer nach einem Interview beim Verlassen des Gebäudes vorbeigehen mußten. Nach 6–10 Monaten war die Hilfsbereitschaft gegenüber dem Opfer – verglichen mit einer Kontrollgruppe, die an dem ersten Experiment nicht teilgenommen hatte – eher reduziert, während sie nach 11–21 Monaten eher vergrößert war. Daher ergibt sich die Schlußfolgerung, daß sich die Teilnahme an dem ersten Notlage-Experiment weder durchgehend förderlich noch hemmend auf die Hilfeleistung in einer neuen Situation auswirkte.
Die ethische Rechtfertigung für die Versuche zu akuten Notlagen – insbesondere mit der Technik, die Schwartz & Gottlieb (1976, 1980a) einsetzten – bleibt letztlich offen. Aber es besteht wohl kein Zweifel daran, daß es vorzuziehen ist, anstelle von Simulationen das Hilfeverhalten nach echten Notlagen zu untersuchen, die nicht zum Zweck der sozialwissenschaftlichen Forschung hergestellt worden sind.

2.1.5. Verantwortungsgefühl in der Bibliothek

Die große Bedeutung der Verantwortungszuschreibung zeigte sich in einer Untersuchung von Shaffer, Rogel & Hendrick (1975, Exp. 2), in der eine kriminelle Handlung aufgehalten werden konnte. In einer Bibliothek wurde ein Diebstahl simuliert. Nachdem ein Tischnachbar weggegangen war, machte sich eine fremde Person an den Sachen des Tischnachbarn zu schaffen und verließ sie unter Mitnahme einer Uhr oder von 20 Dollar. Als Intervention wurde gewertet, wenn der Nachbar den Dieb zur Rede stellte. Eine erste Untersuchung hatte gezeigt, daß diese Reaktion relativ selten war, da nur 17% der Männer und 18% der Frauen in diesem Sinn intervenierten.
Vier Bedingungen wurden miteinander verglichen:
- Die Person, die bestohlen werden soll, bittet den Nachbarn vor dem Verlassen des Platzes, auf ihre Sachen aufzupassen.

– Während die Bitte ausgesprochen wird, sitzt noch eine zweite Person in der Nähe, die sich während des Diebstahls passiv verhält und in ihren Unterlagen liest.
– Ohne Bitte – ohne passiven Zeugen.
– Ohne Bitte – mit passivem Zeugen.

Die Ergebnisse zeigen, daß allein mehr interveniert wurde (54%) als zu zweit (25%). Außerdem wirkte sich die Bitte förderlich auf die Hilfeleistung aus. Mit Bitte halfen 62,5%, ohne Bitte nur 16% (s. auch Moriarty, 1975). Die Effekte der Bitte und des passiven Zeugen waren additiv. Wenn die Bitte die Verantwortung auf den Nachbarn fokussierte und keine Diffusion der Verantwortung auf einen anderen Zeugen möglich war, halfen 75%. Wenn die Verantwortung nicht fokussiert wurde und eine Diffusion der Verantwortung wahrscheinlich war, sank die Interventionsrate auf 0% (s. Abb. 13). Natürlich konnten sich in der passiven Zeugenbedingung auch die pluralistische Ignoranz und die Bewertungsangst hemmend auf die Hilfsbereitschaft auswirken.

In Übereinstimmung mit dieser Analyse zeigte sich, daß die wahrgenommene Verantwortung dasselbe Ergebnismuster erbrachte wie die Interventionsneigung. Das Verantwortungsgefühl war am größten,

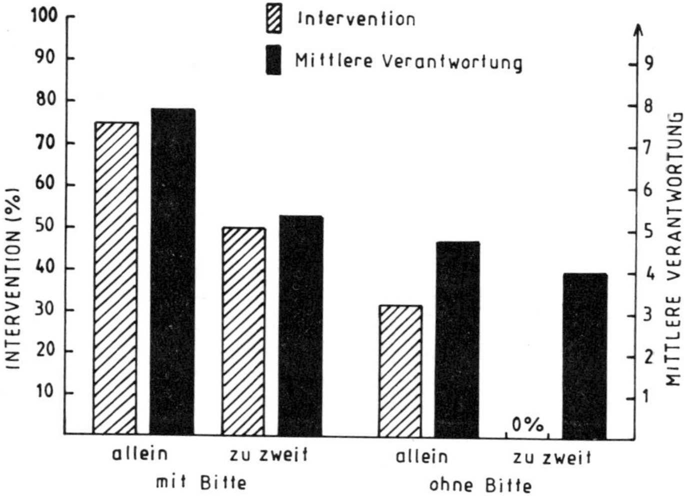

Abb. 13: Hilfe in der Bibliothek (nach Shaffer, Rogel & Hendrick, 1975). Dem Prozentsatz der Personen, die in den Bedingungen intervenieren, werden die durchschnittlichen Werte des Verantwortungsgefühls (1 = wenig, 9 = viel) gegenübergestellt

wenn eine Bitte ausgesprochen wurde und der Nachbar allein war, im Mittelbereich, wenn eine der beiden förderlichen Bedingungen verwirklicht war, und am niedrigsten, wenn keine Bitte erfolgte und ein passiver Zeuge zuschaute (s. Abb. 13).
Dieses Feldexperiment verdeutlicht die große Bedeutung des Verantwortungsgefühls für die Intervention in einer Notlage (s. auch Schwartz & Ben David, 1976). Das zweite zentrale Thema für die Hilfeleistung in akuten Notlagen ist die Kompetenz, die im nächsten Abschnitt im Mittelpunkt steht.

2.2. Kompetenz und Wissen

Neben der Motivation ist die Hilfeleistung auch von dem Kenntnisstand der Helfer abhängig. Einerseits gilt, daß eine prosoziale Motivation, die nicht durch Erste-Hilfe-Kenntnisse ergänzt wird, bei einer Notlage wenig bewirken kann. Zwar will ein gut motivierter Helfer eingreifen, aber er weiß nicht, wie er handeln sollte. Andererseits gilt aber auch, daß gute Kenntnisse der Helfer – etwa aufgrund einer umfangreichen Ausbildung in Erster Hilfe – nicht unbedingt eine erfolgreiche Intervention erwarten läßt, wenn die prosoziale Motivation schwach ausgeprägt ist.
Eine Hilfeleistung ist vor allem dann zu erwarten, wenn die potentiellen Helfer ein prosoziales Motiv haben und wenn sie über Kenntnisse verfügen, die ein effizientes Eingreifen ermöglichen. Was die Motivation angeht, so trägt wesentlich das normative Pflicht- und Verantwortungsgefühl zu der Bildung eines prosozialen Motivs bei (s. Kap. IV.2.1). Im Hinblick auf die Kompetenz ist zunächst einmal festzustellen, daß sie allgemein hoch ausgeprägt sein kann, wenn eine regelmäßige Ausbildung in Erster Hilfe stattgefunden hat. Andererseits ist auch daran zu denken, daß Helfer über spezifische Kenntnisse verfügen, die ihnen bei bestimmten Notlagen ein Eingreifen erleichtern.
Spezifische Kenntnisse können die Hilfeleistung beeinflussen. In einer Untersuchung (Clark & Word, 1974) wurde der Unfall eines Mechanikers in einem elektrischen Labor simuliert. Alles deutete darauf hin, daß der Mechaniker einen Stromstoß erhalten hatte und zusammengebrochen war, als er eine Reparatur im elektrischen System ausführte. Männliche Studenten, die glaubten, nach einem Versuch das Gebäude verlassen zu können, wurden im Vorbeigehen von diesem Unfall des Mechanikers überrascht.
Aufgrund ihrer Angaben wurden die Studenten unterteilt in solche, die Kenntnisse über elektrische Anlagen hatten und solche, die nicht über entsprechende Kenntnisse verfügten. Kompetente Studenten inter-

venierten häufiger (90%) als weniger kompetente Personen (58%). Das zeigt, daß Kompetenz die Wahrscheinlichkeit einer Hilfeleistung erhöht (vgl. auch das Experiment von Schwartz & Ben David, 1976, das weiter oben dargestellt wurde).

Aber die Auswirkungen des Kenntnisstandes beschränkten sich nicht nur auf die Wahrscheinlichkeit eines Eingreifens. Denn kenntnisreiche Studenten halfen in allen Fällen so, daß ihre Sicherheit gewährleistet war. Demgegenüber waren nur 57% der wenig kompetenten Studenten in der Lage, sicher zu helfen.

Durch hohe Kompetenz wird also sowohl die Bereitschaft zum Eingreifen positiv beeinflußt als auch die Adäquatheit der Hilfe verbessert. Das zeigt, daß die Kompetenz eine Schlüsselrolle für hilfreiches Verhalten spielt. Zwar kann Kompetenz nur unter bestimmten Umständen die Motivation zu helfen steigern, aber sie trägt i.a. dazu bei, daß die Qualität der Hilfe z.T. entscheidend verbessert wird.

2.2.1. Determinanten des Kompetenzgefühls

Die Unterscheidung zwischen objektivem Kenntnisstand und subjektivem Kompetenzgefühl legt die Vermutung nahe, daß sich die objektiven Kenntnisse, die sich angenähert über den Ausbildungsstand erfassen lassen, vermittelt über das Kompetenzgefühl auf die Bereitschaft zur Intervention in einer Notsituation auswirken.

Das Kompetenzgefühl läßt sich durch eine Selbsteinschätzung des eigenen Wissens auf dem Gebiet der Ersten Hilfe ermitteln. Das so erfaßte Kompetenzgefühl sollte mit der Hilfsbereitschaft in engerer Beziehung stehen als der Ausbildungsstand.

Als Determinanten des Kompetenzgefühls kommen eine Reihe von Merkmalen in Frage. Zunächst einmal ist an den Ausbildungsstand zu denken, der unter zwei Aspekten bedeutsam sein kann. Zum einen sollte die Intensität der Ausbildung einen Einfluß ausüben, so daß mit der Intensität das Kompetenzgefühl zunimmt. Zum anderen sollte der Zeitpunkt der Ausbildung bedeutsam sein, da das Kompetenzgefühl größer sein sollte, wenn der Zeitpunkt der Ausbildung kurz zurückliegt (im Vergleich zu einer länger zurückliegenden Ausbildung).

Weitere Faktoren, die möglicherweise das Kompetenzgefühl beeinflussen, sind demographische Merkmale. An erster Stelle ist in diesem Zusammenhang das Geschlecht zu nennen. Die Analyse von Geschlechtsunterschieden der Hilfsbereitschaft macht deutlich, daß Männer eher aktiv eingreifen als Frauen (s. Kap. II.3.7). Die männliche Geschlechtsrolle ist durch die Erwartung und den Anspruch der Tatkraft und der Kontrollausübung gekennzeichnet, während die weibliche

Geschlechtsrolle Emotionalität und interpersonelle Sensitivität betont (Eagly, 1987). Ein Ergebnis einer Metaanalyse besagte, daß Männer vor allem dann Frauen in ihrer Hilfsbereitschaft übertrafen, wenn sie ihre Kompetenz höher einschätzten.

Bierhoff, Klein & Kramp (1989) berichteten über eine Untersuchung mit 60 Befragten, in der sowohl der Ausbildungsstand in Erster Hilfe als auch die wahrgenommene Kompetenz auf einer Skala von 1 (niedrig) bis 9 (hoch) und die Hilfsbereitschaft in verschiedenen Unfallszenarios erfaßt wurde. Die Ergebnisse zeigten, daß das Kompetenzgefühl durch vier Merkmale systematisch beeinflußt wurde: Eine wichtige Variable war die *Ausbildungsintensität*, die durch die Anzahl der in Erster Hilfe besuchten Kurse erfaßt wurde. Je mehr Kurse besucht wurden, desto größer wurde die Kompetenz eingeschätzt (r = 0,36). Auch der *Zeitpunkt der Ausbildung* übte einen bedeutsamen Einfluß auf das Kompetenzgefühl aus. Wenn die Ausbildung länger zurücklag, wurde das Kompetenzgefühl niedriger eingeschätzt (r = 0,28; s. auch Sefrin, Schäfer & Zenk, 1986, die entsprechende Resultate fanden).

Ein weiterer Befund verwies auf *Geschlechtsunterschiede*, da Männer ihre Kompetenz höher einschätzten als Frauen. Die Mittelwerte der Männer (M = 5.59) und Frauen (M = 3.74) lagen deutlich auseinander. Diesem Unterschied entspricht eine Korrelation von r_{pbis} = 0,43 zwischen Geschlecht und Kompetenzgefühl. Die Tendenz zu einer niedrigeren Kompetenzeinschätzung der Frauen gegenüber den Männern fand sich auch in einer Studie von EMNID aus dem Jahre 1984, in der ebenfalls das Kompetenzgefühl für Erste Hilfe erfaßt wurde.

Schließlich ergab sich in unserer Interviewstudie ein *Alterseffekt*, da ältere Befragte eine höhere mittlere Kompetenzeinschätzung abgaben als jüngere Befragte. Allerdings waren die ältesten der Befragten in dieser Untersuchung zur Zeit der Befragung etwa 40 Jahre alt, so daß sie das mittlere Erwachsenenalter repräsentierten.

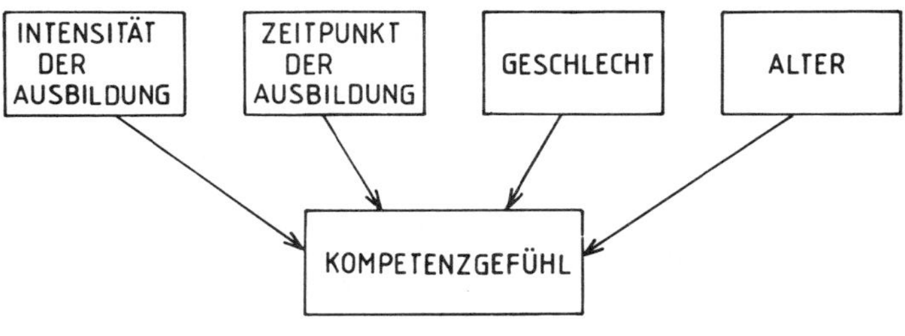

Abb. 14: Determinanten des Kompetenzgefühls

Die vier genannten Einflußfaktoren des Kompetenzgefühls (s. Abb. 14) haben, wie eine multiple Regressionsanalyse zeigte, einen weitgehend unabhängigen Einfluß auf das Kompetenzgefühl. Wenn z.B. der Ausbildungsstand konstant gehalten wurde, unterschieden sich Männer und Frauen immer noch in der beschriebenen Weise. Insgesamt erklärten die vier Merkmale 38% der Varianz des Kompetenzgefühls. (Die multiple Korrelation betrug $R = 0{,}62$.).

2.2.2. Ausbildung in Erster Hilfe, Kompetenzgefühl und Intervention bei Notfällen

Wie hängt nun die Hilfsbereitschaft mit dem Kompetenzgefühl im Alltag zusammen? Einige Hinweise lassen sich aus einer Untersuchung von Huston, Ruggiero, Connor & Geis (1981) ableiten, die eine Versuchsgruppe von Personen, die zugunsten eines Verbrechensopfers interveniert hatten und vom Staat Kalifornien eine Entschädigung für erlittene Verluste erhalten hatten, mit einer nach verschiedenen Kriterien (Geschlecht, ethnische Gruppe, Alter und Bildung) parallelisierten Kontrollgruppe verglichen. Es sei am Rande erwähnt, daß von den 32 Intervenierern 31 Personen männlich waren (s. Kap. II.3.7).

Es fanden sich nur wenige Unterschiede zwischen beiden Gruppen. Die Personen in der Versuchsgruppe waren öfter Zeuge von Verbrechen geworden und waren selbst häufiger das Opfer von Verbrechen in der Vergangenheit gewesen. Weiterhin wurde festgestellt, daß die Personen der Versuchsgruppe über eine intensivere Ausbildung in Erster Hilfe verfügten.

Die bessere Erste-Hilfe-Ausbildung der Intervenierer steht nicht damit in Zusammenhang, daß sie während ihres Eingreifens von diesen Kenntnissen hätten Gebrauch machen müssen. Vielmehr scheint sie allgemein dazu beigetragen zu haben, daß die Intervenierer eine Ethik des Eingreifens erworben hatten (Huston et al., 1981).

Interviews ergaben Hinweise darauf, daß das Kompetenzgefühl mit der Intervention bei akuten Notlagen nach Verkehrsunfällen zusammenhängt. In einem pfadanalytischen Modell, in dem Ausbildungsstand, Kompetenzgefühl und Hilfsbereitschaft in Beziehung gesetzt wurden (s. Abb. 15), formulierten Bierhoff, Klein & Kramp (1989) die Annahme, daß der Einfluß der Ausbildung auf die Hilfsbereitschaft durch das Kompetenzgefühl vermittelt wird.

Die Ergebnisse aus der Interviewstudie mit 60 Personen und die einer Befragung des EMNID-Instituts an etwa 2000 Befragten aus dem Jahre 1984 zum Thema Erste Hilfe stehen mit diesem Modell in Übereinstimmung. Der Einfluß der Ausbildung auf die Hilfsbereitschaft wird zum größeren Teil über das Kompetenzgefühl vermittelt. Es findet sich

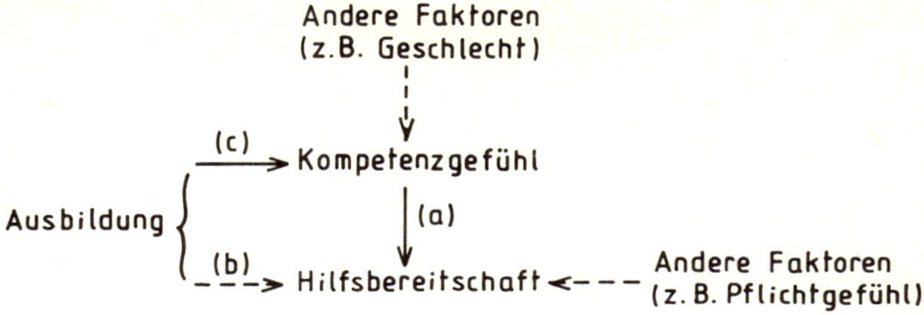

Abb. 15: Zusammenhang zwischen Ausbildung, Kompetenzgefühl und Hilfsbereitschaft

sowohl eine stabile Beziehung zwischen Ausbildung und Kompetenzgefühl als auch zwischen Kompetenzgefühl und Hilfsbereitschaft. Hingegen ist der direkte Einfluß der Ausbildung auf die Hilfsbereitschaft gering.

Eine weitere Differenzierung des Zusammenhangs zwischen Ausbildung, Kompetenzgefühl und Hilfsbereitschaft ergibt sich, wenn zusätzlich die Entschlußsicherheit und das Verantwortungsgefühl in die Betrachtung einbezogen werden (s. Abb. 11). Das Kompetenzgefühl scheint vor allem vermittelt über die Entschlußsicherheit auf die Entscheidung zu intervenieren einzuwirken. Außerdem deutet sich an, daß über das Kompetenzgefühl auch das Verantwortungsbewußtsein gesteigert werden kann. Dieses zuletzt genannte Ergebnis macht deutlich, daß sich – auch wenn sich aus heuristischen Gründen eine Trennung zwischen sozialer Verantwortung und Kompetenz als Determinanten der Hilfsbereitschaft in akuten Notsituationen anbietet – Zusammenhänge zwischen »Können« und »Wollen« nicht übersehen lassen. Eine ausgewogene Erste-Hilfe-Ausbildung sollte diesem Tatbestand verstärkt Rechnung tragen und neben der Vermittlung von Erste-Hilfe-Wissen auch das Verantwortungsgefühl gezielt ansprechen und fördern.

Weiterhin sprechen die Ergebnisse dafür, in verstärktem Umfang Frauen für die Erste-Hilfe-Ausbildung zu gewinnen. In speziellen Kursen sollten sie gezielt im Hinblick auf Kompetenzgefühl und Handlungsbereitschaft angesprochen werden. Schließlich ist die Bedeutung von Wiederholungskursen hervorzuheben, die durchaus auch speziellere Kenntnisse vermitteln können als die Grundkurse (z. B. für bestimmte Sportarten).

V. Stimmungseinflüsse: Im Überschwang der Gefühle

Emotionen und Stimmungen sind in den letzten Jahren wieder verstärkt in der psychologischen Forschung beachtet worden (Fiedler & Forgas, 1988; Scherer & Ekman, 1984; Schmidt-Atzert, 1981; Ulich, 1989; Wallbott & Scherer, 1989). Typische emotionale Reaktionen, mit denen jeder mehr oder weniger vertraut ist, sind Begeisterung, Freude, Ärger, Schuld und Trauer. Im folgenden wird zwischen den Auswirkungen positiver und negativer Stimmungen auf die Hilfsbereitschaft unterschieden.

Natürlich wäre auch eine weitergehende Differenzierung in Abhängigkeit von der spezifischen Qualität der Emotion wünschenswert (s. Rosenhan, Salovey, Karylowski & Hargis, 1981), aber in der empirischen Forschung finden sich kaum Hinweise, die eine solche Differenzierung ermöglichen würden. Stimmungseffekte auf Personenwahrnehmung und soziales Verhalten scheinen vor allem dann aufzutreten, wenn die Quelle der Stimmung relativ unspezifisch und uneindeutig ist (Forgas & Bower, 1988).

Viele Untersuchungsergebnisse weisen darauf hin, daß es potentiellen Helfern durch eine gute Stimmung erleichtert wird, eine gewisse Opferbereitschaft zu zeigen (Bierhoff, 1988a). Auch die Alltagserfahrung zeigt, daß Freizügigkeit und Großzügigkeit eher anzutreffen sind, wenn die Geber Glück oder Erfolg gehabt haben. Leider verführen solche Erlebnisse auch zu Leichtsinn und unvorsichtigem Verhalten (Frieze, Hymer & Greenberg, 1984).

1. Erklärungen für Stimmungseffekte

Verschiedene psychologische Theorien stimmen darin überein, daß sie die Voraussage eines positiven Zusammenhangs zwischen Stimmung und sozialer Urteilsbildung (s. Forgas & Bower, 1988) bzw. Hilfsbereitschaft (s. Berkowitz, 1987) enthalten. Nachdem in der Vergangenheit versucht wurde, Stimmungseffekte als Projektionsprozesse psychoanalytisch oder durch Verstärkermodelle behavioristisch zu erklären, liegt gegenwärtig die Betonung auf kognitiven Prozessen, die durch Emotionen und Stimmungen beeinflußt werden können (Blaney, 1986; Bower & Cohen, 1982; Clark & Isen, 1982; Scherer, 1984; Schwarz, 1987).

Was die Beziehung zwischen Stimmung und Hilfsbereitschaft betrifft, machten Berkowitz & Connor (1966) die Annahme, daß eine gute Stimmung die Person motiviert, in Übereinstimmung mit ihren normativen Grundsätzen und speziell mit der Norm der sozialen Verantwortung zu handeln, während Frustration oder Ärger die Bereitschaft, sich mit sozialen Normen konform zu verhalten, beeinträchtigen. Nach dieser Hypothese fällt es leichter, sich an Gesetze und Verhaltensstandards zu halten, wenn man sich wohl fühlt, während Normverletzungen durch Frustration und Ärger erleichtert werden können, vielleicht weil den Betroffenen dann »alles egal ist«.

1.1. Besser als erwartet, schlechter als verdient

Eine andere Möglichkeit besteht darin, daß eine gute Stimmung die Belohnungskomponente im Erleben akzentuiert. Als Folge davon befindet sich die Person bei guter Stimmung weit oberhalb des Punktes, an dem eine Balance von positiven und negativen Konsequenzen (hedonistisch neutraler Punkt) gegeben ist. Wenn die Person Opferbereitschaft zeigt und auf diese Weise negative Konsequenzen auf sich nimmt (z.B. Blut spendet), bleibt sie immer noch über dem neutralen Vergleichspunkt (Isen, Shalker, Clark & Karp, 1978).
Hingegen wird sich jemand, der sich im neutralen hedonistischen Bereich befindet, im Hinblick auf Opferbereitschaft eher zurückhalten, weil die Gefahr besteht, daß die Balance der Konsequenzen durch die Hilfe in den negativen Bereich verschoben wird. Ein Beleg für diese Annahme findet sich in Untersuchungsergebnissen, die zeigen, daß bei positiver Stimmung die Bereitschaft von Kindern, auf Belohnungen zu warten, vergrößert wird (Fry, 1977; Mischel, Ebbesen & Zeiss, 1972).
Offensichtlich wurde die Frustrationsschwelle durch die Hervorrufung einer positiven Stimmung verschoben. Ähnlich argumentiert auch Aderman (1972), der vermutet, daß eine Hochstimmung das Gefühl hervorrufen kann, daß es einem besser geht als man verdient hat, während eine depressive Stimmung das Gefühl fördern kann, daß es einem schlechter geht als man verdient hat (s. auch Rosenhan, Salovey, Karylowski & Hargis, 1981).

1.2. Stimmungskongruenz-Hypothese

Eine wichtige Hypothese besagt, daß positive Stimmung die Neigung fördert, Verhaltensmuster zu zeigen, die mit der Stimmung konsistent

sind. Daher könnte mit positiver Stimmung die Bereitschaft einhergehen, sozial positive Verhaltensmuster zu betonen. Da Hilfsbereitschaft eine sozial positiv bewertete Einstellung ist, sollte sie durch positive Stimmung gefördert werden (Berkowitz, 1987).
Diese Überlegung stimmt auch mit der Annahme überein, daß Gedächtnisprozesse durch die Stimmung verändert werden. Die Hypothese der Stimmungskongruenz (Gilligan & Bower, 1984) läßt vermuten, daß der Abruf von Gedächtnisinhalten durch die vorherrschende Stimmung beeinflußt werden kann. Von Stimmungskongruenz-Effekten kann dann gesprochen werden, wenn Gedächtnisprozesse durch die Stimmung verändert oder verzerrt werden (Blaney, 1986). Ein Beispiel ist die veränderte Selbstwahrnehmung bei positiver und negativer Stimmung (Forgas, Bower & Krantz, 1984). Personen in guter Stimmung nahmen wahr, daß sie mehr positive als negative Handlungen zeigten, während Personen in negativer Stimmung umgekehrt angaben, daß sie mehr negative als positive Handlungen in ihrem Verhalten wahrgenommen hatten. Gleichzeitig kamen neutrale Beobachter zu dem Ergebnis, daß die Anzahl positiver und negativer Handlungen in etwa ausgeglichen war.
Der Stimmungskongruenz-Effekt sollte besonders dann auftreten, wenn die wahrgenommenen Ereignisse mehrere Interpretationen zulassen und im Hinblick auf ihre Bedeutung nur wenig strukturiert sind (Bierhoff, 1988 a). Wenn Beobachter z. B. sehr schöne Landschaftsbilder und sehr düstere Landschaftsbilder beurteilen, wirkt sich ihre Stimmung nur geringfügig aus. Wenn sie aber Szenen von mittlerer Schönheit einschätzen, tendieren gut gelaunte Beurteiler dazu, den Eindruck in die positive Richtung zu verschieben, während depressive Beurteiler einen viel negativeren Eindruck haben (Isen & Shalker, 1982).
Der stimmungsabhängige Abruf von Gedächtnisinhalten wurde vielfach in empirischen Untersuchungen belegt (Forgas & Bower, 1988). Die Zugänglichkeit von Gedächtnisinhalten, die mit der vorherrschenden Stimmung im Vorzeichen übereinstimmen oder nicht übereinstimmen, wird selektiv beeinflußt. Positive Stimmung scheint die Verfügbarkeit von positiv getönten Gedächtnisinhalten zu erhöhen. Ein Spezialfall solcher Gedächtnisinhalte, die gewissermaßen ein positives Vorzeichen aufweisen, sind Vorstellungen über Altruismus und Opferbereitschaft. Daher liegt die Schlußfolgerung nahe, daß gute Stimmung – vermittelt über die größere Verfügbarkeit positiver Gedächtnisinhalte – die Opferbereitschaft steigert.
Diese Vermutung läßt sich durch einen Netzwerk-Ansatz begründen (Bower, 1981). Gedächtnisprozesse lassen sich auf der Grundlage einer assoziativen Netzwerk-Theorie erklären. Der assoziative »Knotenpunkt«, der positive Stimmung im assoziativen Gedächtnis repräsen-

tiert, liegt in der Nachbarschaft von Gedächtnisinhalten, die sich auf positive Ereignisse beziehen. Eine Aktivierung des Stimmungsknotens führt nach dem Prinzip der überspringenden Aktivierung (spreading-activation) zu einer automatischen Ausbreitung der Erregung über entsprechende Pfade und Verzweigungen auf benachbarte Knotenpunkte. Der Knotenpunkt, der gute Stimmung repräsentiert, ist danach in ein assoziatives Netzwerk von Pfaden und Verzweigungen eingebettet, das zu benachbarten Knotenpunkten führt, die durch positive Inhalte gekennzeichnet sind (z. B. Feiern abhalten, ausgelassen sein, anderen Menschen eine Freude machen). Wenn etwa eine Person eine Videoaufnahme ihres Verhaltens sieht (s. Forgas, Bower & Krantz, 1984), kann durch die dominierende Stimmungslage des Betrachters sein/ihr assoziatives Netzwerk in bestimmter Weise voraktiviert sein. In diesem Zusammenhang kann man auch von einem Vorrangeffekt (priming) sprechen (s. Higgins, Rholes & Jones, 1977; Srull & Wyer, 1989).
An einem Beispiel läßt sich der Assoziatives-Netzwerk-Ansatz verdeutlichen. Durch eine positive Stimmung wird Gedächtnismaterial aktiviert, das mit Hilfe zusammenhängt. Wenn nun die Person, deren altruistische Gedanken voraktiviert sind (priming), die Bedürfnisse oder Notlagen anderer Menschen wahrnimmt, erhöht diese Wahrnehmung die Aktivierung des Themas der Hilfsbereitschaft. Abb. 16 soll diese Überlegung grafisch an einem Beispiel veranschaulichen.
Die assoziative Netzwerktheorie führt zu zwei Hypothesen über die Beziehung zwischen Stimmung und Hilfsbereitschaft. Positive Stimmung sollte generell zu einer Steigerung des prosozialen Verhaltens führen, während es durch eine negative Stimmung herabgesetzt werden sollte. Für beide Hypothesen gibt es auch viele empirische Bestätigungen, die an dem allgemeinen Trend der Daten kaum Zweifel zulassen (Bierhoff, 1988a; Carlson & Miller, 1987).

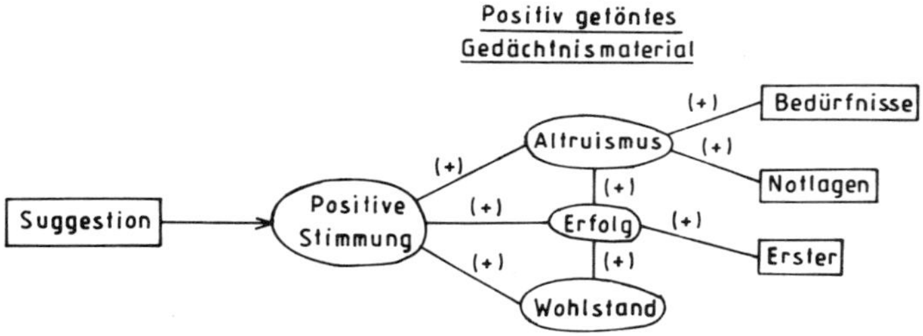

Abb. 16: Assoziatives Netzwerk als Erklärung für die Beziehung zwischen positiver Stimmung und Hilfsbereitschaft

1.3. Selektive Filterung der Wahrnehmung

Neben Stimmungseinflüssen auf die Zugänglichkeit von Gedächtnisinhalten scheinen auch Stimmungseinflüsse auf die unmittelbare soziale Wahrnehmung (»on line«) aufzutreten. Die durch Stimmung hervorgerufene Selektivität der Wahrnehmung kann sowohl während der Enkodierung der Information als auch während des Abrufs von Gedächtnisinhalten einsetzen. Im ersten Fall kann man von einer selektiven Filterung der Wahrnehmung der Ereignisse sprechen. Forgas & Bower (1987) stellten fest, daß Personen in positiver oder negativer Stimmung längere Zeit damit verbringen, stimmungskonsistente Informationen, die sich auf andere Personen beziehen, zu betrachten und zu analysieren. Diese gründlichere Verarbeitung von konsistenten Informationen scheint damit zusammenzuhängen, daß ein differenziertes assoziatives Netzwerk für positive Inhalte (bei positiver Stimmung) und für negative Inhalte (bei negativer Stimmung) zur Verfügung steht.

2. Methoden zur gezielten Auslösung von Stimmungen

Die sechs wichtigsten Verfahren, die auf die Hervorrufung einer guten oder schlechten Stimmung zielen, werden im folgenden dargestellt (s. auch Blaney, 1986):

- Eine erste Technik besteht in einer suggestiven Instruktion, die die Zielpersonen in gute oder schlechte Stimmung versetzen soll (Hypnose). Die Personen werden gebeten, sich in einer entspannten Situation ein Ereignis aus ihrem Leben vorzustellen, das entweder eine positive Stimmung oder eine negative Stimmung beinhaltet. Dieses Verfahren wurde u.a. von Forgas, Bower & Krantz (1984) verwendet.
- Eine zweite Möglichkeit wird nach ihrem Autor als Velten-Technik bezeichnet (s. Velten, 1968). Sie besteht darin, daß die Zielpersonen Sätze lesen, die entweder eine positive oder negative Stimmung implizieren. So ließen z.B. Ranieri & Zeiss (1984) ihre Versuchsteilnehmer 60 Sätze mit negativem Inhalt lesen, um sie in depressive Stimmung zu versetzen. Ein Beispielsatz lautet: »In meinem Leben gibt es zu viele schlechte Dinge.«
- Eine dritte Technik geht davon aus, daß Erfolg bei der Lösung einer Aufgabe eine positive Stimmung erzeugt, während Mißerfolg zu einer negativen Stimmung führt. Die Berechtigung dieser Annahme wurde durch Clark & Waddell (1983) und Fry (1977) unter Beweis gestellt, die nach der Auslösung einer Erfolgs- oder Mißerfolgserfah-

rung den Stimmungszustand der Versuchsteilnehmer erfaßten. Berkowitz & Connor (1966) waren vermutlich die ersten, die diese Technik im Zusammenhang mit der Erforschung von Stimmungseinflüssen auf hilfreiches Verhalten benutzten. Sie wurde in neuester Zeit von Forgas & Bower (1987) verwandt.

- Das vierte Verfahren, das der erstgenannten Technik ähnlich ist, wurde von Mischel, Ebbesen & Zeiss (1972) bei Kindern entwickelt, kann aber auch bei Erwachsenen mit entsprechenden Modifikationen eingesetzt werden (s. Wright & Mischel, 1982). Wenn eine positive Stimmung ausgelöst werden soll, werden die Versuchsteilnehmer gebeten, an Ereignisse zu denken, die ihnen Spaß machen (etwa bei Kindern: mit Spielzeug spielen, Lieder singen), wenn eine negative Stimmung hervorgerufen werden soll, werden sie gebeten, an Ereignisse zu denken, die sie traurig machen (z.B. nach einem Hinfallen ein blutiges Knie haben, das schmerzt, Weinen, ohne daß jemand das Kind tröstet). Erwachsene wurden instruiert, sich die zu der gewünschten Stimmung passenden Ereignisse möglichst lebhaft vorzustellen und sich von der Stimmung mitreißen zu lassen. Eine Variante dieser Technik besteht darin, darum zu bitten, Aufsätze zu schreiben, in denen persönliche Erlebnisse abgehandelt werden sollen, die zu einer positiven oder negativen Stimmung passen (Berkowitz, 1987). Diese Variante bietet den Vorteil, daß der Inhalt der stimmungsinduzierenden Gedanken genauer untersucht werden kann, so daß die kognitive Analyse von Stimmungseffekten erleichtert wird.
- Eine fünfte Technik basiert darauf, daß durch zufällige Ereignisse, von denen angenommen werden kann, daß sie die Stimmung beeinflussen, ein Stimmungseffekt ausgelöst wird. Dazu zählen das Verteilen kleiner Geschenke wie Plätzchen oder das Finden kleiner Geldbeträge etwa in einer Telefonzelle (Isen & Levin, 1972). Diese Techniken sind weitgehend nonreaktiv (da die Zielpersonen i.a. nicht wissen, daß sie an einem Versuch teilnehmen) und erlauben die Durchführung von Feldexperimenten. Allerdings kann die mehrfache Verwendung solcher nonreaktiver Techniken in kurzer zeitlicher Folge bei denselben Personen (s. Cunningham, Steinberg & Grev, 1980) Mißtrauen auslösen.
- Ein weiteres Verfahren geht davon aus, daß gute oder schlechte Nachrichten (Hornstein, LaKind, Frankel & Manne, 1975) bzw. unterhaltsame oder traurige Filme (Gouaux, 1971) entsprechende emotionale Reaktionen auslösen. Die Auswirkungen von Filmen auf Zukunftserwartungen und Schuldzuschreibungen wurden von Forgas & Moylan (1987) untersucht, die auch durch eine Stimmungsmessung bestätigen konnten, daß traurige und unterhaltsame Filme die Stimmung in der erwarteten Richtung beeinflussen.

Diese Techniken scheinen alle mehr oder weniger erfolgreich zu sein. Besonders starke Stimmungseffekte werden vermutlich durch die Hypnose-Technik und die verwandte Technik der Vorstellung von stimmungsgeladenen Ereignissen ausgelöst wie auch durch Filme. Aber auch die Velten-Technik und die Verwendung von scheinbaren Zufallsereignissen scheinen wirksam zu sein. Allerdings läßt sich die Stimmungsbeeinflussung durch Zufälle im wesentlichen nur zur Hervorrufung positiver Stimmungslagen einsetzen, während negative Stimmungen auf diesem Weg schwerer hervorzurufen sind. Was die Velten-Technik angeht, so melden Berkowitz (1987) und Isen & Gorgoglione (1983) gewisse Bedenken an, weil sie möglicherweise nur oberflächliche Stimmungseffekte hervorruft.

3. Gute Laune macht es leicht, freigebig zu sein

In der ersten Untersuchung, in der der Zusammenhang zwischen Stimmung und Hilfsbereitschaft zur Diskussion stand (Berkowitz & Connor, 1966), wurde positive Stimmung durch Erfolg bei einer Leistungsaufgabe und negative Stimmung durch Mißerfolgsrückmeldung hervorgerufen. Wie schon erwähnt, bestand die Hypothese darin, daß Frustration eine Ablehnung der gesellschaftlichen Normen hervorruft, deren Verbindlichkeit für die frustrierte Person eingeschränkt wird. Umgekehrt sollte eine positive Stimmung nach einem Erfolg die Bereitschaft zur Befolgung sozialer Normen erhöhen.

Die Ergebnisse stimmten teilweise mit dieser Überlegung überein. Zwar zeigte sich – im Vergleich zu einer neutralen Gruppe – keine Reduktion der Hilfsbereitschaft nach Mißerfolg. Aber Erfolg erhöhte die Hilfsbereitschaft. Isen (1970) sprach in diesem Zusammenhang von der »warmen Glut des Erfolges«, nachdem sie in drei Experimenten die Steigerung prosozialen Verhaltens durch Erfolg nachgewiesen hatte.

Diese »warme Glut des Erfolges« wurde von Isen (1970) als Stimmungseffekt interpretiert. Als die Spendenbereitschaft von Kindern erfaßt wurde (Isen, Horn & Rosenhan, 1973), fand sich ebenfalls, daß Kinder mehr nach Erfolg als nach Mißerfolg spendeten. Allerdings zeigten weitere Untersuchungen derselben Autoren, daß Mißerfolg eine hohe Spendenbereitschaft auslösen kann, wenn er das öffentliche Image der Kinder beeinträchtigt. Mißerfolg, der in der Öffentlichkeit stattfand, motivierte Spenden, während Mißerfolg, von dem die Öffentlichkeit keine Kenntnis nehmen konnte, keine entsprechenden Effekte ausübte.

Eine mögliche Erklärung für die größere Hilfsbereitschaft nach öffentlichem Mißerfolg besteht darin, daß die Kinder gezielt einem Verhaltens-

plan folgten, um ihr angeschlagenes öffentliches Image wiederherzustellen. Da das Spenden eine sozial positive Tat darstellt, eignet es sich gut, um den Spender in ein positives Licht zu stellen (Clark & Isen, 1982).
Positive Stimmung ruft schon bei Kindern eine größere Hilfsbereitschaft hervor (Isen, Horn & Rosenhan, 1973; Rosenhan, Underwood & Moore, 1974). Verschiedene Untersuchungen zeigten, daß die Auswirkungen positiver Stimmung stabiler sind als die negativer Stimmung (Berkowitz & Connor, 1966; Forgas & Moylan, 1987). Eine Ursache dafür könnte darin liegen, daß negative Stimmungen eher bewußte Versuche der Gegensteuerung hervorrufen, weil sie als unangenehm erlebt werden. In diesem Fall würden Prozesse der automatischen Gefühlsverarbeitung durch Prozesse der kontrollierten Gefühlsverarbeitung überschattet (Bierhoff, 1988 a; Clark & Isen, 1982). Eine Person, die sich in schlechter Stimmung befindet, könnte z. B. ein unterhaltsames Buch lesen, um sich wieder aufzuheitern. Oder ein Kind, das scheinbar eine schlechte Leistung gezeigt hat, könnte altruistisch handeln, um den schlechten Eindruck wettzumachen.
Bestimmte Randbedingungen müssen erfüllt sein, damit Stimmungseffekte im Sinne einer Beeinflussung des assoziativen Netzwerkes bzw. eines selektiven Abrufs von Gedächtnisinhalten wirksam werden (Forgas & Bower, 1988). Zum einen ist zu vermuten, daß spezifische Emotionen, deren Ursache deutlich ist, weniger einen verzerrenden Einfluß ausüben als allgemeine Stimmungen, deren Ursache unbekannt ist.
Außerdem könnte speziell für die Wirksamkeit von negativen Stimmungen auf die soziale Wahrnehmung bedeutsam sein, inwieweit kontrollierte Strategien der Stimmungsbeeinflussung eingesetzt werden, um die negative Stimmung zu überwinden. Wenn depressive Gedanken aufkommen – wie bei schlechtem Wetter –, kann das Tief einfach dadurch überwunden werden, daß die Betroffenen sich klarmachen, daß das schlechte Wetter ihre Stimmung verursacht (Schwarz & Clore, 1983). Auf diese Weise kann die schlechte Stimmung auf externale Ursachen »wegattribuiert« werden. Ob die Attribution auf einem echten Zusammenhang beruht oder nur eingebildet ist, hat dabei zweitrangige Bedeutung.

3.1. Zufallsstimmungen

An dieser Stelle sind auch die interessanten Studien von Isen und ihren Mitarbeitern zu erwähnen, in denen durch scheinbar zufällige Ereignisse Stimmungen beeinflußt wurden (Isen, Clark & Schwartz, 1976; Isen & Levin, 1972; Isen & Shalker, 1982; Levin & Isen, 1975; s. auch Batson, Coke, Chard, Smith & Taliaferro, 1979). Eine Technik zur Hervorru-

fung guter Stimmung besteht darin, daß nach einem Telefongespräch ein kleines Geldstück in dem Rückgabefach eines öffentlichen Telefons zurückgelassen wird (Isen & Levin, 1972). Wenn ein nachfolgender Benutzer der Telefonzelle sein Gespräch beendet hat, erhält er eine Gelegenheit zur Hilfeleistung. So begegneten die Telefonierer z. B. einem vorinstruierten Passanten, der in ihrem Blickbereich eine Hülle mit Blättern fallen ließ.
In dem Feldexperiment von Isen & Levin ergab sich, daß 14 von 16 Personen, die ein Geldstück (im Werte von 10 bis 20 Pfennig) gefunden hatten, beim Aufheben der Papiere halfen. Hingegen half nur einer von 25 Personen, die kein Geldstück in der Telefonzelle gefunden hatten. So überzeugend dieses Vorgehen auch vom Standpunkt einer nonreaktiven Messung der Hilfsbereitschaft erscheint, so ist doch festzustellen, daß damit einige Probleme verbunden sind. Als wir versuchten, diesen Versuch zu replizieren, stellte es sich z. B. als problematisch heraus, daß ein größerer Teil der Telefonbenutzer das zurückgelassene Geldstück übersahen. Es ist möglich, daß eine selektierte Stichprobe entsteht, wenn man – wie Isen & Levin (1972) vorschlagen – die Personen in der Auswertung nicht berücksichtigt, die das Geldstück nicht gefunden haben bzw. nicht mitgenommen haben.
Ein weiteres Problem liegt in dem Inhalt des Telefongesprächs. Wir hatten den Eindruck, daß der Verlauf des Telefongesprächs einen erheblichen Einfluß auf die Stimmung der Personen ausübte. In einem Fall war das Gespräch offensichtlich feindselig verlaufen, während eine andere Passantin strahlend die Telefonzelle verließ. Da der Verlauf des Telefongesprächs mit der Stimmung zusammenhängt, erscheint die Technik eines verlorenen Geldstücks als nur bedingt erfolgreich.
Personen, die ein Geldstück gefunden hatten, schickten häufiger einen adressierten Brief ohne Briefmarke, der scheinbar verloren worden war, ab als Personen, die in einer Telefonzelle kein Geld gefunden hatten (Levin & Isen, 1975). Außerdem wurde festgestellt, daß Personen nach dem Finden des Geldstücks ein besonderes Interesse an positiv formulierten Feststellungen hatten, während sie gleichzeitig besonders wenig interessiert daran waren, negative Feststellungen zu lesen (Isen & Simmonds, 1978). Das Finden des Geldstücks erhöhte auch das Interesse an allgemeinen Informationen (Batson et al., 1979), was als Ausdruck einer allgemeinen Steigerung des Aktivationsniveaus interpretiert wurde. Studenten, die ein Geldstück gefunden hatten, waren verstärkt daran interessiert, Informationen über die Geschichte des Landes, in dem sie lebten, zu erhalten.
Andere Forscher konnten keinen Zusammenhang zwischen dem Finden eines Geldstücks in einer Telefonzelle und der Hilfsbereitschaft nach dem Verlassen der Telefonzelle feststellen (Blevins & Murphy, 1974;

Weyant & Clark, 1977). Es ist nicht auszuschließen, daß diese Ergebnisse auf die Anfälligkeit der Technik für störende Einflüsse zurückzuführen sind.

3.2. Zeitlicher Verlauf der Stimmungseinflüsse

Wie lange halten Stimmungen an, die durch zufällige positive Ereignisse ausgelöst werden und wie lange ist die durch die positive Stimmung veranlaßte Steigerung der Hilfsbereitschaft zu beobachten? Zur Beantwortung dieser Fragen wurde eine Technik der Stimmungsinduktion eingesetzt, die nur wenig störanfällig zu sein scheint (Isen, Clark & Schwartz, 1976). Anstelle des gefundenen Geldstücks wurde ein Werbegeschenk (Schreibmaterial) im Wert von etwa 1 DM an der Haustür verteilt. Etwas später wurden die entsprechenden Adressen telefonisch angerufen, wobei sich herausstellte, daß der Anrufer eine falsche Nummer gewählt hatte, kein weiteres Geld mehr zur Verfügung hatte und die angerufene Person bat, für ihn ein Telefongespräch zu führen.

Diese Anrufe erfolgten 1, 4, 7, 10, 13, 16 oder 20 Minuten nach dem Verteilen des Werbegeschenks. Die Anzahl der Personen, die das gewünschte Telefongespräch führten, wurde in den einzelnen Bedingungen mit einer Kontrollgruppe verglichen, in der entweder kein vorheri-

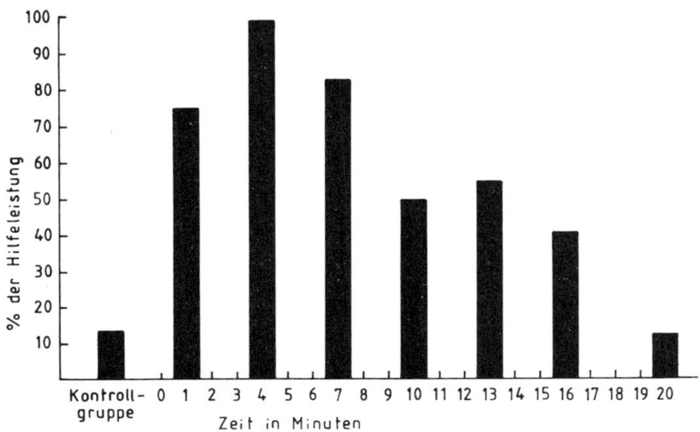

Abb. 17: Hilfsbereitschaft als Funktion des Zeitpunkts der Auslösung einer positiven Stimmung

ger Kontakt stattfand oder in der das Werbegeschenk an der Tür vorgeführt wurde, ohne es auszuhändigen. In beiden Fällen lag die Hilfsbereitschaft in der Kontrollbedingung bei 12%. Durch das Werbegeschenk wurde eine wesentlich höhere Rate altruistischer Reaktionen hervorgerufen, insbesondere in den ersten 14 Minuten nach der Stimmungsmanipulation (s. Abb. 17). Allerdings war schon nach vier Minuten ein Abfall der Hilfsbereitschaft zu beobachten. 20 Minuten nach dem Werbegeschenk erreichte das Niveau der Hilfsbereitschaft das Basisniveau in der Kontrollgruppe.
Diese Ergebnisse deuten darauf hin, daß die positive Stimmung nach einem Werbegeschenk (und analog bei anderen vergleichbaren Glücksfällen) relativ kurz anhält und schnell wieder abgebaut wird. Ähnliche Schlußfolgerungen ergeben sich im Hinblick auf Schuldgefühle. Wir versuchten, Schuldgefühle zu erzeugen, indem wir Studenten die Möglichkeit boten, bei einem Leistungstest zu mogeln (Bierhoff & Osselmann, 1975). Die Möglichkeit wurde tatsächlich auch vielfach benutzt, um die Ergebnisse zu verbessern. Nach dem Mogeln wurde ein Teil der Studenten unmittelbar gebeten, für den Versuchsleiter einige Interviews durchzuführen, während die übrigen Studenten erst nach zehn Minuten um Hilfe gebeten wurden. Das Mogeln erhöhte die Hilfsbereitschaft nur, wenn die Bitte unmittelbar nach dem Mogeln gestellt wurde. Nach zehn Minuten war der Effekt des Mogelns, das vermutlich Schuldgefühle auslöst, nicht mehr nachweisbar.
Die zeitliche Begrenzung verdeutlicht eine wichtige Einschränkung im Hinblick auf die fördernde Wirkung guter Stimmung oder von Schuldgefühlen auf die Hilfsbereitschaft. Allerdings ist vorstellbar, daß Individuen Techniken der Selbstkontrolle entwickeln, mit denen sie versuchen, eine einmal aufgetretene positive Stimmung zu verlängern (Bower, 1981). Z.B. könnten sie Freunde einladen, um durch das gesellige Beisammensein das Hochgefühl aufrechtzuerhalten.

3.3. Stimmungseinflüsse: Grenzen und Möglichkeiten

Eine Einschränkung der Feststellung, daß positive Stimmung Altruismus fördert, ergibt sich im Hinblick auf die Aktivität, die für die Hilfeleistung erforderlich ist. Einige Hinweise (Isen & Simmonds, 1978; Forest, Clark, Mills & Isen, 1979) sprechen dafür, daß eine positive Stimmung sich eher hemmend auf die Hilfsbereitschaft auswirkt, wenn die Hilfeleistung darin besteht, daß sich der Helfer in eine negative oder depressive Stimmung versetzt. Diese Einschränkung ist verständlich, weil man sich gut vorstellen kann, daß ein Akteur, der sich in einer beschwingten Stimmung befindet, es ablehnt, diese Stimmung

gezielt in Depression umschlagen zu lassen. Diese Untersuchungsergebnisse bestätigen die Vermutung von Bower (1981), daß bei positiver Stimmung ein aktives Stimmungs-»Management« ausgelöst werden kann, das auf eine Aufrechterhaltung der positiven Stimmung abzielt (s. auch Clark & Isen, 1982).
Generell gilt, daß sich die Effekte positiver Stimmung relativ global in unterschiedlichen Urteilsbereichen niederschlagen (Batson et al., 1979; Clark & Waddell, 1983; Gilligan & Bower, 1984; Johnson & Tversky, 1983). Positive Stimmungen ermutigen eine optimistische Weltsicht sowie positive Zukunftserwartungen und sie prädisponieren gleichzeitig dazu, positiv bewertete Verhaltensweisen – wie Altruismus und Kooperation – zu bevorzugen.

3.4. Stimmung als Multiplikator

Die bloße Erfolgserwartung trägt dazu bei, daß Studenten relativ mehr positive Persönlichkeitsinformationen über sich selbst behalten als negative Informationen über ihre Schwächen, während eine Mißerfolgserwartung das Behalten von Informationen über persönliche Schwächen fördert (Mischel, Ebbesen & Zeiss, 1976). In diesem Zusammenhang wirkte sich die Erwartung des zukünftigen Erfolgs stärker aus als tatsächlicher Erfolg oder Mißerfolg, der schon eingetreten war. Dieses Ergebnis illustriert einen Gesichtspunkt, der im Zusammenhang mit Wissen und Kompetenz betont wurde. Die subjektiven Erwartungen scheinen vielfach wichtiger zu sein als die objektiven Erfolgsdaten (s. Thomae, 1988).
Gute Stimmung, die durch unterhaltsame Filme ausgelöst wurde, trug dazu bei, die Einschätzung von Zukunftserwartungen optimistischer und die Beurteilung von Schuld milder werden zu lassen als in einer Kontrollgruppe (bestehend aus Personen, die *vor* dem Kinobesuch interviewt wurden). Demgegenüber führte negative Stimmung nach traurigen Filmen im Vergleich zu der Kontrollgruppe zu keiner pessimistischeren oder negativeren Beurteilung (Forgas & Moylan, 1987).
In diesem Zusammenhang ist auch erwähnenswert, daß positive Stimmung bei Kindern das kognitive Lernen erleichtert, während es durch negative Stimmung verlangsamt wird (Masters, Barden & Ford, 1979). Dieser Sachverhalt, der vermutlich nicht nur auf Kinder beschränkt ist, sondern auch für Erwachsene Gültigkeit besitzt, verweist auf die Bedeutung einer anregenden und attraktiven Umgebung, die sich vermutlich auch förderlich auf das Lernen von Erste-Hilfe-Kenntnissen auswirkt (Wagner, 1988). Die Erste-Hilfe-Fertigkeiten werden danach besser gelernt, wenn sich die Kursteilnehmer in einer guten Stimmung befinden.

Hier ist auch auf eine besonders unglückliche Konstellation zu verweisen, die sich ergibt, wenn eine Person, die sich schon in einer traurigen Stimmung befindet, Mißerfolg hat. Diese Person wird leicht dazu verleitet, ineffiziente Bewältigungstechniken des Mißerfolgs einzusetzen (Wright & Mischel, 1982). So wurde einerseits ein Absinken der Erfolgserwartung und andererseits eine Steigerung des minimalen Anspruchsniveaus bei traurigen Personen, die einen Mißerfolg erlebt hatten, beobachtet, so daß zukünftige Enttäuschungen für diese Versuchsteilnehmer vorprogrammiert waren. Dieses unglückliche Reaktionsmuster erinnert an die Reaktionen depressiver Personen, von denen ebenfalls berichtet wird, daß sie sich in Leistungssituationen unrealistische Ziele setzen. Die Bedeutung der Stimmungsforschung für reaktive Depressionen wurde von Bierhoff (1988 a) diskutiert.

Diese Ergebnisse gehen über das Thema des hilfreichen Verhaltens hinaus. Sie deuten an, daß Stimmungen mit einem weit gefächerten Reaktionsmuster in Zusammenhang stehen. Im nächsten Kapitel werden die Auswirkungen negativer Stimmungen ausführlicher dargestellt.

4. Kontrollierte Verarbeitung negativer Stimmungen: Der Einfluß von Schuldgefühlen

Wie wirken sich negative Stimmungen aus? Lösen negative Stimmungen eine zwiespältige Reaktion aus, die dadurch zustandekommt, daß einerseits eine traurige Stimmung hervorgerufen wird, während andererseits das Bemühen angeregt wird, diese traurige Stimmung zu überwinden?

Menschen sind nicht immer die passiven Opfer der Einflüsse, die auf sie ausgeübt werden. Vielmehr können sie aktiv ihr Schicksal bestimmen, falsche Erwartungen korrigieren und Situationen so wählen, daß sie ihren Vorstellungen entsprechen (s. Swann, 1987). Kinder bekämpfen ihre schlechte Stimmung, indem sie sich mit Süßigkeiten ausgiebig belohnen (Rosenhan, Underwood & Moore, 1974). Negative Stimmungen lösen häufig Versuche aus, den depressiven Zustand abzukürzen oder zu mildern (Clark & Isen, 1982). Um ein Stimmungstief zu überwinden, können die Betroffenen z. B. einen unterhaltsamen Film ansehen oder ein Abendessen mit extravertierten Bekannten arrangieren.

Diese aktiven Korrekturversuche bei einem Stimmungstief können durch intrapsychische Prozesse ergänzt werden, die darauf angelegt zu sein scheinen, extremen Stimmungsschwankungen – sowohl im positiven als auch im negativen Bereich – entgegenzusteuern (Blaney, 1986;

Ranieri & Zeiss, 1984). Möglicherweise folgen die intrapsychischen Prozesse dem Prinzip der Regression zur Mitte, das dazu beiträgt, daß auf einen extremen Wert im Längsschnitt i. a. ein weniger extremer Wert folgt.

4.1. Wiedergutmachung von Fehlern: Menschen sind nicht um jeden Preis egoistisch

Der Zusammenhang zwischen Schuldgefühlen und Hilfsbereitschaft verweist auf die Bedeutung von kontrollierten Prozessen der Stimmungsbeeinflussung. Bevor dieses Thema weiter erläutert wird, folgt zunächst ein kurzer Überblick über die einfallsreichen Methoden, die eingesetzt wurden, um Schuldgefühle wachzurufen.

4.1.1. Techniken der Schulderzeugung

In experimentellen Untersuchungen wurden verschiedene Methoden angewandt, um Schuldgefühle auszulösen (s. Bierhoff, 1980):

- Die Zielperson wird dazu gebracht, einen Apparat zu beschädigen bzw. eine Arbeitsleistung zu vernichten. So wurde z. B. ein präparierter Tisch in einem Raum aufgebaut, der bei der geringsten Berührung umstürzte. Auf dem Tisch stand eine Sammlung von geordneten Karteikarten, die auf dem Boden verstreut wurden (Freedman, Wallington & Bless, 1967).
- Die Zielperson wird dazu gebracht, eine Lüge auszusprechen bzw. zu mogeln, um sich einen Vorteil zu verschaffen (Freedman, Wallington & Bless, 1967; Bierhoff & Osselmann, 1975). So wurden in einer Untersuchung den Versuchsteilnehmern von einer anderen Person, die ein Verbündeter des Versuchsleiters war, die Lösungen von Denktestaufgaben genannt, die sie später während des Tests einsetzen konnten, um richtige Lösungen zu erzielen. Der Versuchsleiter wies ausdrücklich darauf hin, daß die Versuchsteilnehmer keine Vorkenntnisse im Hinblick auf die Lösungen der Aufgaben haben dürften.
- Die Zielperson wird bei einer scheinbaren Nachlässigkeit ertappt. In einem Versuch von Regan (1971) sollten Versuchspersonen einen Kontrollapparat bedienen, um eine minimale Schockstärke für ein Versuchstier zu gewährleisten. Während die Versuchspersonen von dem Kontrollapparat wegguckten, erhielt das Versuchstier einen starken Elektroschock. Der Versuchsleiter teilte den Versuchspersonen daraufhin mit, daß ihr Versuch damit ruiniert sei.
- Gehorsam gegenüber Autoritäten kann Schuldgefühle hervorrufen. Ein Versuchsleiter wies die Zielperson an, einem Opfer Elektro-

schocks zu erteilen (s. Carlsmith & Gross, 1969). Dieses inhumane Verhalten, das natürlich nicht erfolgreich war, da das scheinbare Opfer die Schocks nicht wirklich erhielt, sondern nur so tat, als wenn es geschockt würde, löste Schuldgefühle aus.

4.1.2. Schuld motiviert prosoziales Verhalten

In den Versuchen, in denen Schuldgefühle erzeugt werden sollten, zeigte sich, daß die Zielpersonen hilfsbereiter reagierten als Personen, die keine Schuldgefühle entwickelt hatten. Diese Hilfsbereitschaft zeigte sich z. B. in der Bereitschaft, sich als Versuchsperson für ein psychologisches Experiment zur Verfügung zu stellen (Freedman, Wallington & Bless, 1967, Exp. 1 und 2), in der Zustimmung, für den Versuchsleiter Interviews kostenlos durchzuführen (Bierhoff & Osselmann, 1975; Freedman, Wallington & Bless, 1967, Exp. 3), in der größeren Bereitschaft, für eine Naturschutzkampagne zugunsten des Waldes Telefongespräche zu führen (Carlsmith & Gross, 1969) und in der Bereitschaft, Geld für eine Untersuchung zum Wahlverhalten zu spenden (Regan, 1971).

So übernahmen z. B. in der Untersuchung von Bierhoff & Osselmann (1975) nach dem Mogeln die Versuchsteilnehmer im Durchschnitt 19,5 Interviews, während in der Kontrollbedingung im Durchschnitt nur 9,9 Interviews angeboten wurden. Der Unterschied ist noch deutlicher, wenn man nur die Personen einbezieht, die unmittelbar nach dem Mogeln um Hilfe gebeten wurden, da deren Mittelwert bei 24,8 Interviews lag, während die entsprechende Kontrollgruppe 7,5 Interviews anbot.

In einer weiteren Untersuchung (Bierhoff, Lensing & Kloft, 1988, Exp. 2) ergaben sich Werte von 7,1 Interviews in der Kontrollgruppe und 15,7 Interviews nach dem Mogeln. In diesem Experiment wurden die Versuchsteilnehmer in den Schuldbedingungen nach dem Mogeln für ihre Leistung z. T. gelobt. Außerdem wurde ein Teil der Teilnehmer unmittelbar anschließend um die Durchführung von Interviews gebeten, während ein anderer Teil nach einem Zeitintervall von fünf Minuten angesprochen wurde. Eine Zusammenfassung der Ergebnisse in Abhängigkeit von Mogeln, positiver Verstärkung für die Leistung, bei der gemogelt werden konnte, und Zeitpunkt der Bitte (sofort oder fünf Minuten nach dem Feedback) enthält Abb. 18. Der Einfluß des Mogelns auf die Hilfsbereitschaft wird durch den Vergleich mit der Kontrollbedingung deutlich. Bemerkenswert ist auch, daß sich die zeitliche Verzögerung der Bitte nicht reduzierend auf die Hilfe auswirkt. Nach fünf Minuten ist der Stimmungseinfluß noch voll wirksam (s. Kap. V.3.2).

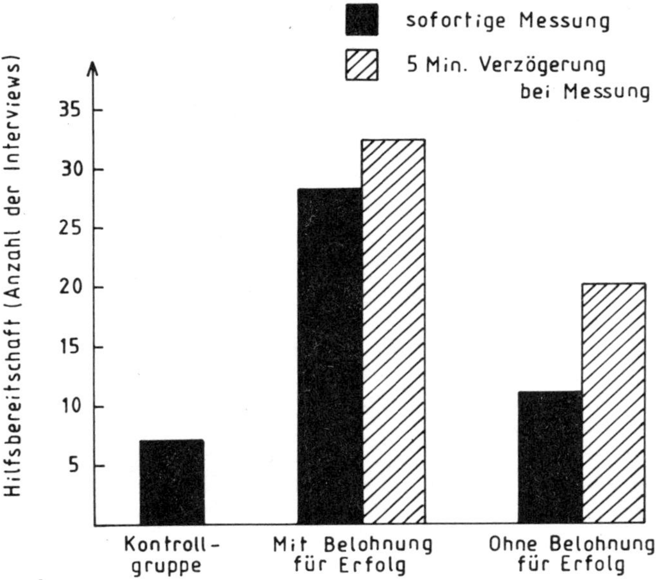

Abb. 18: Anzahl der angebotenen Interviews in Abhängigkeit von Vergehen, positivem Feedback und Zeitpunkt der Bitte (nach Bierhoff, Lensing & Kloft, 1988)

Die Teilnahmebereitschaft an einem psychologischen Experiment wurde in ähnlicher Weise beeinflußt: 75% der Befragten gaben der Bitte in der Schuldbedingung nach, aber nur 39% in der Kontrollbedingung (Freedman, Wallington & Bless, 1967, Exp. 2). Im Hinblick auf die Bereitschaft, Telefongespräche zu führen, fand sich ebenfalls ein deutlicher Schuldeffekt: Nach einem Vergehen wurden im Durchschnitt 31 Telefonate zugesagt, während in der neutralen Bedingung nur zehn Telefonate versprochen wurden. Zusammenfassend kann man feststellen, daß durch Schuldgefühle bzw. durch ein Vergehen die Hilfsbereitschaft deutlich erhöht wird.

Die Beobachtung, wie eine andere Person einem Dritten Schaden zufügt, reicht nicht aus, um die Hilfsbereitschaft anzuregen. Vielmehr ist es eine notwendige Voraussetzung, daß die Zielperson selbst aktiv an der Schädigung beteiligt ist. Allerdings spielt es dann keine große Rolle mehr, ob das Opfer die Hilfe erhalten soll oder eine dritte Person. Carlsmith & Gross (1969) stellten sogar fest, daß die Hilfe gegenüber Dritten größer war als gegenüber dem Opfer, möglicherweise weil eine

Tendenz nach einer Schädigung ausgelöst wird, das Opfer zu meiden (Freedman, Wallington & Bless, 1967, Exp. 3).

4.2. Trauer und Depression: Es kommt darauf an, wer traurig ist

Diese Ergebnisse kontrastieren deutlich mit der Erwartung, daß bei negativer Stimmung die Hilfsbereitschaft reduziert wird. Underwood, Berenson, Berenson, Cheng, Wilson, Kulik, Moore & Wenzel (1977) haben festgestellt, daß Kinobesucher, die einen traurigen Film gesehen hatten, weniger Geld für einen guten Zweck spendeten als Kinobesucher, die einen stimmungsneutralen Film besucht hatten.
In einem anderen Versuch waren traurige Versuchsteilnehmer weniger hilfsbereit als Personen, die mit der Trauer einer anderen Person konfrontiert wurden, da sie sich vorstellen sollten, ihr Freund leide unter einer schweren Krankheit (Thompson, Cowan & Rosenhan, 1980). Der Fokus der Aufmerksamkeit lag also auf einer anderen traurigen Person, was zur Folge hatte, daß die Hilfsbereitschaft stieg! Ähnliche Auswirkungen des Fokus der Aufmerksamkeit (auf sich selbst oder auf eine andere Person) wurden auch bei Kindern beobachtet (Barnett, King & Howard, 1979).
Bei eigener positiver Stimmung wurde mehr Hilfsbereitschaft zum Ausdruck gebracht als bei neutraler Stimmung (Rosenhan, Salovey & Hargis, 1981). Wirklich bemerkenswert ist nun folgender Sachverhalt: Versuchsteilnehmer, die sich in eine andere Person (den besten Freund) hineinversetzen und sich dessen gute Stimmung vorstellen sollten, waren besonders wenig hilfsbereit. Erneut bestimmt der Fokus der Aufmerksamkeit (selbst oder bester Freund), wie sich die Stimmung auswirkt.

4.3. Fokus der Aufmerksamkeit: Direkte und stellvertretende Erfahrungen

Warum unterdrückt eine negative Stimmung im allgemeinen die Hilfsbereitschaft (Carlson & Miller, 1987), während dieser Effekt bei Schuldgefühlen ausbleibt und sich sogar in das Gegenteil verkehrt? Und warum ist der Fokus der Aufmerksamkeit in den Untersuchungen von Rosenhan und seinen Mitarbeitern von zentraler Bedeutung?
Der Effekt des Fokus der Aufmerksamkeit verweist auf eine kontrollierte, im Gegensatz zu einer automatischen Informationsverarbeitung. Rosenhan, Salovey & Hargis (1981) erklären die Ergebnisse mit sozialen Vergleichen (s. Bierhoff, 1988 b; Kap. 1). Die Personen scheinen ihre

eigenen Konsequenzen mit denen der bedürftigen Person zu vergleichen. Wenn sie sich selbst überlegen oder »besser dran« fühlen (das sollte dann der Fall sein, wenn sie selbst Freude empfinden bzw. wenn der Freund traurig ist), zeigen sie sich hilfsbereit. Wenn sie sich selbst unterlegen oder »schlechter dran« fühlen (also bei eigener Trauer oder bei Freude der anderen Person), wird die Hilfsbereitschaft reduziert.

Diese Erklärung ist faszinierend, weil sie mit einfachen Mitteln ein komplexes Resultat verständlich machen kann. Wer sich unterlegen fühlt, reagiert mit wenig Altruismus. Das ist der Fall, wenn man selbst depressiv gestimmt ist. Dann liegt es nahe, mit dem eigenen Schicksal zu hadern und sich im Vergleich zu anderen ungerecht behandelt zu fühlen. Das gilt aber auch, wenn es anderen Bezugspersonen beneidenswert gut geht. Hingegen regt eine eigene Überlegenheit das altruistische Motiv an, vermutlich weil die eigene relative Position weit über dem hedonistisch neutralen Bereich eingestuft wird. Dann tut es nicht weh, etwas abzugeben, etwa gegenüber einer Person, die depressiv gestimmt ist. Genauso kann die eigene Vorzugstellung durch persönliches Glück bestimmt sein. Der soziale Vergleich zwischen sich selbst und anderen ist ausschlaggebend.

Der Selbstbezug als vermittelndes Merkmal der Hilfsbereitschaft in Abhängigkeit von der Stimmung wurde auch in anderen Untersuchungen deutlich. So stellte Berkowitz (1987) fest, daß der Selbstbezug, der durch Stimmungen ausgelöst wurde, die Hilfsbereitschaft bestimmte. Er induzierte positive, neutrale und negative Stimmungen, indem er Aufsätze über Ereignisse schreiben ließ, die den Aufsatzschreiber glücklich bzw. unglücklich machten oder die stimmungsneutral waren. Inhaltsanalytisch wurde dann die Anzahl selbst-bezogener positiver und negativer Gedanken erfaßt. Je mehr positive Gedanken eine Person zum Ausdruck brachte, desto hilfsbereiter erwiesen sich die Studentinnen. Umgekehrt korrelierte die Anzahl negativer Gedanken negativ mit der Hilfsbereitschaft. Beide inhaltsanalytischen Maße erreichten eine multiple Korrelation von $R = 0{,}57$ mit der Hilfsbereitschaft. Ein Stimmungsindex trug darüber hinaus nicht weiter bedeutsam zur Erklärung der Varianz der Hilfsbereitschaft bei.

Personen scheinen nach Mißerfolgen oder in depressiven Phasen zu versuchen, ihre Reaktionen bewußt zu kontrollieren und eine gewisse ökologische Kontrolle auszuüben (Clark & Isen, 1982). Schuldgefühle rufen den Wunsch nach Wiedergutmachung hervor (sei es gegenüber dem Betroffenen oder sei es in dem Sinn, daß die Zielperson auch gegenüber Dritten etwas Gutes tun möchte; s. Austin & Walster, 1975; Bierhoff, Kloft & Lensing, 1988; Carlsmith & Gross, 1969).

Durch Hilfeleistung versucht die Zielperson, sich fair zu verhalten und den Fehler, den sie gemacht hat, auszugleichen. In diesem Fall beeinflußt also eine Überlegung im Hinblick auf Fairneß und Gerechtigkeit die nachfolgenden Handlungsweisen. Möglicherweise erwartet die Person auch eine Vergeltung und will den Zorn der Betroffenen durch eine gute Tat im vorhinein mildern (Walster, Berscheid & Walster, 1973).

4.4. Schuldgefühle, Beichte und Streben nach einer gerechten Welt

Ein anderes Beispiel für kontrollierte Prozesse wurde von Regan (1971) berichtet. Sie kontrastierte die Attributionsrichtung nach einem Unfall (s. Schwartz & Ben David, 1976). Entweder wurde die Versuchsperson für einen Unfall verantwortlich gemacht, oder die Ursache wurde in einem Defekt der Anlage lokalisiert. Die internale Zuschreibung sollte Schuldgefühle auslösen, während die externale Zuschreibung nach Regan dazu führen sollte, daß die Versuchspersonen in ihrem Glauben an eine gerechte Welt (s. Lerner, 1980) erschüttert werden. Beide Motive trugen zu einer Steigerung der Spendenbereitschaft, die nach Abschluß des Versuchs erhoben wurde, bei, wie ein Vergleich mit einer Kontrollbedingung, in der kein Unfall eintrat, zeigte. Wenn aber den Versuchsteilnehmern Gelegenheit gegeben wurde, sich über den Versuch und ihre eigenen Gefühle auszusprechen, sank die Hilfsbereitschaft besonders stark ab, wenn eine internale Attribution vorgenommen worden war. Hingegen wurden die Personen, die vermutlich durch einen Glauben an eine gerechte Welt motiviert wurden, weniger in ihrer Hilfsbereitschaft durch die Aussprache beeinträchtigt.
Ein vergleichbares Phänomen scheint aufzutreten, wenn Katholiken zur Beichte gehen, da vor der Beichte mehr Personen zu einer Spende für einen guten Zweck bereit sind als nach der Beichte (Bierhoff, Lehnert, Doogs, Göbel, Groth, Haller, Kuhn & Spalthoff, 1984; Harris, Benson & Hall, 1975). Aus der Regan-Studie kann gefolgert werden, daß sowohl die Schuldgefühle als auch der Glauben an eine gerechte Welt Erwägungen auslösen, die mit dem Effekt der negativen Stimmung nach dem Schaden interferieren und im Endeffekt zu einer Steigerung der Hilfeleistung führen können.

4.5. Existentielle Schuld: Minderheiten und Unterprivilegierte

Noch stärkere Hinweise auf eine kontrollierte Verarbeitung von Informationen in Abhängigkeit von Emotionen ergeben sich im Bereich der Hilfsbereitschaft gegenüber Minderheiten und benachteiligten Gruppen und Völkern. Hoffman (1976) hatte vermutet, daß die Lage von unterprivilegierten Gruppen allgemeine Schuldgefühle auslösen könnte, die er als existentielle Schuld bezeichnete. In einer Untersuchung von Montada, Schneider & Reichle (1988) wurden Personen nach ihrer Handlungsbereitschaft zugunsten bestimmter Personengruppen gefragt, wobei eine Skala, auf der die Intensität der Handlungsbereitschaft variierte (Geld spenden = gering; Mitarbeit in einer Aktionsgruppe = hoch), zugrunde gelegt wurde.

Für drei Gruppen von benachteiligten Menschen (Arbeitslose, türkische Gastarbeiter, Menschen in der Dritten Welt) zeigte sich übereinstimmend, daß die prosoziale Handlungsbereitschaft mit dem Zorn über Ungerechtigkeit und mit existentiellen Schuldgefühlen zunahm. Der Effekt der existentiellen Schuld wurde im wesentlichen durch Handlungsaufforderungen an sich selbst in einer pfadanalytischen Auswertung vermittelt, während der Effekt des Zorns sowohl über Handlungsaufforderungen an mächtige andere als auch an sich selbst vermittelt wurde. Ärger über Selbstverschuldung der Notlage und Hoffnungslosigkeit im Hinblick auf Änderungsmöglichkeiten wirkten sich auf die Hilfsbereitschaft reduzierend aus, allerdings waren die Effekte dieser Emotionen weniger stabil als die Effekte von Zorn und Schuldgefühlen.

Die Lage von unterprivilegierten Personen hat in den siebziger und achtziger Jahren zunehmend an Bedeutung im öffentlichen Bewußtsein und im persönlichen Gerechtigkeitsempfinden gewonnen. Es ist bemerkenswert, daß sich mit den Gefühlen existentielle Schuld und Zorn über Ungerechtigkeit zwei Determinanten der Handlungsbereitschaft als bedeutsam erweisen, die auch im Zusammenhang mit kontrollierten Prozessen der Emotionsverarbeitung besonders wichtig zu sein scheinen. Hier bestätigt sich die Vermutung, daß momentane Stimmungen, die automatische Prozesse der Emotionsverarbeitung auslösen, vor allem dann einen Einfluß auf Altruismus ausüben, wenn sie inhaltlich wenig spezifiziert sind. Hingegen scheinen Emotionen, die mit bestimmten inhaltlichen Stellungnahmen zusammenhängen, viel stärker kontrollierte Prozesse der Emotionsverarbeitung auszulösen.

VI. Psychologie des Hilfeerhaltens

Wie reagiert eine Person, die depressiv und traurig ist, wenn ihr ein Nachbar seine Unterstützung anbietet? Welche Empfindungen hat ein Mitarbeiter einer Firma, der über Arbeits- und Kontaktstörungen klagt, wenn ihm ein Arbeitskollege anbietet, mit ihm über seine Probleme zu sprechen? Könnte es sein, daß ein Körperbehinderter abwehrend reagiert, wenn ein Fremder ihm anbietet, ihn in seinem Rollstuhl über die Straße zu schieben?

Ein Hilfsangebot kann als störend empfunden werden, wenn die Hilfeempfänger zeigen wollen, daß sie die Aufgabe alleine meistern können. Kinder bestehen oft energisch darauf, neuerworbene Fertigkeiten vorzuführen. Sie können z. B. darauf beharren, während der Zubereitung des Essens eine Gurke selbständig zu schneiden oder eine Ananas zu schälen. Drängen ihnen Erwachsene ihre Hilfe auf, folgen oft abwehrende Reaktionen, Vorwürfe oder sogar Weinen.

Das Erhalten von Hilfe kann die Empfänger verunsichern und belasten (Gergen, 1974). Sie werden möglicherweise in der Entwicklung ihrer Fähigkeiten behindert oder sie schämen sich, weil sie von der Hilfe abhängig zu sein scheinen.

Die angesprochene Problematik läßt sich als Selbstwertproblem der Hilfeempfänger verstehen (Fisher, Nadler & Whitcher-Alagna, 1982, 1983). Hilfeerhalten ruft dann negative Konsequenzen hervor, wenn der Selbstwert der Hilfeempfänger bedroht wird. Durch die Bedrohung des Selbstwerts können verschiedene negative Reaktionen der Hilfeempfänger ausgelöst werden. Dazu zählen negative Gefühle wie Scham und Ärger, Abwertung der Geber und die Tendenz, die Hilfe zurückzuweisen. Eine weitere Möglichkeit besteht darin, daß die Hilfeempfänger – insbesondere wenn sie die genannten negativen Reaktionen schon einmal selbst nach dem Erhalt einer Hilfe erlebt haben – mit Initiative zur Selbsthilfe reagieren (Bierhoff, 1985; DePaulo, Brown, Ishii & Fisher, 1981).

Natürlich ruft nicht jede Hilfe im Alltag negative und abwehrende Reaktionen der Hilfeempfänger hervor. Hilfe in akuten Notsituationen scheint in dieser Hinsicht im allgemeinen unproblematisch zu sein. Das Verständnis der Gegenseitigkeit der Hilfe kann ebenfalls die negativen Implikationen des Hilfeerhalts verringern (s. Kap. VI.1.2). Allgemein kann man sagen, daß eine Hilfe, die als genuiner Ausdruck der Zuneigung der Helfer gegenüber den Hilfeempfängern von diesen interpretiert wird, positive Reaktionen auslöst (Nadler & Fisher, 1986).

Außerdem scheint zu gelten, daß Hilfe, die eine kurzfristige Abhängigkeit hervorruft, weniger problematisch ist als eine Hilfe, die eine langfristige Abhängigkeit impliziert (s. Kap. I.1.4). Das kompensatorische Modell der Hilfeleistung (s. Kap. VI.3) zielt darauf ab, kurzfristige Abhängigkeiten zu einer Steigerung der Kompetenz der Hilfeempfänger zu nutzen.
Eine weitere Einschränkung ist hinzuzufügen: In Leistungssituationen sind oft Aufgaben zu bearbeiten, die wegen ihrer Schwierigkeit nur langsam oder überhaupt nicht gelöst werden können. Wenn in diesen Situationen Personen anwesend sind, die wichtige Tips geben können, die eine Aufgabenlösung erleichtern, erscheint die Hilfe als für die Weiterarbeit funktional (Engler, 1988). Durch nützliche Lösungshinweise wird die Aufgabenschwierigkeit für die Hilfeempfänger häufig so weit verringert, daß aus einer sehr schweren Aufgabenstellung eine mittelschwere Aufgabe wird. Dieser Schwierigkeitsgrad fördert – zumindest bei hoher Ausprägung des Leistungsmotivs – das Engagement zur Lösung der Aufgabe bzw. motiviert die Problemlöser, Informationen über die eigene Leistungsfähigkeit zu suchen (Buckert, Meyer & Schmalt, 1979). Wenn jemand aus Ängstlichkeit wichtige Tips, die zur Lösung einer schweren Aufgabe beitragen können, nicht abfragt, beeinträchtigt er/sie die eigenen Erfolgsaussichten und führt zumindest eine Verzögerung der Aufgabenbewältigung herbei.

1. Welche Faktoren beeinflussen die Reaktionen von Hilfeempfängern?

Die Reaktionen der Hilfeempfänger sind vermutlich nicht immer durch Dankbarkeit und Freude gekennzeichnet. Daher stellt sich die Frage,

Tab. 3: Bedingungen, die positive und negative Reaktionen nach dem Erhalt einer Hilfe auslösen

Positive Reaktionen	Negative Reaktionen
Unähnlichkeit zwischen Geber und Empfänger	Ähnlichkeit zwischen Geber und Empfänger
Gegenleistung möglich	Gegenleistung nicht möglich
Hilfe ist normativ angemessen	Hilfe ist normativ unangemessen
Geringe Mittel der Geber	Große Mittel der Geber
Ohne vorherige Bitte um Hilfe	Nach vorheriger Bitte um Hilfe

unter welchen Bedingungen die Reaktionen der Hilfeempfänger eher negativ oder eher positiv ausfallen werden. In Tab. 3 ist ein Überblick über einige der Bedingungen enthalten, die nach bisherigen Forschungsergebnissen die Reaktion auf den Erhalt einer Hilfe beeinflussen (s. Fisher, Nadler & Whitcher-Alagna, 1983).
Im folgenden werden diese Einflußfaktoren im einzelnen betrachtet. Daran anschließend werden theoretische Ansätze besprochen, die das Ergebnismuster, wie es in Tab. 3 zusammengefaßt ist, erklären sollen. Abschließend werden weiterführende Überlegungen dargestellt, die sich auf die Frage konzentrieren, wie Hilfsmaßnahmen geplant werden *sollten*.

1.1. Ähnlichkeit als Indiz für Unterlegenheit und Versagen

Ähnlichkeit in Persönlichkeitsmerkmalen, Wertvorstellungen und Einstellungen ist oft ein förderlicher Faktor für interpersonelle Beziehungen (s. Bierhoff, 1988 b, Kap. II.2). Ähnliche Menschen finden sich häufig zusammen, z.B. weil sie das gleiche Hobby haben oder weil sie vergleichbare Erfolge im Beruf haben. Ähnlichkeit ermöglicht nicht nur eine leichte Kommunikation durch gegenseitige Übereinstimmung. Darüber hinaus erlaubt Ähnlichkeit auch einen Vergleich mit anderen Personen, der z.B. darüber entscheidet, wie die eigene Lebenszufriedenheit eingeschätzt wird (Dittmann-Kohli, 1988). Frauen im höheren Erwachsenenalter beurteilen ihre eigene Situation z.B. häufig im Vergleich zu Altersgenossinnen, die schlechter als sie selbst abzuschneiden scheinen. Die Tendenz, abwärts gerichtete Vergleiche in bezug auf Personen durchzuführen, denen es wirklich oder nur scheinbar schlechter geht als der vergleichenden Person selbst, ist weit verbreitet (Wills, 1982) und vermutlich eine wichtige Grundlage für soziale Diskriminierung und Vorurteile zwischen sozialen Gruppen (Tajfel & Turner, 1979).
Ähnlichkeit lädt zum sozialen Vergleich ein. Hat eine Person, die die gleiche Schule besucht hat, mehr oder weniger erreicht als man selbst? Wie weit haben es die Klassenkameraden von früher gebracht? Solche Vergleiche geben wichtigen Aufschluß über die Erfolge und Leistungen jedes einzelnen (s. Festinger, 1954).
In der Möglichkeit, im sozialen Vergleich mit ähnlichen Personen schlechter abzuschneiden als erwartet, liegt auch eine gewisse Bedrohung für die Selbstbewertung, die von sozialen Vergleichen ausgehen kann und die sie problematisch werden lassen. Wenn eine Person sich mit anderen vergleicht, die die gleichen Startchancen gehabt haben, und feststellt, schlechter als diese Vergleichspersonen abzuschneiden, wird

dadurch Schwäche und Unterlegenheit signalisiert. Bei gleichen Voraussetzungen weniger zu können bedeutet, daß die anderen in bestimmter Hinsicht besser waren als man selbst.
Personen können auf eine Unterlegenheit im sozialen Vergleich direkt hingewiesen werden, wenn sie die Rolle von Hilfeempfängern haben. Die Helfer verfügen über Fähigkeiten und Mittel, die den Hilfeempfängern offensichtlich fehlen. Das ist nicht weiter erwähnenswert, wenn Helfer und Hilfeempfänger unähnlich sind. Wenn z. B. ein Lehrer einem Schüler hilft, eine schwierige Aufgabe zu lösen, sind die Implikationen für den Selbstwert des Schülers i. a. neutral. Es besteht sogar die Möglichkeit einer Selbstwertsteigerung, weil der Lehrer dem Schüler neues Wissen vermittelt, das sein Selbstkonzept der eigenen Leistungsfähigkeit verbessert und übermäßig schwere Aufgaben in mittelschwere Aufgaben verwandelt. In diesem Zusammenhang ist es berechtigt, von einem instrumentellen Suchen nach Hilfe zu sprechen (Nelson-Le Gall, Gumerman & Scott-Jones, 1983). Die Betonung liegt auf der Bedeutung von Hilfen und Tips im Sinne einer schnellen und effektiven Erweiterung des Wissens, die Lernende in die Lage versetzt, Aufgaben zu bearbeiten, die ohne Hilfe wegen ihrer großen Schwierigkeit jenseits ihrer Problemlösefähigkeit liegen würden.
Wenn aber ein Lehrer einem verzweifelten Kollegen hilft, in der Klasse den Unterricht erfolgreich durchzuführen, und wenn der Helfer die gleiche Unterrichtserfahrung hat wie der hilflose Kollege, wird dessen relative Kompetenz in Frage gestellt. Denn es drängt sich die Frage auf, ob der Helfer in seinen Qualitäten als Lehrer dem Kollegen nicht überlegen ist. Im Extremfall könnte der hilfesuchende Lehrer dazu kommen, sich als Versager einzustufen, weil andere Lehrer bei gleicher Erfahrung und Ausbildung weniger Unterrichtsprobleme zu haben scheinen und ihn sogar beraten können.
In einem Versuch zeigte sich, daß die Ähnlichkeit in sozialen Einstellungen die Auswirkungen einer Hilfe auf den Hilfeempfänger beeinflußte (Fisher & Nadler, 1974). Die Versuchsteilnehmer sollten ihre Stimmung nach dem Erhalt von Hilfe auf Skalen wie »glücklich–traurig«, »schlecht–gut« und »unangenehm–angenehm« einstufen. Sie nahmen an einem Wirtschaftsspiel teil, bei dem der Partner viel besser abschnitt als sie selbst. Als sich die Lage für die Versuchsteilnehmer kritisch zugespitzt hatte, bestand die Hilfe des Partners darin, daß er eine »Geldspritze« anbot.
Die Stimmungsurteile waren bei unähnlichen Helfern, die völlig andere Einstellungen vertraten als die Hilfeempfänger, sehr positiv. Wenn keine Hilfe gegeben wurde, war die Stimmung deutlich negativer. Das deutet an, daß die Hilfe, die von unähnlichen Personen ausging, als eine Befreiung aus einer unangenehmen Lage wahrgenommen wurde. Wenn

aber Hilfe von einem ähnlichen Partner gegeben wurde, der in seinen Einstellungen weitestgehend mit dem Hilfeempfänger übereinstimmte, war die Reaktion der Hilfeempfänger besonders negativ.

Ähnlichkeit scheint also in dieser Situation eine negative Interpretation der Hilfe ausgelöst zu haben. Sie ermöglicht soziale Vergleiche, so daß die Überlegenheit des Partners, die durch die Hilfe demonstriert wird, hervorgehoben wird (Fisher & Nadler, 1974). Erst die Ähnlichkeit verleiht dem sozialen Vergleich mit dem Partner psychologische Bedeutung in dem Sinne, daß die Unterlegenheit des Hilfeempfängers deutlich wird.

Bei der Interpretation dieses Befundes ist anzumerken, daß Ähnlichkeit auch einen positiven Einfluß haben kann, weil eine soziale Unterstützung, die von einer Person kommt, die dieselben negativen Lebensereignisse erlebt hat, besonders wertvoll sein kann (Wortman & Lehman, 1985). Ähnlichkeit hat verschiedene Facetten, z. B. im Hinblick auf die Voraussetzungen und die bestehenden Probleme.

Für die Auswirkungen von Ähnlichkeitseffekten auf die Reaktion von Hilfeempfängern ist auch die Qualität der sozialen Beziehung von erheblicher Bedeutung. Schon die Alltagserfahrung zeigt, daß nicht jede Hilfe Unbehagen hervorruft, auch wenn eine Gegenleistung nicht möglich und nicht erwartet wird. Wichtig scheint z. B. der kooperative Kontext zu sein, der die Beziehung auszeichnet (Cook & Pelfrey, 1985; Deutsch, 1986). In einer kooperativen Beziehung, in der die Hilfeleistung für die Erreichung des Gruppenziels funktional ist, sollte Hilfe – auch wenn sie nicht erwidert werden kann – positiv eingeschätzt werden. Denn es liegt in der Interdependenz der Gruppe, die eine Aufgabe zu bewältigen hat, daß sich die Mitglieder der Gruppe helfen, wenn dazu eine Notwendigkeit besteht.

In einer Untersuchung mit US-Soldaten, die eine kooperative Aufgabe an mehreren Tagen zu lösen hatten (nämlich eine simulierte Eisenbahn-Transport-Firma zu leiten), wurde in Gruppen von drei Personen gearbeitet, die unterschiedliche Aufgabenbereiche zugewiesen bekamen. Zwei der Gruppenmitglieder waren Verbündete des Versuchsleiters. Die Aufgabenverteilung war so organisiert, daß die Versuchsperson mit ihrer Aufgabe überfordert war. Daraufhin bot einer der Mitarbeiter in einer der Bedingungen des Experiments seine Hilfe an. In einer zweiten Bedingung half der Mitarbeiter auf Anweisung des Versuchsleiters. In einer dritten Bedingung wurde Hilfe nicht erwähnt. Nach Beendigung des Versuchs schätzten die Versuchsteilnehmer ihre Sympathie für die Mitarbeiter auf einer Attraktionsskala ein, die aus 20 Items bestand. Wenn der Mitarbeiter aus eigenem Antrieb geholfen hatte, fiel die Bewertung am positivsten aus. Wenn keine Hilfe erfolgt war, wurde Mögen und Respekt besonders niedrig eingeschätzt. Die Attraktivität des Mitarbeiters, der auf Anweisung geholfen hatte, wurde im Mittelbereich eingeschätzt (Cook & Pelfrey, 1985).

Für die Beurteilung dieses Ergebnisses ist der Hinweis wichtig, daß es sich um interagierende Gruppenmitglieder handelte, deren Erfolg von der Leistung aller beteiligten Gruppenmitglieder abhing, da sie an einer gemeinsamen Aufgabe arbeiteten. Demgegenüber fand sich eine verschlechterte Bewertung von ähnlichen Helfern in Untersuchungen, in denen die Akteure unabhängig voneinander arbeiteten und somit nicht in einer kooperativen Beziehung waren. Die Betonung des Gruppenziels und die Funktionalität der Hilfe, die sich als Teil der kooperativen Beziehung deuten läßt, scheinen dazu beizutragen, daß negative Reaktionen von Hilfeempfängern blockiert werden.

Negative Auswirkungen der Hilfe von ähnlichen Personen, die sich nicht in einer kooperativen Gruppenbeziehung befinden, sind nicht auf Einstellungsähnlichkeit beschränkt. Sie treten z. B. auch auf, wenn die Helfer den Hilfeempfängern in ihren Fähigkeiten, die für die Aufgabenbewältigung erforderlich sind, entsprechen und nicht überlegen sind (Fisher, Harrison & Nadler, 1978). Dieser Ähnlichkeitseffekt ist vermutlich in vielen Alltagssituationen von größerer Bedeutung als der der Einstellungsähnlichkeit, weil die Arbeit an einer Aufgabe für die Frage sensitiviert, wie gut eine Person verglichen mit anderen befähigt ist, die Aufgabe zu lösen.

Ein weiterer besonders relevanter Bereich ist die Auswirkung von Freundschaft auf die Reaktionen der Hilfeempfänger. Freundschaft bedeutet soziale Nähe und läßt sich als Tendenz, ähnlich zu denken und zu handeln, interpretieren. Diese Beziehung zwischen Freundschaft und Ähnlichkeit ist zwar kein notwendiger Zusammenhang. Aber die Tendenz, ähnliche Menschen zu mögen und unähnlichen Menschen mit Skepsis gegenüberzutreten, macht sie doch zu einer validen empirischen Generalisierung (s. Byrne, 1969).

Wie Ähnlichkeit so trägt auch Freundschaft dazu bei, daß eine Hilfe negative Gefühle auslösen kann. Das ist insbesondere dann der Fall, wenn die Hilfe in einem Bereich erfolgt, der Rückschlüsse auf zentrale Aspekte des Selbstkonzeptes zuläßt (z. B. Intelligenz und Leistungsfähigkeit; Nadler, Fisher & Ben-Itzhak, 1983). Einschränkend ist anzumerken, daß vermutlich bei einer gemeinsamen Zielsetzung der Freunde, die an einer Aufgabe kooperativ arbeiten, entgegengesetzte Ergebnisse auftreten. Freunde, die in einer kooperativen Beziehung Hilfe leisten, sollten besonders günstig eingeschätzt werden (s. Cook & Pelfrey, 1985).

Freunde bilden einen wichtigen Teil des sozialen Netzwerks der Zielperson, aus dem sie ihre soziale Unterstützung erhalten kann (Bierhoff, 1988c). Unter den nichtprofessionellen Helfern kommt Freunden eine bevorzugte Rolle zu. Freunde tragen wesentlich zur sozialen Unterstützung bei. Schützt soziale Unterstützung eine Person vor den nachteiligen Folgen negativer Lebensereignisse (wie Scheidung, Mißerfolge in der Ausbildung) und vor psychischen Störungen (wie reaktive Depressionen oder Psychosen)?

Generell scheint eine gewisse Schutzfunktion sozialer Unterstützung bei belastenden Lebensereignissen zu konstatieren zu sein (s. Cohen & Wills, 1985; Kessler, Price & Wortman, 1985), wenn auch Probleme in der Ausführung sozialer Unterstützung nicht zu übersehen sind (z. B. Unsicherheit der Helfer, fehlende Langzeitperspektive der Helfer, Bedrohung der optimistischen Weltsicht der Helfer und ihres Glaubens an eine gerechte Welt; s. Wortman & Conway, 1985). Soziale Unterstützung läßt sich in verschiedene Teilbereiche unterteilen (Cohen, Sherrod & Clark, 1986; Wills, 1985):

- Emotionale Unterstützung, die das Selbstwertgefühl erhöht oder stabilisiert. Diese Form der Unterstützung scheint bei schweren Krisen – etwa dem Tod des Ehepartners – besonders erfolgversprechend zu sein (Wortman & Lehman, 1985).
- Informative Unterstützung, die zur Lösung eines Problems beitragen kann (z. B. Ratschläge). Bei schweren Krisen kann diese Form der Unterstützung negative Reaktionen der Hilfeempfänger auslösen (Wortman & Lehman, 1985). Möglicherweise erscheint sie leicht als Besserwisserei und Arroganz.
- Materielle Unterstützung, die sowohl Aktivitäten (wie Haushalt führen, Kinder beaufsichtigen) als auch materielle Zuwendungen umfaßt. Wenn die Passung zwischen dieser Form der Unterstützung und den Bedürfnissen der Hilfeempfänger gut ist, kann sie wesentlich zur Verringerung der Belastungssituation beitragen. Allerdings besteht auch die Möglichkeit, daß der Erhalt dieser Form von Hilfe die Schwäche der Hilfeempfänger hervorhebt (z. B. bei Ähnlichkeit), so daß negative Reaktionen auftreten können. Eine Einbettung der Unterstützung in eine Beziehung, die durch Gegenseitigkeit gekennzeichnet ist, kann diese nachteiligen Effekte vermeiden (s. VI.1.2).
- Soziale Kontakte, die Freizeitaktivitäten und Geselligkeit ermöglichen. Die Ermöglichung positiver Erlebnisse kann den Einfluß der negativen Erfahrungen mildern (Cohen & Hoberman, 1983).
- Motivationale Unterstützung, durch die die Zielperson ermutigt wird, nicht aufzugeben und durchzuhalten. Die Ergebnisse von

Wortman & Lehman (1985) lassen daran zweifeln, ob diese Form der Unterstützung besonders nützlich ist, zumindest was schwere Lebenskrisen betrifft.

Die Hinweise auf Probleme, die mit einer informativen und einer motivationalen Unterstützung zusammenhängen, legen die Vermutung nahe, daß dabei Selbstwertbeeinträchtigungen der Hilfeempfänger eine Rolle spielen, wie sie unter bestimmten Bedingungen erwartet werden (s. Kap. VI.2). Informative Unterstützung kann leicht den Eindruck hervorrufen, daß die Informationsgeber Zweifel an dem Kenntnisstand der Hilfeempfänger haben. Motivationale Unterstützung könnte den Eindruck hervorrufen, daß die Helfer glauben, die Zielperson sei schwach und apathisch und müsse aufgerüttelt werden.

An dieser Stelle ist es nicht möglich, ausführlicher auf die Wirkungen sozialer Unterstützung einzugehen (s. Cohen & Syme, 1985; Sarason & Sarason, 1985). Ihre Bedeutung liegt vor allem darin, daß sie die Beurteilung von Belastungssituationen in die positive Richtung verändern und daß sie die Anpassung an eine Belastungssituation erleichtern kann (Cohen & Wills, 1985). Soziale Unterstützung kann bei jungen und alten Menschen in bedeutsamer Weise zum Wohlbefinden beitragen, wenn die Personen die Unterstützung brauchen (Cohen, Sherrod & Clark, 1986; Stroebe & Stroebe, 1985). Bemerkenswert ist auch, daß Helfer, die ähnliche Probleme erlebt haben wie die Hilfeempfänger, besonders erfolgreich sind (Taylor & Dakof, 1987; Wortman & Lehman, 1985).

Ähnlichkeit im Sinne von gleichen Voraussetzungen scheint die Reaktion auf Hilfe eher zu beeinträchtigen. Aus vergleichbaren Gründen scheint auch die Hilfe von Freunden unter bestimmten Bedingungen und wenn sie in wichtigen Lebensbereichen erfolgt, unangenehme Gefühle der Hilfeempfänger auszulösen. Eine andere Dimension von Ähnlichkeit – nämlich die Ähnlichkeit im Hinblick auf erlebte Schicksalsschläge – scheint sich demgegenüber positiv auf die Hilfe auszuwirken. Viele Selbsthilfegruppen betonen dementsprechend den Kontakt unter Personen, die sich in einer bestimmten Notlage befinden bzw. befunden haben.

Ähnliche Helfer und Freunde, die gleiche Voraussetzungen wie die Hilfeempfänger besitzen, rufen *Vergleichsstreß* (comparison stress) hervor (Nadler & Fisher, 1986). Das gilt vor allem, wenn die Hilfe einen zentralen Aufgabenbereich betrifft, dessen Bewältigung oder Nichtbewältigung Rückschlüsse auf Kernbereiche des Selbstkonzeptes zulassen. Helfer, die ähnliche Probleme bewältigen müssen wie die Hilfeempfänger, rufen eher einen *Vergleichsvorteil* hervor, weil sie sich besonders gut eignen, den Hilfeempfängern soziale Unterstützung – insbesondere auch im emotionalen Bereich – zu geben.

Auf die große Bedeutung der Freunde als Helfer in Notlagen – z. B. Depression, Alkoholismus oder Arbeitsstörungen – wurde schon hingewiesen. Ergänzend ist anzumerken, daß Amateurhelfer in etwa so erfolgreich »psychotherapeutische« Hilfe geben können wie professionelle Helfer (Mediziner, Psychologen; s. Bierhoff, 1988 c; Wills, 1982), da sie in der Lage sind, wichtige psychotherapeutische Variablen zu verwirklichen (z. B. Glaubwürdigkeit und Vertrauenswürdigkeit, Vorbild geben). Ein Problem liegt aber bei den Amateuren vielfach darin, daß sie nicht genug Zeit zur Verfügung haben. Außerdem zeichnen sich viele Personen, die unter persönlichen Problemen leiden, dadurch aus, daß sie Außenseiter sind und nur wenig soziale Unterstützung erwarten können.
Unter den professionellen Helfern werden Psychologen besonders bevorzugt. Ihnen wird – verglichen mit Medizinern oder Pfarrern – eher zugetraut, daß sie die persönlichen Probleme der Hilfesuchenden lösen können (Bierhoff, 1988 c).

1.1.2. Suche nach Hilfe

Nicht nur das *Erhalten von Hilfe* ist von großer Bedeutung für alltägliche Interaktionen. Auch die *Suche nach Hilfe* hat eine große Alltagsrelevanz. Die Determinanten der Reaktion auf das Erhalten von Hilfe scheinen teilweise mit denen der Suche nach Hilfe übereinzustimmen. Vermutlich antizipieren Personen, die Hilfe suchen könnten, ihre Reaktionen auf den Erhalt der Hilfe.
Die Suche nach Hilfe sollte besonders gering sein, wenn als Helfer ähnliche Personen in Frage kommen und wenn die Hilfe einen zentralen Bereich des Selbstkonzepts betrifft. Dieses Ergebnismuster trat bei Personen, die ein hohes Selbstwertgefühl hatten, besonders deutlich hervor, während es bei niedrigem Selbstwertgefühl abgeschwächt war (Nadler, 1987; s. Abb. 19). In Übereinstimmung mit den Ergebnissen zur Reaktion auf Hilfeerhalt wurde von den Personen, die über ein hohes Selbstwertgefühl verfügten und die in einem zentralen Bereich eine ähnliche Person um Hilfe bitten mußten, am wenigsten um Hilfe nachgesucht.
Die Suche nach Hilfe verweist auch wieder auf die Bedeutung der sozialen Unterstützung. Nur wenn ein soziales Netzwerk vorhanden ist, scheint eine erfolgreiche Suche nach sozialer Unterstützung möglich. Die empirischen Ergebnisse lassen vermuten, daß eine Person, die ein negatives Lebensereignis bewältigen muß, vor allem bei solchen Bezugspersonen Unterstützung suchen wird, die nicht zu ähnlich sind im Hinblick auf Ausbildung und Chancen. Hingegen sollte sich Ähnlichkeit im Hinblick auf das Erleben des negativen Lebensereignis-

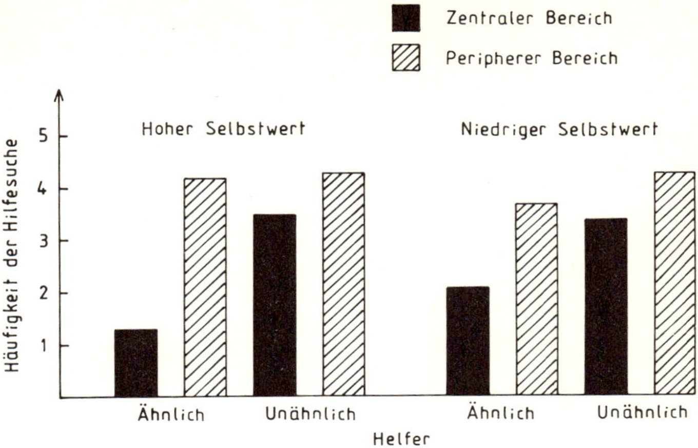

Abb. 19: Häufigkeit der Hilfesuche in Abhängigkeit von Ähnlichkeit, Zentralität der Aufgabe und dem Selbstwert der Hilfeempfänger (nach Nadler, 1987)

ses eher förderlich auf die Auswahl der Adressaten von Hilfeappellen auswirken.

Die Suche nach Hilfe wird durch verschiedene Faktoren erschwert. Zum einen haben Personen, die Hilfe brauchen könnten, übertriebene Befürchtungen im Hinblick auf negative Reaktionen potentieller Helfer (Engler & Braun, 1988). Zum anderen scheint die Suche nach Hilfe auch dadurch beeinträchtigt zu werden, daß die hilfesuchenden Personen aufgrund eines ungünstigen Selbstkonzeptes eine Suche nach Hilfe vermeiden. Empirische Ergebnisse zeigen, daß bei einem relativ positiven Selbstkonzept der eigenen Begabung bzw. bei hoher Fähigkeitseinschätzung in dem spezifischen Aufgabenbereich, um den es geht, Personen eher nach instrumenteller Hilfe, die eine Lösungsfindung erleichtert, suchen – verglichen mit Personen, die über ein tendenziell negatives Selbstkonzept der eigenen Begabung verfügen bzw. die ihre Fähigkeit in dem spezifischen Aufgabenbereich niedrig einschätzen (Engler, 1988). Vermutlich vernachlässigen Personen bei niedrigem Selbstwert in Leistungssituationen eine Suche nach instrumenteller Hilfe, während Personen bei hohem Selbstwert den funktionalen Wert von nützlichen Tips erkennen und sie dementsprechend auszunutzen versuchen.

1.2. Sind Gegenleistungen möglich?

Eine der Fragen, die lange Zeit übersehen wurden, bezieht sich auf die Gegenseitigkeit oder Einseitigkeit der Hilfeleistung. Besteht bei den Hilfeempfängern der Wunsch, daß die Möglichkeit einer »Rückzahlung« der Hilfe in der einen oder anderen Form offen gehalten wird, oder sind sie zufriedener, wenn die Hilfe ein »Geschenk« darstellt, mit dem keine weiteren Verpflichtungen verbunden sind (Gergen & Gergen, 1983)? Diese Frage ist nicht einfach zu beantworten. Fest steht aber, daß dem Vorgang der Hilfeleistung eine unterschiedliche Bedeutung in Abhängigkeit von der Gegenseitigkeit oder Einseitigkeit der Beziehung beigemessen wird (s. Kap. I.1.3). Hilfeleistung, die im Kontext eines wechselseitigen Austausches steht, setzt prinzipiell die Gleichberechtigung von Helfern und Hilfeempfängern voraus. Hilfeleistung, die als Geschenk ohne weitere Verpflichtungen verstanden wird, ruft den Eindruck hervor, daß die Helfer eine stärkere Position haben als die Hilfeempfänger (s. Bierhoff, 1985; 1988c; Rosen et al., 1986).

In einer empirischen Untersuchung (Castro, 1974) wurden die Auswirkungen der Rückzahlungsmöglichkeit auf die Bewertung der Helfer erfaßt. Die Abwertung der Helfer ist eine mögliche Reaktion von Hilfeempfängern, bei denen negative Gefühle nach dem Erhalt von Hilfe überwiegen. Das kann dazu führen, daß die Helfer nicht – wie sie es erwartet haben – von den Hilfeempfängern positiv bewertet werden, sondern daß stattdessen eine negative Bewertung überwiegt. Möglicherweise können Hilfeempfänger auf diese Weise Gefühle der Dankbarkeit abbauen, ohne daß sie sich wirklich dankbar verhalten haben.

Drei Bedingungen wurden gegenübergestellt. Einmal erwartete die Zielperson, daß sie der Person helfen könnte, die ihr vorher großzügig geholfen hatte. In der zweiten Bedingung erwartete die Zielperson, daß sie einer dritten Person helfen könnte, die mit dem Helfer nicht identisch war. In der dritten Bedingung bestand keine Aussicht auf eine Gegenleistung. Die Einschätzung der Helfer war in den zwei erstgenannten Bedingungen auf 18 Eigenschaftsskalen (z.B. »aufrichtig«, »rücksichtsvoll«) günstiger als in der dritten Bedingung, in der die Zielperson eine Unterstützung erhielt, ohne daß die Möglichkeit bestand, daß sie selbst einer anderen Person helfen konnte. Analog dazu war auch die Bereitschaft, um weitere Hilfe nachzusuchen, in der Kontrollbedingung geringer als in den beiden Bedingungen, in denen Gegenleistung möglich erschien. Eine einseitige Helfer-Hilfeempfänger-Beziehung wirkte sich also nachteilig auf die Bewertung der Helfer durch die Hilfeempfänger aus.

Der Wunsch, eine Gegenleistung zu erbringen, ist vermutlich von Situation zu Situation sehr unterschiedlich. Wenn es relativ leicht ist, die

Leistung zu erbringen – wie in dem Versuch von Castro (1974) – sollte die Bereitschaft größer sein als wenn es relativ aufwendig ist. In diesem Fall würden sich viele Hilfeempfänger möglicherweise gerne auf symbolische Gegenleistungen (z. B. eine Einladung) beschränken. Auch wenn die Gegenleistungen sehr umfangreich ausfallen müssen und sogar das Ausmaß der Vorleistungen übertreffen (z. B. bei Zahlung von Zinsen), ist eine abwehrende Reaktion der Hilfeempfänger wahrscheinlich (Gergen, Ellsworth, Maslach & Seipel, 1975). Eine solche abwehrende Reaktion wurde sowohl bei amerikanischen als auch bei schwedischen und japanischen Studenten deutlich. Sowohl minimale Verpflichtungen als auch gesteigerte Verpflichtungen wirkten sich negativ auf die Bewertung der Geber aus.

In diesem Zusammenhang ist der Unterschied zwischen Helfer-Hilfeempfänger-Beziehungen in Abhängigkeit von der Aufgabenstellung zu erwähnen (Cook & Pelfrey, 1985). In einer kooperativen, durch eine gemeinsame Aufgabenbewältigung charakterisierten Beziehung ist der Stellenwert der Frage nach möglichen Gegenleistungen relativ gering. Kooperation beinhaltet die Bereitschaft, einem Mitarbeiter zu helfen, um auf diese Weise die Erreichung des gemeinsamen Gruppenziels zu fördern.

Neben situativen Einflüssen sind auch individuelle Unterschiede in der Verbindlichkeit der Norm der Gegenseitigkeit zu beachten. Viele Untersuchungsergebnisse deuten darauf hin, daß besonders Personen, die einen hohen Selbstwert zum Ausdruck bringen, mit negativen Gefühlen auf Hilfe reagieren (DePaulo, Brown, Ishii & Fisher, 1981). Nur bei den Personen, die über ein relativ hohes Selbstwertgefühl verfügten, trat der Effekt der Ähnlichkeit auf die Gefühle der Hilfeempfänger auf. Bei niedrigem Selbstwert wirkte sich die Ähnlichkeit der Helfer auf die Gefühle der Hilfeempfänger nur unwesentlich aus. Statt dessen bestand die Tendenz, daß durch Hilfe generell eine etwas positivere Reaktion ausgelöst wurde im Vergleich zu den Bedingungen, in denen keine Hilfe gegeben wurde (Nadler, Fisher & Streufert, 1976).

In diesem Zusammenhang ist zu erwarten, daß bei hohem Selbstwertgefühl eher die Norm der Gegenseitigkeit betont wird als bei niedrigem Selbstwertgefühl. In einer Fragebogenstudie, die mit 50 israelischen Studenten durchgeführt wurde, ergab sich eine signifikante Korrelation von $r = 0{,}33$ (Nadler, Mayseless, Peri & Chemerinski, 1985). Je höher das Selbstwertgefühl ausgeprägt war, desto stärker erwies sich die Orientierung an der Norm der Gegenseitigkeit. Außerdem ergab sich, daß gegenüber Nachbarn und Arbeitskollegen eine stärkere Orientierung an dem Prinzip der Reziprozität deutlich wurde als gegenüber Verwandten und Ehepartnern.

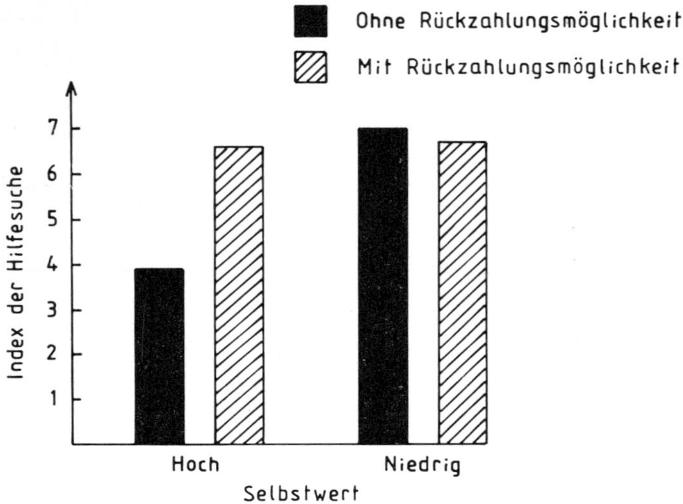

Abb. 20: Suche nach Hilfe in Abhängigkeit von Rückzahlungsmöglichkeit und Selbstwert (nach Nadler, Mayseless, Peri & Chemerinski, 1985)

In einer weiteren Untersuchung mit 12- bis 13jährigen israelischen Schülern wurde erneut die Parallele zwischen Reaktionen auf den Erhalt von Hilfe und der Bereitschaft, Hilfe in Anspruch zu nehmen, unter Beweis gestellt. Die Bereitschaft, einen anderen Schüler um Hilfe zu bitten, erwies sich bei den Schülern, die einen hohen eigenen Selbstwert hatten, als geringer als bei den Schülern, die weniger positiv über sich selbst dachten. Diese Unterschied ging aber nahezu vollständig auf die Bedingung zurück, in der keine Rückzahlungsmöglichkeit bestand (s. Abb. 20). Nur wenn die Schüler nicht antizipierten, daß sie zu einem späteren Zeitpunkt dem Partner helfen konnten, hielten sich Personen mit hohem Selbstwert bei der Suche nach Hilfe zurück. Bestand hingegen die Erwartung eines wechselseitigen Austauschs, wirkte sich das Selbstwertgefühl nicht weiter auf die Suche nach Hilfe aus.

1.3. Angemessenheit der Hilfe

Die Darstellung der Ergebnisse zur Psychologie des Hilfeerhaltens kann potentielle Helfer pessimistisch machen im Hinblick auf die Erfolgsmöglichkeiten und evtl. auftretende Bumerangeffekte der Hilfeleistung.

Eine globale Generalisierung in die Richtung, daß jede einseitige Hilfe bei den Empfängern der Hilfe Probleme hervorruft – sei es, daß ihr Selbstwert beeinträchtigt wird oder daß sie die Helfer abwerten –, ist nicht angebracht. Wichtig ist stattdessen die Erkenntnis, daß der Effekt einer Hilfe auf die Hilfeempfänger in komplexer Weise von mehreren Faktoren bestimmt wird (z. B. die Zentralität der Aufgabe im Hinblick auf das Selbstkonzept, die Ausprägung des Selbstwertgefühls).

Außerdem ist zu beachten, daß unter bestimmten Bedingungen eine Hilfe relativ problemlos zu sein scheint. Das gilt insbesondere dann, wenn eine Hilfeleistung normativ angemessen ist. Z. B. erwartet man von einem Lehrer, daß er oder sie den Schülern beibringt, bestimmte Aufgaben zu lösen. Der Unterricht läßt sich als Hilfe bei der Lösung von schwierigen Problemen auffassen. Die instrumentelle Hilfe des Lehrers ermöglicht es den Schülern, einen raschen Lernfortschritt zu erzielen (Nelson-Le Gall et al., 1983).

Da diese Unterstützung normativ angemessen ist und den Erwartungen von Schülern und Eltern entspricht, sollte sie i. a. problemlos sein. Probleme können erst dann auftreten, wenn Lehrer bestimmten Schülern mehr Hilfe geben als anderen, so daß für Beobachter der Eindruck entsteht, daß bestimmte Schüler die Hilfe nötiger haben als andere, die es offensichtlich besser können (s. Meyer, 1982).

Auch die Tatsache, daß sich unerwiderte Hilfe in kooperativen Beziehungen nicht negativ auf die Bewertung des helfenden Teampartners durch den Hilfeempfänger auswirkt (Cook & Pelfrey, 1985), verweist auf die Bedeutung der Angemessenheit der Hilfe. In kooperativen Gruppen, die an der Lösung einer Aufgabe arbeiten, wäre es unangemessen, sinnvolle Hilfestellungen zu unterlassen. Im Gegenteil, es entspricht den Erwartungen der Mitglieder eines Teams, daß Hilfe gegeben wird, wenn es notwendig ist.

Hilfe kann aber auch gegeben werden, wenn die Zielperson keine Unterstützung wünscht oder nicht einmal entsprechende Bedürfnisse hat. In solchen Fällen ist die Hilfe vielfach unangemessen und wird von den Hilfeempfängern negativ aufgenommen. Ein Beispiel dafür ist eine Aufmerksamkeit, die einer Zielperson zuteil wird, bevor sie um eine Gefälligkeit gebeten wird (Schopler & Thompson, 1968). Es ist naheliegend, daß die Zielperson die Aufmerksamkeit spätestens dann als Manipulationsversuch wertet, wenn sie um eine größere Unterstützung für den Geber gebeten wird. Tatsächlich war die Hilfsbereitschaft von Frauen niedriger, die – nachdem sie beiläufig von einem Interviewer eine Nelke überreicht bekommen hatten – gebeten wurden, einen Handwaschtest für eine Firma durchzuführen (im Vergleich mit Frauen, die keine Blume erhielten).

Gefälligkeiten können sich wie Bumerangeffekte auswirken, wenn sie als unangemessen erscheinen. In diesem Zusammenhang kann man zwischen einer Hilfe unterscheiden, die auf die Bedürfnisse und Wünsche der Empfänger gerichtet ist (Empfänger-ausgelöste Hilfe) und einer Hilfe, die durch die Bedürfnisse und Wünsche der Geber motiviert ist (Geber-ausgelöste Hilfe; s. Schopler, 1970). Wenn Geber den Empfängern nur deshalb eine Gefälligkeit erweisen, weil sie sich ausgerechnet haben, daß dadurch die Empfänger zu einer »Gegenleistung« motiviert werden, liegt der Gefälligkeit eine manipulative Absicht zugrunde. Diese Geber-ausgelöste Hilfe ruft Widerstand und Zurückhaltung hervor, wenn sie als manipulativ durchschaut wird (s. Brehm & Cole, 1966).

Vermutlich führt nur eine Empfänger-ausgelöste Hilfe zu einer Aktivierung der Norm der Gegenseitigkeit. Verschiedene Hinweise legen die Schlußfolgerung der Empfänger nahe, daß eine Hilfe nicht durch ihre Notlage, sondern durch eine manipulative Absicht der Geber motiviert ist. Dazu zählen insbesondere (s. Schopler, 1970):

- Unangemessene Umstände, unter denen üblicherweise keine Gefälligkeit zustande käme
- Hilfeleistungen, die nicht genügend auf die Bedürfnisse der Empfänger abgestimmt sind
- Vorwissen über die Möglichkeit, daß die Geber von den Mitteln und von dem Einfluß der Empfänger profitieren könnten.

Vermutlich sind die beiden zuerst genannten Faktoren von größerer Bedeutung für die Entstehung eines Bumerangeffekts als der dritte Faktor. Die Reaktion auf unangemessene und den Bedürfnissen der Empfänger nicht entsprechende Hilfe läßt sich durch Prinzipien der Attributionstheorie (s. Bierhoff, 1980; 1989) erklären. Wenn eine Gefälligkeit zu einer unpassenden Gelegenheit erfolgt, stehen zwei mögliche Ursachen als Erklärung für das Verhalten der Geber zur Verfügung. Entweder folgten sie der Absicht, den Empfängern eine Wohltat zu erweisen (Empfänger-orientierte Attribution), oder sie folgten einer manipulativen Absicht und wollten die Norm der Gegenseitigkeit ausnutzen (Geber-orientierte Attribution). Nach dem Abwertungsprinzip sollte diese Konstellation möglicher Ursachen dazu führen, daß die Empfänger-orientierte Ursache in ihrer Bedeutung niedrig eingeschätzt wird. Denn die Geber-orientierte Ursache stellt eine plausible Alternativerklärung dar, die es weniger wahrscheinlich erscheinen läßt, daß sich die Geber an den Bedürfnissen der Empfänger orientiert haben.

Wenn eine Gefälligkeit als situativ angemessen erscheint, entfällt die manipulative Absicht als mögliche Ursache zur Erklärung des Zustandekommens der Gefälligkeit. Damit wird es sehr plausibel, daß die Geber durch die Bedürfnisse der Empfänger zu ihrer Handlung motiviert wurden. Als Folge dieser Ursachenattribution sollten Dankbarkeit und die Bereitschaft zu einer Gegenleistung ausgelöst werden (Bierhoff, 1980; Schopler, 1970).

1.4. Wer hat, dem wird gegeben?

Helfer unterscheiden sich erheblich in den Mitteln, die ihnen zur Verfügung stehen. Eine Spende von 100,— DM ist für einen mehrfachen Millionär relativ unbedeutend, während sie für eine Rentnerin, deren Einkommen in der Nähe des Sozialhilfesatzes liegt, kaum zu leisten ist.

Bei großen Mitteln der Geber sollten die Empfänger annehmen, daß die Geber sich wenig anstrengen müssen, um ihnen die Wohltat zu erweisen. Es besteht sogar die Möglichkeit, negative Absichten zu unterstellen, etwa in dem Sinne, daß sich die Geber von ihrer Verantwortung freikaufen wollen. Hingegen sollten geringe Mittel der Geber die Erwartung hervorrufen, daß die Hilfe nur unter großen Anstrengungen und Opfern möglich ist.

Aus attributionstheoretischer Sicht ergibt sich folgende Voraussage, wenn zwischen förderlichen und hemmenden Ursachen (s. Bierhoff & Bierhoff-Alfermann, 1983) unterschieden wird:

Geringe Mittel der Geber lassen sich als Grund für Nichthilfe verstehen. Geringe Mittel lassen sich also als hemmende Ursache auffassen, die eine Wohltat unwahrscheinlich machen. Eine Hilfeleistung, die trotz geringer Mittel gegeben wird, ist vermutlich durch ein starkes altruistisches Motiv bestimmt, das ausreicht, den hemmenden Einfluß der geringen Mittel zu überwinden.

Hingegen sind große Mittel sicher keine hemmende Ursache für prosoziales Handeln und u. U. sogar eine förderliche Ursache. Daher ist es für den Beobachter nicht notwendig anzunehmen, daß die altruistische Motivation trotz hemmender Einflüsse zu der guten Tat geführt hat. Vielmehr stehen genügend Mittel zur Verfügung, um sich wohltätig zu verhalten. Daher reicht es für ein Verständnis der Wohltat aus, wenn die Beobachter nur ein relativ schwaches altruistisches Motiv unterstellen.

Diese Analyse führt zu der Schlußfolgerung, daß ein Geber, der über geringe Mittel verfügt, als altruistischer wahrgenommen und mehr gemocht wird als ein Geber, der über große Mittel verfügt. Geringe Mittel sollten zu einer eindeutigen Empfänger-orientierten Attribution führen, die wiederum die Bereitschaft zu Gegenleistungen hervorrufen kann (Schopler, 1970).

Die Ergebnisse einer hervorragend geplanten und umfassenden Untersuchung der Reaktionen auf Hilfeerhalt (Gergen, Ellsworth, Maslach & Seipel, 1975) in Japan, Schweden und USA stimmen mit dieser Hypothese überein. Während eines Spiels erhielten die Zielpersonen, deren Spielkapital fast verbraucht war, zehn Chips zur Auffrischung ihrer Bestände. Die Unterstützung kam entweder von einem Mitspieler, der selbst knapp bei Kasse war, oder von einem Mitspieler, der über eine gut gefüllte Kasse verfügte. Besonders in Japan, aber auch in Schweden und in Amerika wurde der Helfer mehr gemocht, der über die geringeren Eigenmittel verfügte. Die Bewertung erfolgte auf sechs Skalen wie »freundlich–unfreundlich«, »man kann leicht mit ihm auskommen–man kann schwer mit ihm auskommen«, »intelligent–nicht besonders intelligent«.

Die Empfänger der Chips hatten Gelegenheit, ihren früheren Helfer zu einem späteren Zeitpunkt zu unterstützen. Wenn der ursprüngliche Geber über geringe Mittel verfügte, erhielt er eine größere Anzahl Chips zurück als bei großen Eigenmitteln. Dieser hoch signifikante Effekt wurde in allen drei Kulturen deutlich. Dieses Ergebnis weist nicht nur darauf hin, daß die Norm der Gegenseitigkeit eine in allen Kulturen anzutreffende, universelle Norm darstellt (Triandis, 1978), sondern läßt auch vermuten, daß ihre Verwendung in allen Kulturen von der Größe der Mittel der Geber abhängt.

In einer früheren Untersuchung mit amerikanischen Studenten (Pruitt, 1968) wurden vergleichbare Ergebnisse gefunden. Dabei wurde ein interessantes soziales Dilemma zugrunde gelegt. Die beiden Partner erhielten abwechselnd eine bestimmt Anzahl von Chips, deren Wert in Dollar umgerechnet wurde. Wenn der Inhaber der Chips diese an den Partner sandte, erhöhte sich deren Wert um den Faktor von 1,5. Wenn die Partener kooperierten, konnten sie also mehr Geld gewinnen als wenn sie nicht kooperierten.

Drei Bedingungen wurden miteinander verglichen. Die Transferbereitschaft des Partners und die Größe seiner Mittel wurden in den drei ersten Durchgängen variiert:

- er hatte ein Dollar je Durchgang und schickte davon 80%, was einem Betrag von 0,80 Dollar entsprach
- er hatte ein Dollar je Durchgang und schickte davon 20%, was einem Betrag von 0,20 Dollar entsprach
- er hatte vier Dollar je Durchgang und schickte davon 20%, was einem Betrag von 0,80 Dollar entsprach.

Für die Erfassung der Auswirkung der Größe der Mittel des Gebers ist der Vergleich zwischen der ersten und der dritten Bedingung von Bedeutung. In den folgenden drei Durchgängen hatten die Studenten die Möglichkeit, von jeweils drei Dollar einen Betrag an den Partner zu senden. Dieser Betrag war in der ersten Bedingung am größten und in

der dritten Bedingung am niedrigsten. In der mittleren Bedingung entsprach er etwa dem, was in einer Kontrollgruppe abgeschickt wurde, in der keine Vorerfahrung mit dem Partner vorlag.
Der Vergleich unter den Bedingungen zeigt, daß große Mittel zu einer besonders niedrigen Bereitschaft zur Rückzahlung führten, Denn selbst die Studenten, die in der zweiten Bedingung nur 0,20 Dollar erhalten hatten, sandten mehr Geld ab als die, die zwar 0,80 Dollar erhalten hatten, die aber wußten, daß vier Dollar je Durchgang zur Verfügung standen. Generell gilt, daß die relative Großzügigkeit eines »armen« Partners zu mehr Rückzahlung führt als der relative Geiz eines »reichen« Partners, wenn der absolute Betrag gleich ist (Eisenberger, Cotterell & Marvel, 1987).
Der Vollständigkeit halber sei erwähnt, daß in der kulturvergleichenden Untersuchung (Gergen, Ellsworth, Maslach & Seipel, 1975), in der mehr an den Partner zurückgezahlt wurde, der geringe Mittel besaß, der Partner eher für eine Koalition ausgewählt wurde, der über große Mittel verfügte. Strategische Entscheidungen, die über den weiteren Spielverlauf entscheiden konnten, wurden also im wesentlichen durch ein rationales Gewinnkalkül bestimmt. Das galt in allen drei Kulturen. In der Studie des sozialen Dilemmas (Pruitt, 1968) fand sich ein vergleichbarer Hinweis (s. auch Eisenberger, Cotterell & Marvel, 1987). Diejenigen Studenten sandten mehr Geld ab, die erwarteten, daß ihr Partner in einer geplanten dritten Spielrunde, die erneut aus drei Durchgängen bestehen sollte, mehr Geld (zwei Dollar je Durchgang) zur Verfügung haben werde (verglichen mit 0,50 Dollar je Durchgang). Dieses Ergebnis läßt vermuten, daß die Studenten ihre Freigiebigkeit von einer manipulativen Absicht (Schopler, 1970) leiten ließen und dann mehr abgaben, wenn sie auf größere Gegenleistungen hoffen konnten.
Die Reaktion auf die Großzügigkeit des Partners ist auch von den Werten und Überzeugungen des Empfängers abhängig. In diesem Zusammenhang lassen sich unterschiedliche Rückzahlungs-Ideologien unterscheiden (Eisenberger, Cotterell & Marvel, 1987), die sich auf größere Rückzahlungen oder vorsichtige Rückzahlungen beziehen. Im ersten Fall glaubt die Person z. B. daran, daß eine Leistung des Partners, die ihr von Nutzen ist, durch eine größere Rückzahlung beantwortet werden sollte. Im zweiten Fall glaubt die Person, daß »die realistischste Politik darin besteht, von anderen mehr zu nehmen als zu geben« (S. 746).
Personen, die besonders Feststellungen im Sinne einer »realistischen Politik« zustimmen, differenzieren in der Größe ihrer Rückzahlung weniger zwischen einem großzügigen und einem geizigen Partner als Personen, die einer solchen »realistischen Politik« nicht zustimmen (Eisenberger, Cotterell & Marvel, 1987). Daher kann man feststellen,

daß je nach Rückzahlungs-Ideologie unterschiedlich stark zwischen »gierigen« und »großzügigen« Partnern differenziert wird. Allerdings findet sich auch bei denen, die der »realistischen Politik« folgen, eine deutlich größere Bereitschaft zur Rückzahlung gegenüber einem großzügigen Partner. Der Einfluß von Rückzahlungs-Ideologien ist bisher nur wenig erforscht worden, obwohl sie vermutlich die Reaktionen auf den Empfang von Hilfe in erheblichem Umfang beeinflussen. Möglicherweise reagieren die »Realisten« weniger mit negativen Gefühlen auf den Erhalt der Hilfe als die Personen, die das Schuldgefühl gegenüber dem Geber betonen.

1.5. »Können Sie mir helfen?« vs. »Brauchen Sie Hilfe?«

Die Reaktanz-Theorie (Brehm, 1966) läßt vermuten, daß Hilfe, die unaufgefordert gegeben wird, Abwehrreaktionen auslöst, insbesondere wenn sie die Freiheit der Wahl einschränkt und als manipulatives Manöver aufgefaßt wird. Daher sollte eine Hilfe, die erbeten wird, im Vergleich zu einer aufgedrängten Hilfe bevorzugt werden.
Aber auch die Bitte um Hilfe ist für die Hilfeempfänger nicht unproblematisch, da sie ein explizites Eingeständnis einer Notlage und der Abhängigkeit von einer Hilfsmaßnahme impliziert. Insofern ist eine Bitte ein Hinweis auf die eigene Schwäche und Unterlegenheit (s. Nadler & Fisher, 1986).
Eine dritte Möglichkeit besteht darin, daß die Hilfe angeboten wird, ohne daß sie notwendigerweise auch genutzt wird. Diese Vorgehensweise könnte die Hilfeempfänger davor schützen, ihre eigene Schwäche eingestehen zu müssen, da sie das Angebot einer Hilfe im Rahmen der Normen durchaus akzeptieren können. Das gilt insbesondere dann, wenn vermutlich jeder, dem die Hilfe angeboten würde, sie bei Bedarf auch nutzen würde. Die Ursache für die Hilfe würde wegen des hohen Konsensus eher external als internal attribuiert. Die Hilfeempfänger würden die Hilfe weniger durch ihre Hilflosigkeit erklären (internale Attribution) als durch das Angebot (externale Attribution; Gross, Wallston & Piliavin, 1979).
Die Notwendigkeit, um Hilfe zu bitten, scheint die Häufigkeit der Unterstützung relativ gering zu halten. Außerdem werden die Helfer eher negativ bewertet (Broll, Gross & Piliavin, 1974). Demgegenüber führt das Angebot von Hilfe zu mehr tatsächlicher Unterstützung und zu einer positiveren Bewertung der Helfer.
In einem Feldexperiment wurde überprüft, inwieweit diese Ergebnisse auch für öffentliche Unterstützungsprogramme bedürftiger Familien zutreffen (Gross, Wallston & Piliavin, 1979). Durch ein Sozialpro-

gramm sollten Familien mit Kindern über ein Jahr durch Sozialarbeiter unterstützt werden. Ein Teil der Programmteilnehmer konnte die Unterstützung durch die Sozialarbeiter telefonisch anfordern. Die übrigen Teilnehmer wurden in regelmäßigen Abständen durch die Sozialarbeiter besucht, die ihre Hilfe während der Besuche anboten.

Regelmäßige Besuche führten zu mehr tatsächlicher Unterstützung und zu einer positiveren Bewertung der Sozialarbeiter. Die Notwendigkeit, die Hilfe zu erbitten, stellte vermutlich eine Hürde dar, da sie die direkte Suche nach Hilfe erforderlich machte. Hingegen war das regelmäßige Angebot der Hilfe ein einfacherer Weg, um notwendige Hilfe zu erhalten.

Diese Resultate haben Implikationen für die Durchführung sozialer Unterstützungsprogramme. Um negative Effekte auf die Bewertung des Programms – und möglicherweise auch auf das Selbstkonzept der Hilfeempfänger – zu vermeiden, ist es wünschenswert, das Angebot der Hilfe möglichst in der Wohnung der Betroffenen oder durch telefonische Anrufe bereitzustellen. Auf diese Weise scheinen die negativen Folgen des Hilfeerhalts verringert zu werden.

2. Bedrohung des Selbstwerts

Übersichten über theoretische Erklärungen von negativen Reaktionen von Hilfeempfängern (Fisher, Nadler & Whitcher-Alagna, 1983; Gross, Wallston & Piliavin, 1979) zeigen, daß mehrere psychologische Theorien unterschiedliche Aspekte dieses Reaktionsmusters erklären. Die wichtigsten sind die Theorie der Fairneß und Gerechtigkeit, die Reaktanz-Theorie und die Attributionstheorie.

Fairneß wird in Beziehungen zwischen oberflächlichen Bekannten z. T. nach dem Equity-Prinzip beurteilt. Wenn die Relation der Vorleistungen zu den Belohnungen zwischen Person A und B gleich ist, sollte Fairneß bestehen (Adams, 1965). Eine Konsequenz dieser Annahme besteht darin, daß eine Zunahme der Belohnungen einer Person mit einer Steigerung ihrer Leistungen einhergehen muß, damit erneut Equity gegeben ist.

Equity ist von Prozessen des sozialen Vergleichs abhängig (Austin, 1977; Folger, 1986). Die Ausgeglichenheit wird nicht nur durch die objektiven Daten, sondern vor allem durch die subjektiven Einschätzungen bestimmt. Diese Unterscheidung entspricht der zwischen Ausbildungsstand und Kompetenzgefühl. Die subjektive Wahrnehmung ist im Hinblick auf die sozialen Folgen wichtiger als die objektiven Daten.

Relevante Vergleichspersonen sind i. a. zu der Zielperson in relevanten Attributen (z. B. Alter, Geschlecht, Ausbildung, Wohnortnähe) ähnlich (s. Kap. VI.1.1). Vergleiche mit diesen Personen können unangenehme Gefühle hervorrufen, wenn eine Person feststellt, daß sie – relativ zu ihren Vorleistungen – besser oder schlechter abgeschnitten hat als die andere Person. Wenn etwa eine Person wenig geleistet hat und mehr bekommt als andere, die viel geleistet haben, sollte eine Beeinträchtigung des Selbstkonzepts bei dieser überbelohnten Person auftreten.
Diese Konstellation ist aber typisch für die Beziehung zwischen Helfer und Hilfeempfänger. Während die Helfer ihre Mittel reduzieren und evtl. Opfer bringen, steigt das Belohnungsniveau der Hilfeempfänger, ohne daß sie ihr Leistungsniveau angehoben hätten. Daher läßt die Equity-Theorie eine Selbstkonzept-Bedrohung aufgrund der Transaktion erwarten.
Die Reaktanz-Theorie (Brehm & Brehm, 1981; Wicklund, 1974) sagt dann negative Reaktionen der Hilfeempfänger voraus, wenn durch den Hilfeerhalt das Gefühl ausgelöst wird, daß die Freiheit des Handelns eingeschränkt worden ist. Dadurch soll ein Motiv aktiviert werden, die bedrohte Freiheit zu sichern bzw. wiederherzustellen. Dieses Motiv wird Reaktanz genannt. Wer das Gefühl hat, von anderen Menschen kontrolliert zu werden und die Freiheit des Handelns verloren zu haben, sieht sich in der Selbstwahrnehmung als schwach und unterlegen.
Hilfeempfänger scheinen unter bestimmten Bedingungen tatsächlich eine Freiheitseinschränkung zu erfahren. So besteht die Möglichkeit, daß die Geber eine manipulative Absicht verfolgen, die die Hilfeempfänger für bestimmte Bitten nachgiebiger machen soll (s. Kap. VI.1.3). Die manipulative Absicht der Geber impliziert die Freiheitseinschränkung der Empfänger (Brehm & Cole, 1966). Aber auch ohne eine offensichtliche manipulative Absicht kann der Hilfeerhalt Reaktanz hervorrufen, weil die Norm der Gegenseitigkeit ins Spiel kommt, die das zukünftige Verhalten der Hilfeempfänger zumindest in bestimmten Teilbereichen festlegt (s. Kap. VI.1.2). Von den Hilfeempfängern wird erwartet, daß sie sich in der Zukunft dankbar zeigen und den Gebern eine Wohltat erweisen.
Attributionstheoretische Modelle können ebenfalls zur Interpretation der Reaktionen von Hilfeempfängern beitragen. Ein Beispiel ist die Analyse der Auswirkungen der Größe der Mittel der Geber (s. Kap. VI.1.4). Geringe Mittel lassen sich als hemmende Ursachen interpretieren, die durch eine starke altruistische Motivation, die die förderliche Ursache der Hilfe darstellt, ausgeglichen werden müssen. Attributionstheoretische Überlegungen verdeutlichen auch, wie eine manipulative Absicht einen Bumerangeffekt auslösen kann (s. Kap. VI.1.3).

Eine Theorie, die die gerade genannten Ansätze zumindest teilweise integriert, stellt die Bedrohung des Selbstwertes in den Mittelpunkt (Fisher, Nadler & Whitcher-Alagna, 1982; Nadler & Fisher, 1986). Ausgangspunkt ist die Überlegung, daß Hilfe sowohl positive als auch negative Auswirkungen auf die Hilfeempfänger haben kann. Positive Effekte beziehen sich auf den Nutzen, den die Hilfeempfänger aus der Hilfe ziehen können, auf die Unterstützung, die sie durch ihr soziales Netzwerk erhalten, und auf die persönliche Anerkennung, die in der Hilfe zum Ausdruck kommen kann, wenn sich die Hilfeempfänger durch Vorleistungen eine Unterstützung »verdient« haben (z. B. ein Stipendium).

Diesen positiven Konsequenzen stehen verschiedene negative Folgen gegenüber. Dazu zählen insbesondere Gefühle der Unterlegenheit und Schwäche, die durch soziale Vergleichsprozesse hervorgerufen werden können (s. Kap. VI.1.1), und Einschränkungen von Freiheit und Unabhängigkeit, wie sie durch Normen und Erwartungen eintreten (vgl. Reaktanz-Theorie).

In dem Modell der Bedrohung des Selbstwertes steht die Annahme im Mittelpunkt, daß sich der Hilfeerhalt auf das Selbstkonzept auswirken kann. Negative Konsequenzen führen zu einer Bedrohung des Selbstwertes, während positive Konsequenzen das Selbstwertgefühl fördern und unterstützen (Nadler & Fisher, 1986).

Eine Bedrohung des Selbstwertgefühls durch Hilfeerhalt bzw. Suche nach Hilfe sollte vor allem dann auftreten, wenn die Hilfeempfänger über ein hohes Selbstwertgefühl verfügen und wenn sich die Hilfe auf einen zentralen Bereich ihres Selbstkonzepts bezieht. Unter diesen Voraussetzungen sagt die Theorie der Selbstwertbedrohung voraus, daß z. B. Ähnlichkeit ein abwehrendes Reaktionsmuster der Hilfeempfänger auslösen kann (s. Tab. 3). Dieses Reaktionsmuster umfaßt negative Gefühle, negative Bewertung der Helfer und der Hilfe, wenig Neigung, um (weitere) Hilfe nachzusuchen und eine große Bereitschaft, durch eigene Leistung die bedrohte Unabhängigkeit wiederherzustellen bzw. sich selbst zu helfen.

Das akzeptierende Reaktionsmuster, das sich als Folge einer selbstunterstützenden Hilfe einstellen sollte, ist durch positive Gefühle, Dankbarkeit, Bereitschaft, weitere Hilfe zu suchen und wenig Anstrengungsbereitschaft im Sinne einer Selbsthilfe gekennzeichnet (Nadler & Fisher, 1986). Immer dann, wenn die in Tab. 3 genannten Merkmale dazu beitragen, daß der Hilfeerhalt den Selbstwert nicht bedroht, sollten die akzeptierenden Reaktionen dominieren, während Charakteristika von Helfern und Hilfeempfängern, die das Selbstwertproblem aktualisieren, dazu beitragen sollten, daß die abwehrenden Reaktionen auftreten.

Neben diesen kurzfristigen Folgen, die mit dem abwehrenden und dem akzeptierenden Reaktionsmuster beschrieben werden, sind auch Voraussagen auf langfristige Folgen möglich (Nadler & Fisher, 1986). Diese sind z. T. davon abhängig, ob die Hilfeempfänger annehmen, daß sie in dem in Frage stehenden Bereich (z. B. ihr Leistungsverhalten) Verbesserungen erzielen können.

Wenn das akzeptierende Reaktionsmuster dominiert, wird erwartet, daß der gegenwärtige motivationale Zustand erhalten bleibt. Wenn das abwehrende Verhaltensmuster auftritt, sollten die Langzeitfolgen davon abhängen, ob die Betroffenen glauben, daß sie die Fähigkeit haben, erfolgreiche Bewältigungsversuche der Probleme, die die Hilfe notwendig machten, zu unternehmen. Wenn sie in dieser Hinsicht optimistisch sind, sollten sie ihre Motivation, sich selbst zu helfen, i. a. in eine Verbesserung ihrer Lage umsetzen können. Dann motiviert nämlich der Wunsch, den Selbstwert in der Zukunft zu schützen, und das Wissen über die eigenen Kompetenzen (bzw. das positive Kompetenzgefühl) aktive Bewältigungsversuche (coping, s. Kap. III.2). Daher sollte langfristig auch eine positivere Bewertung von Helfern und der Hilfe selbst eintreten.

Wenn die Hilfeempfänger im Hinblick auf eigene Einflußmöglichkeiten pessimistisch sind, weil sie ihr Kompetenzgefühl als gering einschätzen, sollte langfristig durch die Hilfe das Gefühl der Abhängigkeit und Hilflosigkeit gefördert werden. Das Gefühl des Optimismus oder Pessimismus im Hinblick auf Veränderungsmöglichkeiten läßt sich auf ein hohes oder niedriges Kompetenzgefühl zurückführen. Wenn die Situation, die die ursprüngliche Hilfe erforderlich gemacht hat, als kontrollierbar erscheint, erwarten die Hilfeempfänger, daß sie sich durch ihre eigenen Anstrengungen aus der Abhängigkeit befreien können. Erscheint die ursprüngliche Abhängigkeit aber als unkontrollierbar, sollte die Bereitschaft zur Selbsthilfe gering sein und stattdessen ein eher passives Warten auf weitere Hilfemaßnahmen auftreten.

In der langfristigen Perspektive ergeben sich also Annahmen über die Motivation, Kontrolle auszuüben bzw. Anstrengungen zu unternehmen, die eine Selbsthilfe darstellen. Das abwehrende Reaktionsmuster führt zu einer starken Motivation, Kontrolle auszuüben. Diese Motivation führt aber nur dann zu entsprechenden Handlungen, wenn die Fähigkeiten zur Bewältigung des ursprünglichen Problems vorhanden sind bzw. als hinreichend groß wahrgenommen werden. Diese Einschätzung bezieht sich auf die kausale Kontrolle, die durch die konkreten Möglichkeiten der Bewältigung des Problems bestimmt wird (Nadler & Fisher, 1986).

Die Trennung zwischen der Motivation, Kontrolle auszuüben, und kausaler Kontrolle entspricht im wesentlichen der attributionstheoretischen

Annahme, daß Fähigkeit und Motivation die zentralen Bestimmungsstücke einer Handlung darstellen (Bierhoff, 1989; Heider, 1958). Ärger über die unliebsame Rolle eines Hilfeempfängers kann nur dann in konstruktive Problemlösungen münden, wenn die Fähigkeiten ausreichen bzw. aufgrund der Hilfeleistung hinreichend weit entwickelt werden können (Engler, 1988).

In diesem Zusammenhang ist erwähnenswert, daß vor allem Personen, die ein hohes Selbstwertgefühl haben, auf Hilfe mit dem Versuch reagieren, die eigenen Anstrengungen zu intensivieren, um eine zukünftige Abhängigkeit zu vermeiden (DePaulo, Brown, Ishii & Fisher, 1981). Dieses betonte Bemühen um Selbsthilfe wurde nur dann beobachtet, wenn die vorangehende Hilfe als bedrohlich für den Selbstwert wahrgenommen wurde (Der Helfer kommentierte »Ich denke, das macht dir Schwierigkeiten«) und wenn die daraufhin zu bewältigende zweite Aufgabe durch ihre Schwierigkeit eine Herausforderung der Leistungsfähigkeit darstellte. Auf diese Herausforderung reagierten Personen mit hohem Selbstwert mit großer Leistungsbereitschaft, vermutlich um ihre Kompetenz unter Beweis zu stellen und ihre Unabhängigkeit wiederzugewinnen (Bierhoff, 1985, 1988c).

Im Kontext von intellektuellen Leistungsaufgaben war es durchaus plausibel für die Versuchsteilnehmer anzunehmen, daß sie grundsätzlich die Kompetenz zur Problemlösung besitzen. Wäre diese Überzeugung unplausibel gewesen – z. B. weil die zu lösenden Probleme eine spezielle Vorbildung zur Lösung erforderten –, hätte vermutlich die Hilfe zu dem Gefühl der Hilflosigkeit beigetragen und eher Passivität als Anstrengungsbereitschaft ausgelöst. Es besteht allerdings auch die Möglichkeit, daß durch die Informationen, die in der Hilfeleistung enthalten sind (Tips, Handlungsrezepte, Problemlöseheuristiken), eine nachfolgende Selbsthilfe ermöglicht wird (Engler, 1988).

Die Bedeutung der Bedrohung des Selbstwertes in der Helfer-Hilfeempfänger-Beziehung ist vermutlich im wesentlichen auf Situationen beschränkt, in denen beide unabhängig voneinander an der Lösung von Aufgaben arbeiten. Hingegen tritt offensichtlich der Aspekt der Selbstwertbedrohung in kooperativen Gruppen deutlich in seiner Bedeutung zurück, weil normative Erwartungen in kooperativen Gruppen Hilfeleistung fördern (Cook & Pelfrey, 1985).

In Lern- und Leistungssituationen sollte die Neigung, Hilfe zu suchen – insbesondere bei Lehrern und Experten –, das Selbstwertgefühl nur wenig beeinträchtigen, weil die Suche nach Hilfe als funktional für die Lösung von schweren Aufgaben und als situationsangemessen für den Lernkontext erscheint. In solchen Situationen scheint sich sogar eine Umkehrung der Ergebnisse zu finden, die auf negative Reaktionen von Hilfeempfängern verweisen (Engler, 1988). Personen mit hohem Selbstwertgefühl bzw. Personen, die über eine positive Einschätzung ihrer Aufgabenkompetenz verfügen, suchten eher nach instrumenteller Hilfe, die die weitere Aufgabenbearbeitung erleichterte, als Personen, die zu ungünstigeren Selbsteinschätzungen neigten. In Lernsituationen hängt die Suche nach Hilfe häufig positiv mit der Leistungsgeschwindigkeit und dem Erfolg zusammen. Daher kann man sagen, daß Personen mit günstigen Selbsteinschätzungen eine Strategie in diesen Situationen verfolgen, die eher zu Erfolg führt als die Strategie der Personen, die eine ungünstige Selbsteinschätzung der eigenen Kompetenz aufweisen (Engler, 1988).

3. Modelle der Hilfe

Welche Auswirkungen einer Hilfe auf den Hilfeempfänger sind wünschenswert? Die Antwort auf diese Frage hängt zumindest teilweise von bestimmten Werten und Überzeugungen ab. Eine naheliegende Annahme besteht darin, daß die Hilfeempfänger in ihrer Selbständigkeit gestärkt und daß längerfristige Abhängigkeiten vermieden werden sollten. Eine Hilfe, die z. B. die Startchancen verbessert und Hemmnisse aus dem Weg räumt, kann dazu beitragen, daß die Hilfeempfänger ihre Autonomie entwickeln und »das Schicksal selbst in die Hand nehmen« können (Nelson-LeGall, Gumerman & Scott-Jones, 1983). Gute Absichten, die zu einer falsch dosierten, weil übermäßig ausgedehnten Hilfsaktion führen, können Schaden hervorrufen und eine Entwicklung in die Abhängigkeit und Passivität der Hilfeempfänger einleiten.
Stattdessen scheint es wünschenswert zu sein, Hilfe zur Selbsthilfe zu geben. Wenn dieses Ziel auch ein Ideal ist, so sollten Hilfsmaßnahmen doch immer unter dem Gesichtspunkt geprüft werden, ob sie den Hilfeempfängern eine Ausgangsposition verschaffen können, von der aus sie sich selbst helfen können, oder ob sie sie eher in die Rolle von hilflosen Personen drängen, die vermutlich noch sehr lange auf Hilfsmaßnahmen angewiesen sein werden. Wenn eine Chance dafür besteht, dann sollten die Empfänger der Hilfeleistung in die Lage versetzt werden, sich durch ihre eigene Initiative selbst zu helfen und ihr Schicksal selbst zu meistern.
Diese Überlegungen zielen auf die Frage ab, wie Hilfe gegeben werden *sollte*. Zur Beantwortung dieser Frage ist es nützlich, vier verschiedene Modelle der Hilfeleistung zu unterscheiden (Brickman, Rabinowitz, Karuza, Coates, Cohen & Kidder, 1982). Diese Modelle, die in Tab. 4 zusammengefaßt sind, lassen sich als allgemeines Bezugssystem für verschiedene Formen der Hilfe interpretieren.

Tab. 4: Modelle der Hilfeleistung (modifiziert nach Brickman, Rabinowitz, Karuza, Coates, Cohen & Kidder, 1982)

	Verantwortung für die Lösung des Problems			
	Hoch		Niedrig	
Verantwortung für die Entstehung des Problems	Hoch	Niedrig	Hoch	Niedrig
Modell	Moralisches	Kompensatorisches	Aufklärungs	Medizinisches
Grundlegender Prozeß	Leistung erbringen	Fairneß herstellen	Kontrollverlust erleiden	Reparatur durchführen
Selbstwahrnehmung	›Versager‹	depriviert	schuldig	krank
Erwartete Handlung	Sich durchsetzen	Sich durchsetzen	Annehmen	Annehmen
Pathologie	Egozentrismus	Egozentrismus	Abhängigkeit	Abhängigkeit
Handlungen, die von anderen erwartet werden	Ermahnungen zum Guten	Mobilisierung der eigenen Kräfte	Anweisungen und Befehle	Anweisungen und Befehle
Implizites Meschenbild	stark	gut	schlecht	schwach
Typisierung	›Einzelkämpfer‹	Interessenvertreter	Fanatiker	Kranker
Beispiel	Leistungsgesellschaft	Frauengruppe	Splittergruppe	Medizin

Hilfe dient allgemein der Lösung von Problemen. Im folgenden werden schwerwiegende Probleme betrachtet (z. B. Abhängigkeit von Alkohol, finanzielle Probleme, Arbeitsstörungen). Die Unterscheidung der Modelle in Tab. 4 beruht auf einer attributionstheoretischen Analyse der Verantwortungszuschreibung für ein Problem, die sich auf zwei Fragestellungen bezieht:

- Wer hat das Problem verschuldet?
- Wer übt die Kontrolle über die Lösung des Problems aus?

Die Schuldfrage hängt eng damit zusammen, ob die Ursache des Problems auf die Person attribuiert wird, die sich in der Notlage befindet (internale Attribution) oder ob sie äußeren Umständen zugeschrieben wird (externale Attribution). Die Verantwortungszuschreibung für die Entstehung eines Problems stimmt aber nicht immer mit der internalen/externalen Attribution überein. Z. B. sind Krankheiten nicht gleichzusetzen mit einer Verschuldung. Jedenfalls beinhaltet die Schuldzuschreibung eine Verantwortungsattribution, die auf die Verursachung des Problems abzielt.

Die Kontrollfrage hängt mit der Lösung des Problems zusammen. Soll die betroffene Person selbst für die Lösung verantwortlich sein oder soll die Verantwortung auf andere delegiert werden, die die Lösung des Problems stellvertretend übernehmen? Wer Kontrolle ausübt, vermeidet Hilflosigkeit. Darin liegt ein Hauptproblem der Delegation der Kontrolle an fremde Instanzen. Da die Zielperson die Kontrolle nicht mehr selbst ausübt, begibt sie sich in eine Situation, in der sie von den Entscheidungen anderer Personen abhängig wird.

Jedes der vier Modelle der Hilfeleistung beruht auf einer eigenen Konzeption und führt zu typischen Konsequenzen. Im Alltag findet man Beispiele für die Anwendung aller vier Modelle. Wenn eine medizinische Behandlung durchgeführt wird, geht man i. a. davon aus, daß die Patienten weder persönlich für ihre Krankheit noch für die Planung und Ausführung der Behandlung verantwortlich sind. Dieses *medizinische Modell* entspricht in etwa der Vorstellung, daß ein Schaden durch eine Reparatur zu beheben ist, die von Experten durchgeführt wird. Die Patienten, die sich selbst als krank einstufen, akzeptieren i. a. den Behandlungsplan und versuchen, den Anweisungen Folge zu leisten, die die Ärzte geben.

Das *Aufklärungsmodell* stimmt mit dem medizinischen Modell darin überein, daß den Hilfeempfängern keine Verantwortung für die Lösung ihrer Probleme zugeschrieben wird. Andererseits besteht aber die Tendenz anzunehmen, daß die Hilfeempfänger in der Vergangenheit Fehler gemacht haben, die ihre gegenwärtige Notlage ausgelöst haben. Während also die Klienten für die Entstehung ihrer Probleme verantwortlich gemacht werden (im Sinne einer Schuldzuschreibung), übernehmen es Experten und Autoritäten, Lösungsvorschläge auszuarbeiten und in die Praxis umzusetzen. Die Klienten sollen die Empfehlungen, die ihnen gegeben werden, akzeptieren und den resultierenden Kontrollverlust in Kauf nehmen. Für außenstehende Beobachter kann es so erscheinen, als ob die Klienten »ferngesteuert« wären. Das Aufklärungsmodell wird von religiösen und politischen Splittergruppen angewandt.

Das *Kompensatorische Modell* beschreibt idealtypisch Hilfe, die der Förderung der Selbsthilfe dient. Die Klienten werden von der Verantwortung für die Entstehung ihrer Probleme entlastet, um ihnen die Möglichkeit zu geben, alle Kräfte für die Lösung ihrer Probleme zu mobilisieren. Sie sollen in die Lage versetzt werden, ihre Ansprüche als ihre eigenen Interessenvertreter durchzusetzen, um ihre Benachteiligung zu überwinden.

Das *Moralische Modell* schreibt den Betroffenen sowohl die Verantwortung für die Entstehung des Problems als auch die Verantwortung für die Lösung des Problems zu. Die Betroffenen werden praktisch ihrem eigenen Schicksal überlassen. Die Beobachter geben ihnen in der einen oder anderen Form den Rat, sich anzustrengen, etwas zu leisten und die selbstverschuldeten Probleme aus eigener Kraft zu überwinden. Beobachter, die dieses Modell zugrunde legen, neigen schnell dazu, Menschen, die Probleme haben, als Versager einzustufen. Eigeninitiative und Leistungsbereitschaft sind gefragt, die mit Erfolg gekrönt sein sollten.

Jedes der vier Modelle der Hilfeleistung hat seine spezifischen Anwendungsbereiche und seine Vor- und Nachteile. Das Moralische Modell ist mit der Leistungsgesellschaft und der protestantischen Ethik eng verknüpft. Es eröffnet viele Möglichkeiten der Selbstverwirklichung, läßt aber Menschen allein, die unter Problemen und Schwierigkeiten leiden. Die guten Ratschläge, die nach diesem Modell gegeben werden, scheinen von den Betroffenen vielfach als wenig hilfreich angesehen zu werden (Wortman & Lehman, 1985).

Das Medizinische Modell läßt sich am besten in solchen Bereichen anwenden, in denen Experten über Sachkompetenz verfügen, durch die das Problem gelöst werden kann. Ein Beispiel ist der Zahnarzt, auf dessen Sachkompetenz wohl niemand verzichten möchte.

Das Aufklärungsmodell wird z. B. angewandt, wenn jemand aufgrund seines Fahrverhaltens den Führerschein verloren hat und an einer Nachschulung teilnehmen muß. Damit keine weiteren Fehler gemacht werden, übernimmt es eine Institution, eine Neuorientierung der Fahrer herbeizuführen.

Das Kompensatorische Modell beruht wesentlich auf der Überzeugung, daß die Eigeninitiative der Betroffenen am besten geeignet ist, tragbare

Problemlösungen herbeizuführen. So läßt sich am ehesten gewährleisten, daß die Betroffenen ihr Schicksal selbst meistern und keinen Kontrollverlust erleiden. Gleichzeitig werden sie nicht durch Schuldzuschreibungen entmutigt und belastet. Das Kompensatorische Modell läuft vielfach darauf hinaus, daß den Klienten eine Starthilfe gegeben wird bzw. daß ihnen Problemlösefähigkeiten vermittelt werden, die es ihnen ermöglichen, ihre Interessen erfolgreich zu vertreten. Wenn z. B. Frauen, die ihren Beruf aufgegeben haben und Hausfrauen sind, sich eine neue Berufsperspektive eröffnen wollen, dann könnte die Hilfeleistung darin bestehen, die beruflichen Kenntnisse auf den neuesten Stand zu bringen, um die Wettbewerbsfähigkeit auf dem Arbeitsmarkt herzustellen. Auch im Lernbereich läßt sich das kompensatorische Modell anwenden. Die Hilfe hat dann den Zweck, die Fähigkeiten der Lernenden so weit zu entwickeln, daß die Aufgaben einen mittleren Schwierigkeitsgrad haben (s. Engler, 1988).

Die genannten Modelle werden in unterschiedlichen Bereichen verwirklicht. Das Kompensatorische Modell scheint aber wenig verbreitet zu sein, obwohl seine Perspektive relativ günstig ist. Das liegt möglicherweise daran, daß die Lernfähigkeit und die Eigeninitiative der Betroffenen häufig unterschätzt werden.

Die Vorteile, die das Kompensatorische Modell mit sich bringt, lassen sich am Beispiel der Altenhilfe demonstrieren. In der Einschätzung alter Menschen wird oft unterstellt, daß sie Ruhe und Zurückgezogenheit anstreben. So geben viele Ärzte ihren Patienten den Rat, das Wohlergehen im Alter dadurch zu sichern, daß möglichst allen Belastungen aus dem Weg gegangen werden sollte. In vielen Altenheimen findet man deutliche Auswirkungen einer solchen Zielvorstellung, da oftmals die Eigeninitiative und Aktivität der alten Menschen beeinträchtigt und unterdrückt wird (statt ihre Eigeninitiative und Selbständigkeit zu fördern; s. Langer & Rodin, 1976; Rodin & Langer, 1977, 1980).

Empirische Untersuchungen deuten darauf hin, daß erzwungene Passivität im Altenheim sich nachteilig auf Gesundheit und Wohlbefinden der alten Menschen auswirkt. Die Anwendung des Kompensatorischen Modells könnte zu einer wesentlichen Verbesserung der Altenhilfe – sowohl innerhalb als auch außerhalb des Altenheims – führen. Rückzug, Ausruhen und Delegation der Verantwortung an das Pflegepersonal sind keine Garantie für das Wohlbefinden im Alter. In diesem Zusammenhang schreibt Lehr (1983, S. 22): »Eine jede Form der Altenhilfe sollte Hilfe zur Eigenaktivität sein und nicht etwa Passivität alter Menschen begünstigen.«

VII. Selbstloser Altruismus?

In den siebziger Jahren wurde wiederholt die Frage diskutiert, ob altruistisches Verhalten frei von egoistischen Motiven sein kann (Batson, Darley & Coke, 1978; Hoffman, 1979). Zwar tendierten die Argumente in den Beiträgen dazu, eine spezifische altruistische Motivation anzunehmen, die mit der Empathiebereitschaft zusammenhängt, aber sie gingen doch nicht so weit, das Vorhandensein einer solchen »selbstlosen« Motivation als gegeben anzunehmen. Ein Zitat von Batson, Darley & Coke (1978, S. 124) ist in diesem Zusammenhang aufschlußreich:

»Die Existenz einer wirklich altruistischen Motivation ist eine meta-experimentelle und keine experimentelle Fragestellung, jedenfalls bei dem gegebenen Niveau unserer experimentellen Möglichkeiten. Man wird vermutlich in der Lage sein, irgendeine egoistische nicht total unplausible post-hoc-Erklärung für jede Form von hilfreichem Verhalten zu finden, das in einem experimentellen Kontext auftritt.«

Hoffman (1979, S. 963) diskutierte ebenfalls die Möglichkeiten, unter Beweis zu stellen, daß eine altruistische Handlung auf einer altruistischen im Unterschied zu einer egoistischen Motivation beruht. Seine Schlußfolgerungen im Hinblick auf den Erfolg einer solchen Unterscheidung blieben skeptisch, da er von einer »quasi-egoistischen Dimension« empathischen Mitleidens sprach. Einen kritischen Überblick über diese Ansätze und ältere philosophische Analysen des Problems gibt Batson (1987).

Während bei Hilfeleistung, die auf Gegenseitigkeit beruht, das egoistische Motiv offensichtlich ist, ergeben sich bei normativen und empathischen Motiven der Hilfeleistung weniger eindeutige Schlußfolgerungen. Diese Formen des Altruismus scheinen – zumindest auf den ersten Blick – ein Helfen um des Helfens willen darzustellen. Allerdings könnte man auch argumentieren, daß die Normbefolgung mit der Erwartung von negativen Sanktionen bei Normverletzung zusammenhängt (s. Axelrod, 1986) und daß die Reduktion des empathischen Mitleidens durch Helfen einen unangenehmen Spannungszustand der Helfer beendet (s. Batson, 1987; Bierhoff, 1988c; Cialdini, Schaller, Houlihan, Arps, Fultz & Beaman, 1987; Krebs, 1975).

1. Empathische Erregung und Fehlattribution

Die systematische Einbeziehung des physiologischen Erregungszustands in die Theorie hilfreichen Verhaltens wurde schon Ende der sechziger Jahre vorgeschlagen (Piliavin, Rodin & Piliavin, 1969; s. auch Piliavin & Piliavin, 1972). Ohne hier ausführlicher auf diesen Ansatz eingehen zu wollen (s. Kap. III.3), kann hervorgehoben werden, daß der Erregungszustand als persönlich belastend aufgefaßt wird, so daß sich die Hilfeleistung aus dem Wunsch der Helfer erklären läßt, den unangenehmen Erregungszustand zu beenden. In Übereinstimmung mit dieser Analyse lassen sich verschiedene Experimente, denen das Paradigma der Fehlattribution zugrundeliegt, nennen, in denen gezeigt wurde, daß eine »Ableitung« der Erregung, die durch eine Notlage entsteht, auf die angeblichen Nebenwirkungen einer Tablette die Hilfsbereitschaft verringert (s. Kap. III.3).

In einer späteren zusammenfassenden Darstellung wurde angenommen, daß die physiologische Erregung sowohl eine egoistische als auch eine altruistische Komponente aufweisen kann (Piliavin et al., 1981). Diese veränderte Sichtweise wurde durch Untersuchungsergebnisse ausgelöst, die von Batson und seinen Mitarbeitern berichtet wurden und die im folgenden dargestellt werden.

Ähnlichkeit mit dem Opfer erhöht die physiologische Erregung der Beobachter und ihre Hilfsbereitschaft (Krebs, 1975). Vermutlich ermöglicht Ähnlichkeit ein größeres Mitgefühl. Die Frage ist nun, ob die physiologische Erregung, die zu Hilfeleistung führt, im wesentlichen durch Mitgefühl oder durch persönliches Unbehagen gekennzeichnet ist. Diese Frage wurde untersucht, indem sowohl ein Index des empathischen Mitleidens als auch ein Index des persönlichen Unbehagens gebildet wurde (Coke, Batson & McDavis, 1978).

Die Beurteiler schätzten ihren Gefühlszustand auf verschiedenen Adjektiven ein. Die Faktorenanalyse, die mit diesen Einschätzungen durchgeführt wurde, ergab zwei Faktoren, die sich mit Mitgefühl und mit persönlichem Unbehagen identifizieren ließen. Auf dem ersten Faktor waren die Eigenschaften weichherzig, einfühlend, warm, interessiert an anderen und mitleidsvoll repräsentiert. Auf dem zweiten Faktor luden die Eigenschaften aufgeregt, alarmiert und beunruhigt hoch.

Während einer Bitte um Hilfe wurde einem Teil der Versuchsteilnehmerinnen der Eindruck vermittelt, sie seien stark erregt, während ein anderer Teil der Teilnehmerinnen annehmen mußte, sie seien wenig erregt. Die Studentinnen konnten ein Anzeigegerät sehen, auf dem angeblich ihr Hautwiderstand als Maß für ihre physiologische Erregung abzulesen war. In der Erregungsbedingung bewegte sich die Anzeige während der Bitte nach oben, während sie in der zweiten Bedingung

gleichmäßig auf einen relativ niedrigen Wert zeigte. Die Einschätzungen, die in einem Index des empathischen Mitleidens zusammengefaßt wurden, zeigten einen entsprechenden Unterschied. Das wahrgenommene Mitgefühl lag höher, wenn die Studentinnen annehmen mußten, daß sie während der Bitte eine hohe physiologische Erregung gezeigt hatten. Hingegen variierten die Einschätzungen, die in dem Index des persönlichen Mitleidens zusammengefaßt wurden, nicht systematisch mit den beiden Versuchsbedingungen (Coke et al., 1978).
Weitere Argumente dafür, daß das Mitgefühl die Hilfsbereitschaft bestimmt und weniger das persönliche Unbehagen, ergaben sich durch folgende Resultate: Die Hilfsbereitschaft der Studentinnen, die glaubten, physiologisch erregt zu sein, war höher als die der scheinbar nicht erregten Studentinnen. Außerdem korrelierte der Index des empathischen Mitleidens hoch mit dem Ausmaß der Hilfe ($r = 0{,}59$). Hingegen war die Korrelation des Index des persönlichen Unbehagens gering (Coke, Batson & McDavis, 1978, Exp. 2).
Dieses Ergebnismuster wurde in einem späteren Experiment (Fultz, Batson, Fortenbach, McCarthy & Varney, 1986, Exp. 1) bestätigt. Die beiden Indices der subjektiven Erregung wurden durch eine neue Zusammenstellung von Adjektiven, die zur Selbsteinschätzung vorgegeben wurden, gemessen (verständnisvoll, gefühlvoll, mitleidsvoll, warm, weichherzig, weich vs. alarmiert, betrübt, aufgeregt, besorgt, gestört, bekümmert, beunruhigt, verwirrt).
Diese Ergebnisse sind erste Hinweise darauf, daß Hilfeleistung durch Mitgefühl vermittelt wird. Daher kann man auch von einer empathisch-vermittelten Hilfsbereitschaft sprechen. Empathie wird als auf eine andere Person gerichtete emotionale Reaktion definiert, die mit dem wahrgenommenen Wohlergehen der anderen Person kongruent ist (Batson, Dyck, Brandt, Patson, Powell, McMaster & Griffitt, 1988; Eisenberg & Miller, 1987; Lück & Rechtien, 1983).

2. Egoistisch motivierte Hilfe vs. altruistisch motivierte Hilfe

Egoistisch motivierte Hilfe und altruistisch motivierte Hilfe lassen sich programmatisch gegenüberstellen (Batson, Duncan, Ackerman, Buckley & Birch, 1981). Zur Definition: Egoistisch motivierte Hilfe soll dann gegeben sein, wenn das Endziel der Handlung auf die Steigerung des eigenen Wohlergehens der Helfer gerichtet ist. Altruistisch motivierte Hilfe ist demgegenüber auf das Endziel der Steigerung des Wohlergehens anderer Personen gerichtet.

Hilfeleistung kann dementsprechend entweder egoistisch oder altruistisch motiviert sein oder auch durch eine Mischung beider Motive. Eine Metaanalyse relevanter Studien zeigt, daß erhöhte Empathie mit gesteigertem Altruismus in Zusammenhang steht (Eisenberg & Miller, 1987). Eine solche Beziehung ist prinzipiell sowohl mit einer egoistischen als auch mit einer altruistischen Interpretation kompatibel (s. Cialdini et al., 1987).

Um den Einfluß der egoistischen Motive und der altruistischen Motive auf empathisch-vermittelten Altruismus getrennt zu erfassen, wurde der Vorschlag gemacht, die Auswirkungen einer Fluchtmöglichkeit auf die Hilfsbereitschaft zu untersuchen (Batson, Duncan, Ackerman, Buckley & Birch, 1981). Eine solche Fluchtmöglichkeit eröffnet den potentiellen Helfern die Möglichkeit, die Situation zu verlassen. Wenn dieses »aus dem Feld gehen« leicht ist, sollte es dazu führen, daß das egoistische Motiv befriedigt werden kann. Denn die Helfer können die Situation, in der sie unangenehme Spannungsgefühle aufgrund der Notlage des Opfers erleben, problemlos verlassen. Hingegen kann durch Verlassen der Situation das altruistische Motiv nicht befriedigt werden, weil es auf das Ziel der Steigerung des Wohlergehens der Opfer gerichtet ist. Bei altruistischem Ursprung des Helfens führt nur direktes Helfen zur Erreichung des Ziels.

Die Vermutung liegt nahe, daß Empathie das altruistische Motiv ist, das hinter der Hilfeleistung steht. Daher sollte bei niedriger Empathie die Hilfsbereitschaft von den gegebenen Fluchtmöglichkeiten abhängen (Ist es leicht, die Situation zu verlassen?), so daß vor allem dann geholfen wird, wenn ein Verlassen der Situation, in der das Opfer leidet, schwer ist. Hingegen sollte sich die Fluchtmöglichkeit nur unwesentlich auswirken, wenn die Hilfe empathisch motiviert ist, da die Empathie nach einer Linderung der Notlage der Opfer verlangt.

Aus diesen Überlegungen ergibt sich eine prüfbare experimentelle Vorhersage: Wenn die Empathie hoch ist, sollte die Bereitschaft zur Hilfe hoch sein, und zwar unabhängig davon, ob man sich leicht oder schwer der Situation entziehen kann. Bei geringer Empathie sollte andererseits die Hilfsbereitschaft von der Fluchtmöglichkeit abhängen. Nur wenn diese wenig empathischen Beobachter der Notlage die Situation nicht leicht verlassen können, sollten sie mit Helfen reagieren. Wenn sie sich der Situation leicht entziehen können, sollten sie weniger hilfsbereit sein.

Die Empathie mit dem Opfer läßt sich z. B. über die Ähnlichkeit zwischen Opfer und Beobachter beeinflussen (s. Krebs, 1975). Bei hoher Einstellungsähnlichkeit sollte die Empathie größer sein als bei geringer Einstellungsähnlichkeit. Die Ergebnisse zeigten (Batson et al., 1981, Exp. 1), daß die Hilfsbereitschaft gegenüber einem Elektroschockopfer

generell hoch war – es sei denn, daß Unähnlichkeit gegeben war und ein leichter Rückzug durch ein schnelles Verlassen der Situation möglich war. Die Versuchsteilnehmerinnen konnten sich bereit erklären, anstelle des Elektroschockopfers, das noch unter dem Trauma eines früheren Unfalls an einem Elektrozaun litt, die Schocks zu übernehmen. Die Bereitschaft dazu war i. a. bei 60% bis 90% der Befragten gegeben. Nur bei Unähnlichkeit des Opfers und leichtgemachtem Verlassen der Situation lag die Hilfsbereitschaft deutlich niedriger (bei 18%).
Diese Ergebnisse konnten in einer späteren Untersuchung nur teilweise repliziert werden (Cialdini et al., 1987, Exp. 1), in der allerdings das allgemeine Niveau der Hilfeleistung niedriger lag. Die Hilfsbereitschaft der Personen mit geringer Empathie war generell niedrig (niedrige Empathie wurde durch die Instruktion ausgelöst, alles aufmerksam zu beobachten). Bei Personen, die sich in das Opfer der Elektroschocks hineinversetzen sollten, erwies sich die Hilfsbereitschaft als gering, wenn sie eine zusätzliche finanzielle Belohnung erhielten (s. unten).
Die Resultate lassen sich nur z. T. im Sinne eines empathisch-vermittelten Altruismus deuten, dessen Ziel einzig die Steigerung des Wohlergehens der Opfer ist. In einem weiteren Experiment (Batson et al., 1981) wurde auf das Verfahren der Fehlattribution von Erregung zurückgegriffen. Grundlage war die Unterscheidung zwischen einem persönlichen Unbehagen und einem empathischen Mitgefühl (s. Kap. VII.1).
Die Beobachterinnen der Notlage des Elektroschockopfers wurden vor dem Versuch veranlaßt, eine Tablette zu nehmen, die in Wahrheit ein Plazebo war und somit keine Wirkungen oder Nebenwirkungen aufgrund von Wirksubstanzen auslösen konnte. Der einen Hälfte der Teilnehmerinnen wurde gesagt, daß die Tablette als Nebenwirkung Sensitivität und interpersonelle Zuneigung auslösen würde, so daß mögliche empathische Gefühle auf diese angeblichen Nebenwirkungen fehlattribuiert werden konnten. Die übrigen Versuchsteilnehmerinnen erfuhren, daß die Tablette Unwohlsein und Unbehagen auslöse, so daß mögliche persönliche Spannungsgefühle auf die Tablette fehlattribuiert werden konnten.
Diese Instruktionen hatten zur Folge, daß in der ersten Bedingung persönliche Spannungsgefühle dominierten (da die empathischen Gefühle auf die Tablette »abgeleitet« werden konnten), während in der zweiten Bedingung empathisches Mitgefühl dominierte (da die persönlichen Spannungsgefühle durch die Nebenwirkungen der Tablette erklärt wurden).
Wenn Altruismus empathisch vermittelt werden kann, sollte bei einem Überwiegen der empathischen Gefühle generell eine hohe Hilfsbereitschaft eintreten. Hingegen sollte bei einem Überwiegen der persönlichen

Spannungsgefühle die Hilfsbereitschaft davon abhängen, ob eine leichte Fluchtmöglichkeit besteht oder nicht. In Übereinstimmung mit dieser Überlegung zeigte sich, daß die Bereitschaft, Elektroschocks anstelle des Opfers zu ertragen, am geringsten war, wenn persönliche Spannungsgefühle dominierten (bei der Tablette mit den Nebenwirkungen in Richtung auf empathisches Mitfühlen) und wenn die Frauen sich der Situation leicht entziehen konnten.
Auch zu diesem Versuch läßt sich ein »Gegen«-Experiment nennen (Cialdini et al., 1987, Exp. 2), in dem ein Plazebo gegeben wurde, von dem behauptet wurde, es führe zu einer gleichbleibenden Stimmung für die Zeit von einer halben Stunde. Erneut wurden die Studentinnen entweder instruiert, objektive Beobachtungen anzustellen oder sich in das Opfer hineinzuversetzen. Die Hilfsbereitschaft war nur dann erhöht, wenn sich die Studentinnen in das Opfer hineinversetzen sollten und *nicht* mit der Behauptung konfrontiert worden waren, ihre Stimmung sei für längere Zeit stabil. Hingegen war die Hilfsbereitschaft der empathischen Studentinnen so gering wie die der beobachtenden Studentinnen, wenn das Plazebo angeblich einen stabilen Stimmungszustand auslöste. In diesem Experiment erwies sich die Hilfsbereitschaft bei hoher Empathie also nicht als situationsunabhängig.
Ein weiteres Experiment (Toi & Batson, 1982) weist in die Richtung, daß empathisch-motivierter Altruismus weitgehend situationsunabhängig ist, während egoistisch-motivierter Altruismus situationsabhängig ist. Die empathische Orientierung wurde durch die Instruktion, sich in das Opfer hineinzuversetzen, hervorgerufen. Geringe Empathie der Studentinnen wurde ausgelöst, indem sie instruiert wurden, das Opfer »zu beobachten«. Eine solche Instruktion ruft i. a. eine distanzierte Beobachterhaltung hervor, die mit Empathie inkompatibel ist. Auch in dieser Variante des Versuchs wurde es den Versuchsteilnehmerinnen entweder leicht oder schwer gemacht, sich der Konfrontation mit dem Opfer zu entziehen.
Die Hilfsbereitschaft in der Beobachterrollen-Bedingung war dann niedrig, wenn es leicht war, dem Opfer aus dem Weg zu gehen. In den drei anderen Versuchsbedingungen (Beobachterrolle – geringe Ausweichmöglichkeit, Rollenübernahme – leichte Ausweichmöglichkeit, Rollenübernahme – geringe Ausweichmöglichkeit) war die Hilfsbereitschaft generell hoch. Eine spätere Untersuchung (Fultz et al., 1986, Exp. 2) ergab ebenfalls, daß Studentinnen, die eine Beobachterrolle einnahmen, weniger hilfreich sind als Studentinnen, die instruiert wurden, sich in die Person, die sich in einer Notlage befindet, hineinzuversetzen.
Ein anderer Hinweis, der ebenfalls auf die Bedeutung des empathischen Mitleidens für das Helfen verweist, besteht darin, daß die Personen, die ihr Mitgefühl im Vergleich zu ihrem persönlichen Unbehagen generell

relativ hoch einschätzen, sehr hilfsbereit waren, und zwar unabhängig davon, ob sie eine Konfrontation mit dem Opfer erwarteten oder nicht. Hingegen waren die Personen, die sich selbst als weniger mitfühlend und mehr persönlich belastet einschätzten, nur dann sehr hilfsbereit, wenn sie eine Konfrontation mit dem Opfer erwarten mußten. Ähnliche Ergebnisse wurden auch in einem späteren Experiment (Batson et al., 1988, Exp. 4) gefunden.

Diese Ergebnisse lassen es berechtigt erscheinen, von einem empathisch-vermittelten Altruismus zu sprechen. Allerdings sprechen sie nicht notwendigerweise dafür, daß dieses Motiv frei von egoistischen Strebungen ist. Denn bei hohem Mitgefühl sind die stellvertretenden Kosten der potentiellen Helfer (vgl. Abschnitt III.3) hoch. Diese hohen stellvertretenden Kosten sollten unabhängig davon sein, ob eine Fluchtmöglichkeit besteht oder nicht. Auch wenn die Person dem Opfer aus dem Weg gehen kann, leidet sie weiter unter ihrem Mitgefühl. Bei hoher Ausprägung des Mitgefühls ist Fluchtverhalten im Grunde sinnlos, da die stellvertretenden Kosten, die durch das fortbestehende Leiden des Opfers entstehen, hoch sind, während gleichzeitig auch die erwarteten stellvertretenden Belohnungen, die entstehen, wenn das Opfer aus seiner Notlage befreit wird, hoch sind. Eine Gegenüberstellung der Kosten-Bilanz bei hoher und niedriger Empathie unter

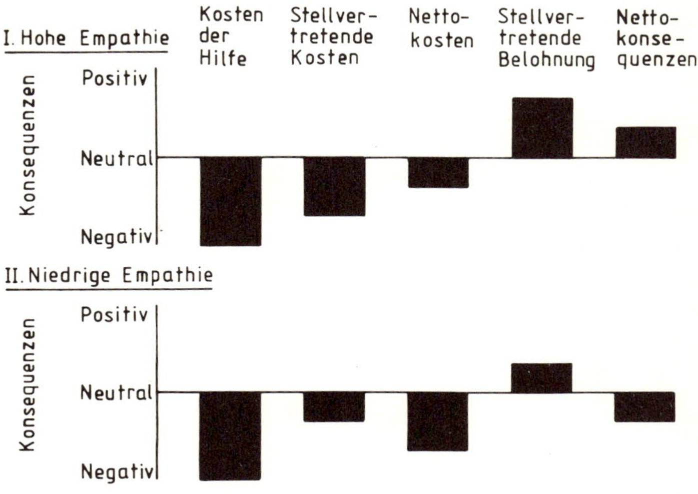

Abb. 21: Subjektive Konsequenzen in Abhängigkeit von der Höhe der Empathie (nach Bierhoff, 1988)

Berücksichtigung der direkten und stellvertretenden Kosten und Belohnungen ist in Abb. 21 dargestellt.
Die Möglichkeiten dieser Einwände wird neuerdings auch von Batson et al. (1988) eingeräumt. Warum sie in diesem Zusammenhang von »neuen« Alternativerklärungen sprechen, ist nicht ganz klar, weil sie auf Krebs (1975) zurückgehen. Einerseits wird die Möglichkeit diskutiert, daß Flucht bei hoher Empathie sinnlos ist, weil die antizipierten Belohnungen der Hilfe entfallen (»Empathie-spezifische Belohnungs-Hypothese«), andererseits wird auch erwähnt, daß eine Flucht bei hoher Empathie problematisch ist, weil das Mitleiden durch das Wissen über die Notlage des Opfers fortbesteht (»Empathie-spezifische Bestrafungs-Hypothese«).

3. Empathie und Helfen

Die empirischen Ergebnisse lassen keinen Zweifel daran, daß empathische Gefühle, die während einer Notlage in den Beobachtern wachgerufen werden, aber auch die allgemeine empathische Disposition (s. Archer, Diaz-Loving, Gollwitzer, Davis & Foushee, 1981; Batson, Bolen, Cross & Neuringer-Benefiel, 1986; Fultz et al., 1986, Exp. 2) die Hilfsbereitschaft beeinflussen. Diese Ergebnisse verweisen darauf, daß Empathie – neben normativen Verpflichtungsgefühlen der sozialen Verantwortung (s. Kap. II.2; Batson, Bolen, Cross & Neuringer-Benefiel, 1986) – eine wichtige motivationale Grundlage für Hilfeleistung darstellt.
Aus diesen Ergebnissen kann man nicht notwendigerweise ableiten, daß empathisch-vermittelter Altruismus durch Selbstlosigkeit gekennzeichnet ist (Cialdini et al., 1987). Vielmehr weisen Untersuchungsergebnisse darauf hin, daß Empathie mit Unbehagen bzw. Traurigkeit der Beobachter assoziiert ist und daß die Reduktion dieses persönlichen Unbehagens Hilfsbereitschaft motivieren kann (s. aber Batson, Batson, Griffitt, Barrientos, Brandt, Sprengelmeyer & Bayley, 1989). Außerdem scheint die empathisch-vermittelte Hilfsbereitschaft dann größer zu sein, wenn implizit ein sozialer Bewertungsdruck ausgeübt wird (Archer, Diaz-Loving, Gollwitzer, Davis & Foushee, 1981; s. auch Fultz et al., Exp. 2). In diesem Zusammenhang ist auch erwähnenswert, daß bei hoher Empathie eine positive Korrelation zwischen der Neigung, sich nach Normen der sozialen Wünschbarkeit zu richten, und der Hilfsbereitschaft auftritt, so daß mehr sozial wünschbare Antworten mit mehr Altruismus zusammenhängen (Cialdini et al., 1987, Exp. 1).
Diese Hinweise lassen vermuten, daß mit der Reduktion des Mitleidens

spezifische Konsequenzen verbunden sind, die einen egoistischen Charakter haben (z. B. positive soziale Bewertung, Reduktion persönlicher Traurigkeit).

Ob stellvertretende Belohnungen und Kosten für die empathisch-vermittelte Hilfsbereitschaft ausschlaggebend sind, ist eine offene Frage. Die Einbeziehung von stellvertretenden Kosten und Belohnungen (s. Abb. 21) stellt ein pragmatisches Erklärungskonzept dar, das die wesentlichen Determinanten empathisch-vermittelter Hilfeleistung zusammenfassen kann (s. auch Krebs, 1975).

Es ist zuzugestehen, daß auch eine Reihe von Hinweisen auf die grundlegende Selbstlosigkeit bestimmter Formen der Hilfe verweisen. Dieser Hinweis bezieht sich insbesondere auf die fünf Experimente, die von Batson et al. (1988) berichtet werden. Sie zeigen z. B. daß bei hoher Empathie die Stimmung der Studenten und Studentinnen negativ ist, wenn sie nicht helfen können, während die Notlage fortbesteht. Außerdem zeigte sich, daß hohe Empathie dazu führt, daß von Rechtfertigungen im Sinne von Abwehrmechanismen kaum Gebrauch gemacht wurde, während bei niedriger Empathie solche Rechtfertigungsmöglichkeiten die Hilfsbereitschaft wesentlich verringerten. Analog dazu zeigte sich in einem weiteren Experiment, daß bei Überwiegen des Mitleidens gegenüber dem persönlichen Unbehagen auch dann geholfen wurde, wenn mit der Hilfe die Bewältigung einer Aufgabe verbunden war, die als »schwierig« eingestuft wurde. Bei Überwiegen des persönlichen Unbehagens über die Empathie reichte die Einstufung der Aufgabe als schwierig aus, um die Hilfsbereitschaft zu verringern.

Vermutlich diente die scheinbar schwierige Aufgabe dann als Entschuldigung für eine gleichgültige Einstellung. Eine weitere experimentelle Demonstration zeigte, daß hilfsbereite Studentinnen, die instruiert wurden, sich in das Opfer hineinzuversetzen, sich gedanklich stark mit der Lage des Opfers beschäftigten und daß diese gedankliche Beschäftigung mit der Hilfsbereitschaft in Zusammenhang stand. Hingegen wies die gedankliche Beschäftigung mit persönlichen Belohnungen und persönlichem Unbehagen keine entsprechende Beziehung zu der Hilfeleistung auf.

Letztlich ist die Auseinandersetzung um die Frage der Selbstlosigkeit hilfreichen Verhaltens weniger für praktische Probleme des Helfens und ihre Lösung von Bedeutung als vielmehr für die Theorie des Helfens. Ist es sinnvoll, zwei Typen der Hilfsbereitschaft zu unterscheiden (s. Batson et al., 1981; Toi & Batson, 1982), von denen eine durch Selbstlosigkeit gekennzeichnet ist und die andere durch egoistische Strebungen, die mit der Beendigung der Notlage einer anderen Person zusammenhängen? Oder lassen sich stellvertretende Belohnungen und Kosten nennen, die mit der Erfahrung der Empathie zusammenhängen und die entscheidend die Hilfsbereitschaft motivieren? Die referierten Untersuchungsergebnisse lassen auf diese Fragen gegenwärtig keine eindeutigen Antworten zu. Vermutlich liegt die Wahrheit in einem »sowohl ... als auch«. Eine besonders starke Empathie, die durch situative Gegebenheiten gesteigert wird, führt möglicherweise zu einer Orientierung, die die Aufmerksamkeit der potentiellen Helfer weitgehend auf die Lage des Opfers zentriert.

Vielfach geht mit Empathie aber auch ein Unbehagen aufgrund des persönlichen Mitleidens einher und eine Antizipation von stellvertretender Freude bei Beseitigung der Notlage. Das sollte vor allem dann der Fall sein, wenn die empathischen Gefühle im Mittelbereich liegen, was für viele Alltagssituationen typisch zu sein scheint.

Während diese Analysen mehr von theoretischem Interesse sind, ist eine verwandte Fragestellung von großer praktischer Bedeutung. Wie wird eine altruistische Handlung erklärt? Wird als »Label« Selbstlosigkeit eingesetzt – wenn Altruismus auf das Ziel, der anderen Person zu helfen, zurückgeführt wird – oder wird als »Label« Nachgiebigkeit gegenüber äußerem Druck genannt. In einer der ersten Studien zu dieser Frage (Batson, Harris, McCaul, Davis & Schmidt, 1979) wurde gezeigt, daß die Erklärung der Hilfeleistung von Studentinnen durch Mitleid zu mehr nachfolgender Hilfeleistung führte als die Erklärung der altruistischen Handlung durch äußeren Druck. Die Wahrnehmung, daß die eigene Hilfeleistung durch äußeren Druck oder normativen Zwang ausgelöst wurde, kann die nachfolgende Hilfsbereitschaft reduzieren. Außerdem kann schon das bloße Nachdenken über die Gründe des Helfens und die damit verbundene Generierung von egoistischen Motiven das Ausmaß der wahrgenommenen Selbstlosigkeit reduzieren (Batson, Fultz, Schoenrade & Paduano, 1987). Die egoistischen Gründe, die in der theoretischen Diskussion um die Determinanten der Hilfeleistung genannt werden, können – wenn sie in der Selbstwahrnehmung aktualisiert werden – die Hilfsbereitschaft der Person beeinträchtigen. Ein direkter Weg zur Reduktion einer altruistischen Motivation scheint darin zu liegen, daß eine altruistische Handlung bezahlt wird (Batson, Coke, Jasnoski & Hanson, 1978). Wenn jemand, der bereit ist, altruistisch zu handeln, für die Ausführung der Handlung eine Belohnung angeboten bekommt, tritt eine Verringerung der wahrgenommenen altruistischen Motivation ein.

4. Evolution altruistischen Verhaltens

Wie entsteht die Bereitschaft zur Selbstlosigkeit, die gelegentlich dramatische Formen annimmt, etwa wenn eine Person ihr Leben einsetzt, um das Leben einer anderen Person zu retten? Neben Sozialisationsprozessen im Kindesalter ist vor allem der Evolutionsprozeß zu nennen, der durch natürliche Selektion dafür sorgt, daß bestimmte Merkmale und Verhaltensmuster in der Wahrscheinlichkeit ihres Auftretens gesteigert oder reduziert werden (s. Immelmann, Scherer, Vogel & Schmoock, 1989).

Die natürliche Selektion wird durch den Fortpflanzungserfolg gesteuert. Die biologische Altruismus-Theorie von Hamilton (1964) kann erklären, wie altruistisches Verhalten durch die Evolution hervorgebracht werden kann. Der Schlüssel dieser Erklärung liegt in der Überlegung, daß sich der Fortpflanzungserfolg an der Verbreitung der eigenen Gene bei den Nachkommen zeigt. Die Verbreitung der eigenen Gene in der nachfolgenden Generation ist aber nicht nur von den eigenen Kindern abhängig – bekanntlich haben Kinder die Hälfte des Erbmaterials des Vaters bzw. der Mutter – sondern auch von Verwandten und deren Nachkommen. So entsprechen zwei Kinder eines Bruders oder einer Schwester demselben Anteil des eigenen Erbguts (nämlich 1/2 genetische Verwandtschaft) wie ein eigenes Kind (s. Hammerstein & Bierhoff, 1989).

Hamilton spricht in diesem Zusammenhang von Gesamtfitneß, die den gesamten Fortpflanzungserfolg eines Individuums umfaßt. Diese setzt sich zusammen aus den eigenen Nachkommen und den Nachkommen von Verwandten, die nach dem genetischen Verwandtschaftsgrad gewichtet werden. Der Verwandtschaftsgrad beträgt z. B. bei Geschwistern 1/2, bei Onkeln und Neffen 1/4, bei Vettern und Kusinen 1/8.

Die Frage, wann sich Altruismus im Sinne der Steigerung des Fortpflanzungserfolgs lohnt, läßt sich in einer Ungleichung darstellen:

$$N \times r > K$$

Während N den Nutzen für den Hilfeempfänger bezeichnet und K die Kosten des Gebers, entspricht r dem Verwandtschaftsgrad zwischen beiden. Wenn also der mit dem Verwandtschaftsgrad multiplizierte Nutzen größer ist als die Kosten, sollte eine Evolution von altruistischen Verhaltensweisen eintreten. Durch sein altruistisches Verhalten steigert dann das Individuum seinen Fortpflanzungserfolg. Voraussetzung für diesen Effekt ist natürlich, daß Helfer und Hilfeempfänger verwandt sind.

Während diese Theorie der Gesamtfitneß auf Altruismus unter Verwandten beschränkt ist, kann die Theorie des reziproken Altruismus (Trivers, 1971) auch die Evolution von altruistischen Verhaltensweisen zwischen nichtverwandten Individuen erklären. Die Rolle von Hilfe und Gegenhilfe für die natürliche Selektion altruistischen Verhaltens wurde schon von Darwin erkannt (Ridley & Dawkins, 1981). Entscheidend ist, daß eine Hilfe zu einer Gegenleistung führt. Die Hilfe sollte jeweils relativ geringe Kosten für den Helfer, aber einen großen Nutzen für den Empfänger beinhalten. Dann zahlt es sich in der Tat aus, eine Disposition zu reziprokem Altruismus zu entwickeln (s. Pruitt, 1968; Kap. VI.1.4), da dadurch der eigene Fortpflanzungserfolg entscheidend gefördert werden kann (wenn nämlich in einer großen Notlage, die die Fortpflanzungschancen bedroht, durch eine reziproke Hilfeleistung eine Rettung eintritt).

Wichtig ist in diesem Zusammenhang, daß die Funktion des altruistischen Verhaltens für den Fortpflanzungserfolg dem handelnden Individuum in keiner Weise bewußt sein muß. Die bewußten Motive der Individuen können durch Selbstlosigkeit gekennzeichnet sein. Entscheidend ist nur, daß sich Altruismus für den Geber faktisch auszahlt in dem Sinne, daß die Chancen der eigenen Gene, in der zukünftigen Generation vertreten zu sein, gesteigert werden (Ridley & Dawkins, 1981).

An dieser Stelle kann aus Raumgründen nicht weiter auf die Evolution des Altruismus eingegangen werden (s. aber Schuster, 1988). Eine gewisse Unterstützung erhalten die genannten Annahmen über die Evolution des Altruismus durch Befunde aus Zwillingsstudien, die zeigen, daß die Neigung zum empathischen Mitleiden (Matthews, Batson, Horn & Rosenman, 1981) und die Beantwortung von Altruismus-Fragen (Rushton et al., 1986) genetisch beeinflußt sind.

Ein zusätzlicher Gesichtspunkt ist noch hinzuzufügen: Die biologische Basis des Altruismus wird möglicherweise durch Sozialisationseinflüsse erweitert (Batson, 1983). Religion und Schule fördern die Bereitschaft, altruistische Verhaltensweisen zu zeigen, indem sie sie als sozial wünschenswert darstellen. Diese Vermischung von biologischen und sozialen Einflüssen läßt es als plausibel erscheinen, daß altruistisches Verhalten sowohl Selbstlosigkeit als auch eine egoistische Tendenz beinhalten kann.

Literaturverzeichnis

Adams, J. S. (1965) Inequity in social psychology. In L. Berkowitz (Ed.), *Advances in experimental social psychology* (Vol. 2, pp. 267–299). New York: Academic Press

Aderman, D. (1972) Elation, depression, and helping behavior. *Journal of Personality and Social Psychology, 24*, 91–101

Ajzen, I. (1988) *Attitudes, personality and behavior*. Milton Keynes, England: Open University Press

Amato, P.R. (1983) Helping behavior in urban und rural environments: Field studies based on a taxonomic organization of helping episodes. *Journal of Personality and Social Psychology, 45*, 571–586

Amato, P.R. (1985) An investigation of planned helping behavior. *Journal of Research in Personality, 19*, 232–252.

Amato, P.R. & Saunders, J. (1985) The perceived dimensions of help-seeking episodes. *Social Psychology Quarterly, 48*, 130–138

Archer, R.L., Diaz-Loving, R., Gollwitzer, P.M., Davis, M.H. & Foushee, H.C. (1981) The role of dispositional empathy and social evaluation in the empathic mediation of helping. *Journal of Personality and Social Psychology, 40*, 786–796

Ashmore, R.D. (1981) Sex stereotypes and implicit personality theory. In D.L. Hamilton (Ed.), *Cognitive processes in stereotyping and intergroup behavior* (pp. 37–81). Hillsdale, NJ: Lawrence Erlbaum

Austin, W. (1977) Equity theory and social comparison processes. In J.M. Suls & R.L. Miller (Eds.), *Social comparison processes* (pp. 279–305). Washington, D.C.: Hemisphere

Austin, W. & Walster, E. (1975) Equity with the world: The trans-relational effects of equity and inequity. *Sociometry*, 38, 474–496

Axelrod, R. (1984) *The evolution of cooperation*. New York: Basic Books

Axelrod, R. (1986) An evolutionary approach to norms. *American Political Science Review, 80*, 1095–1111

Barnes, R.D., Ickes, W. & Kidd, R.F. (1979) Effects of the perceived intentionality and stability of another's dependency on helping behavior. *Personality and Social Psychology Bulletin, 5*, 367–372

Barnett, M.S., King, L.M. & Howard, J.A. (1979) Inducing affect about self or other: Effects on generosity in children. *Developmental Psychology, 15*, 164–167

Baron, R.A. (1971) Behavioral effects of interpersonal attraction: Compliance with requests from liked and disliked others. *Psychonomic Science, 25*, 325–326

Batson, C.D. (1983) Sociobiology and the role of religion in promoting prosocial behavior: An alternative view. *Journal of Personality and Social Psychology, 45*, 1380–1385

Batson, C.D. (1987) Prosocial motivation: Is it ever truly altruistic? In L. Berkowitz (Ed.), *Advances in experimental social psychology* (Vol. 20, pp. 65–122). San Diego, CA: Academic Press

Batson, C.D., Batson, J.G., Griffitt, C.A., Barrientos, S., Brandt, J.R., Sprengelmeyer, P. & Bayly, M.J. (1989) Negative state relief and the empathy-altruism hypothesis. *Journal of Personality and Social Psychology*, *56*, 922–933

Batson, C.D., Bolen, M.H., Cross, J.A. & Neuringer-Benefiel, H.E. (1986) Where is the altruism in the altruistic personality? *Journal of Personality and Social Psychology*, *50*, 212–220

Batson, C.D., Coke, J.S., Chard, F., Smith, D. & Taliaferro, A. (1979) Generality of the »glow of goodwill«: Effects of mood on helping and information acquisition. *Social Psychology Quarterly*, *42*, 176–179

Batson, C.D., Coke, J.S., Jasnoski, M.L. & Hanson, M. (1978) Buying kindness: Effect of an extrinsic incentive for helping on perceived altruism. *Personality and Social Psychology Bulletin*, *4*, 86–91

Batson, C.D., Darley, J.M. & Coke, J.S. (1978) Altruism and human kindness: Internal and external determinants of helping behavior. In L.A. Pervin & M. Lewis (Eds.), *Perspectives in interactional psychology* (pp. 111–140). New York: Plenum

Batson, C.D., Duncan, B.D., Ackerman, P., Buckley, T. & Birch, K. (1981) Is empathic emotion a source of altruistic motivation? *Journal of Personality and Social Psychology*, *40*, 290–302

Batson, C.D., Dyck, J.L., Brandt, R., Batson, J.G., Powell, A.L., McMaster, M.R. & Griffitt, C. (1988) Five studies testing two new egoistic alternatives to the empathy-altruism hypothesis. *Journal of Personality and Social Psychology*, *55*, 52–77

Batson, C.D., Fultz, J., Schoenrade, P.A. & Paduano, A. (1987) Critical self-reflection and self-perceived altruism: When self-reward fails. *Journal of Personality and Social Psychology*, *52*, 594–602

Batson, C.D., Harris, A.C., McCaul, K.D., Davis, M. & Schmidt, T. (1979) Compassion or compliance: Alternative dispositional attributions for one's helping behavior. *Social Psychology Quarterly*, *42*, 405–409

Bellebaum, A. (1986) Helfen als gesellschaftliches Problem. In Deutscher Caritasverband (Ed.), *Ehrenamt und Selbsthilfe* (pp. 9–43). Freiburg

Bem, D.J. (1972) Self-perception theory. In L. Berkowitz (Ed.), *Advances in experimental social psychology* (Vol. 6, pp. 1–62). New York: Academic Press

Benson, P.L., Karabenick, S.A. & Lerner, R.M. (1976) Pretty pleases: The effects of physical attractiveness, race, and sex on receiving help. *Journal of Experimental Social Psychology*, *12*, 409–415

Bentler, P.M. & Speckart, G. (1979) Models of attitude-behavior relations. *Psychological Review*, *86*, 452–464

Bentler, P.M. & Speckart, G. (1981) Attitudes »cause« behaviors: A structural equation analysis. *Journal of Personality and Social Psychology*, *40*, 226–238

Berkowitz, L. (1966) A laboratory investigation of social class and national differences in helping behavior. *International Journal of Psychology*, *1*, 231–242

Berkowitz, L. (1969) Resistance to improper dependency relationships. *Journal of Experimental Social Psychology*, *5*, 283–294

Berkowitz, L. (1973) Reactance and the unwillingness to help others. *Psychological Bulletin*, *79*, 310–317

Berkowitz, L. (1978) Decreased helpfulness with increased group size through lessening the effects of the needy individual's dependency. *Journal of Personality, 46*, 299–310

Berkowitz, L. (1987) Mood, self-awareness, and willingness to help. *Journal of Personality and Social Psychology, 52*, 721–729

Berkowitz, L. & Connor, W. H. (1966) Success, failure, and social responsibility. *Journal of Personality and Social Psychology, 4*, 664–669

Berkowitz, L. & Daniels, L. R. (1963) Responsibility and dependency. *Journal of Abnormal and Social Psychology, 66*, 429–436

Berkowitz, L., Klanderman, S. B. & Harris, R. (1964) Effects of experimenter awareness and sex of subject and experimenter on reactions to dependency relationships. *Sociometry, 27*, 327–337

Berkowitz, L. & Lutterman, K. G. (1968) The traditional socially responsible personality. *Public Opinion Quarterly, 32*, 169–187

Berndt, T. J. (1981) Age changes and changes over time in prosocial intentions and behavior between friends. *Developmental Psychology, 17*, 408–416

Bickman, L. (1974) Sex and helping behavior. *Journal of Social Psychology, 93*, 43–53

Bierhoff, H. W. (1973) Kosten und Belohnung: Eine Theorie sozialen Verhaltens. *Zeitschrift für Sozialpsychologie, 4*, 297–317

Bierhoff, H. W. (1980) *Hilfreiches Verhalten.* Darmstadt: Steinkopff

Bierhoff, H. W. (1981) Austauschtheorie. In H. Werbik & H. J. Kaiser (Eds.), *Kritische Stichwörter zur Sozialpsychologie* (pp. 31–52). München: Fink

Bierhoff, H. W. (1982) Determinanten hilfreichen Verhaltens. *Psychologische Rundschau, 33*, 289–304

Bierhoff, H. W. (1983) Wie hilfreich ist der Mensch? *Bild der Wissenschaft, 20(12)*, 118–126

Bierhoff, H. W. (1984) Altruism and patterns of social interaction. In E. Staub, D. Bar-Tal, J. Karylowski & J. Reykowski (Eds.), *Development and maintenance of prosocial behavior* (pp. 309–321). New York: Plenum

Bierhoff, H. W. (1985) Helfen im Alltag und im Beruf: Ergebnisse der Altruismusforschung. In A. Bellebaum, H. J. Becker & M. T. Greven (Eds.), *Helfen und helfende Berufe als soziale Kontrolle* (pp. 30–52). Opladen: Westdeutscher Verlag

Bierhoff, H. W. (1988a) Affect, cognition, and prosocial behavior. In K. Fiedler & J. Forgas (Eds.), *Affect, cognition and social behavior* (pp. 167–182). Toronto: Hogrefe

Bierhoff, H. W. (1988b) *Sozialpsychologie* (2. Auflage). Stuttgart: Kohlhammer

Bierhoff, H. W. (1988c) Verantwortungszuschreibung und Hilfsbereitschaft. In H. W. Bierhoff & L. Montada (Eds.), *Altruismus – Bedingungen der Hilfsbereitschaft* (pp. 224–252). Göttingen: Hogrefe

Bierhoff, H. W. (1989) *Person perception and attribution.* Berlin: Springer

Bierhoff, H. W. & Bierhoff-Alfermann, D. (1983) Kognitive Prozesse im Motivationsgeschehen: Attributionen als Ursachenerklärungen von Handlungen. In H. Thomae (Ed.), *Theorien und Formen der Motivation* (pp. 93–226). Göttingen: Hogrefe

Bierhoff, H. W. & Klein, R. (1988) Prosocial behaviour. In M. Hewstone, W. Stroebe, J. P. Codol & G. M. Stephenson (Eds.), *Introduction to social psychology* (pp. 246–262). Oxford: Blackwell

Bierhoff, H.W., Klein, R. & Kramp, P. (1989) Hemmschwellen zur Hilfeleistung – Untersuchung der Ursachen und Empfehlung von Maßnahmen zum Abbau. Abschlußbericht an die Bundesanstalt für Straßenwesen, Bergisch Gladbach

Bierhoff, H.W., Lehnert, B., Doogs, M., Göbel, M., Groth, J.O., Haller, V., Kuhn, J. & Spalthoff, G. (1984) *Beichte und hilfreiches Verhalten* (Sozialpsychologisches Experimentalpraktikum). Marburg: Fachbereich Psychologie

Bierhoff, H.W., Lensing, L. & Kloft, A. (1988) Hilfreiches Verhalten in Abhängigkeit von Vergehen und positiver Verstärkung. In H.W. Bierhoff & L. Montada (Eds.), *Altruismus – Bedingungen der Hilfsbereitschaft* (pp. 154–178). Göttingen: Hogrefe

Bierhoff, H.W. & Osselmann, J. (1975) Illegitime Verwendung von Vorinformation: Effekte auf Altruismus und Selbstbestrafung in bezug zu Externalisierung/Internalisierung, Versuchsleiter und Sequenz der Messung. *Zeitschrift für Sozialpsychologie*, *6*, 333–347

Bierhoff, H.W. & Schreiber, C. (1988) Erwartungsbestätigung durch verfälschte Eindrucksbildung in der sozialen Interaktion. In B. Schäfer & F. Petermann (Eds.), *Vorurteile und Einstellungen* (pp. 251–280). Köln: Deutscher Instituts-Verlag

Bierhoff-Alfermann, D. (1980) Geschlecht und hilfreiches Verhalten, In H.W. Bierhoff, *Hilfreiches Verhalten* (pp. 244–294). Darmstadt: Steinkopff

Bilsky, W. (1988) Untersuchungen zur Rezeption prosozialer Dilemmata – Versuche angewandter Altruismusforschung. In H.W. Bierhoff & L. Montada (Eds.), *Altruismus – Bedingungen der Hilfsbereitschaft* (pp. 55–77). Göttingen: Hogrefe

Bilsky, W. (1989) *Angewandte Altruismusforschung. Analyse und Rezeption von Texten über Hilfeleistung.* Bern: Huber

Blaney, P.H. (1986) Affect and memory: A review. *Psychological Bulletin*, *99*, 229–246

Blevins, G.A. & Murphy, T. (1974) Feeling good and helping: Further phonebooth findings. *Psychological Reports.*, *34*, 326

Blumenberg, D. (1988) Schwerpunkte der Erste-Hilfe-Leistung. In Hauptverband der gewerblichen Berufsgenossenschaften (Ed.), *Erste Hilfe* (pp. 64–74). Sankt Augustin

Borg, I. (1981) *Anwendungsorientierte multidimensionale Skalierung.* Heidelberg: Springer

Bower, G.H. (1981) Mood and memory. *American Psychologist*, *36*, 129–148

Bower, G.H. & Cohen, P.R. (1982) Emotional influences in memory and thinking: Data and theory. In M.S. Clark & S.T. Fiske (Eds.), *Affect and cognition* (pp. 291–331). Hillsdale, NJ: Lawrence Erlbaum

Brehm, J.W. (1966) *A theory of psychological reactance.* New York: Academic Press

Brehm, J.W. & Cole, A.H. (1966) Effect of a favor which reduces freedom. *Journal of Personality and Social Psychology*, *3*, 420–426

Brehm, S.S. & Brehm, J.W. (1981) *Psychological reactance. A theory of freedom and control.* New York: Academic Press

Brickman, P., Kidder, L.H., Coates, D., Rabinowitz, V., Cohn, E. & Karuza, J. (1983) The dilemmas of helping: Making aid fair and effective. In J.D. Fischer,

A. Nadler & B. M. DePaulo (Eds.), *New directions in helping* (Vol. 1, pp. 17–49). New York: Academic Press

Brickman, P., Rabinowitz, V. C., Karuza, J., Coates, D., Cohn, E. & Kidder, L. (1982) Models of helping and coping. *American Psychologist*, *37*, 368–384

Broll, L., Gross, A. E. & Piliavin, I. (1974) Effects of offered and requested help on help seeking and reactions to being helped. *Journal of Applied Social Psychology*, *4*, 244–258

Buckert, U., Meyer, W. U. & Schmalt, H. D. (1979) Effects of difficulty and diagnosticity on choice among tasks in relation to achievement motivation and perceived ability. *Journal of Personality and Social Psychology*, *37*, 1172–1178

Byrne, D. (1969) Attitudes and attraction. In L. Berkowitz (Ed.), *Advances in experimental social psychology* (Vol. 4, pp. 35–89). New York: Academic Press.

Campbell, D. (1975) On the conflicts between biological and social evolution and between psychology and moral tradition. *American Psychologist*, *30*, 1103–1126

Carlsmith, J. M. & Gross, A. E. (1969) Some effects of guilt on compliance. *Journal of Personality and Social Psychology*, *11*, 232–239

Carlson, M. & Miller, N. (1987) Explanation of the relation between negative mood and helping. *Psychological Bulletin*, *102*, 91–108

Castro, M. A. C. (1974) Reactions to receiving aid as a function of cost of donor and opportunity to aid. *Journal of Applied Social Psychology*, *4*, 194–209

Christie, R. & Geis, F. L. (1970) *Studies in machiavellianism*. New York: Academic Press.

Cialdini, R. B., Schaller, M., Houlihan, D., Arps, K., Fultz, J. & Beaman, A. L. (1987) Empathy-based helping: Is it selflessly or selfishly motivated? *Journal of Personality and Social Psychology*, *52*, 749–758

Clark, R. D. (1976) On the Piliavin & Piliavin model of helping behavior: Costs are in the eye of the beholder. *Journal of Applied Social Psychology*, *6*, 322–328

Clark, R. D. & Word, L. E. (1974) Where is the apathetic bystander? Situational characteristics of the emergency. *Journal of Personality and Social Psychology*, *29*, 279–287

Clark, M. S. & Isen, A. M. (1982) Toward understanding the relationship between feeling states and social behavior. In A. Hastorf & A. M. Isen (Eds.), *Cognitive social psychology* (pp. 73–108). New York: Elsevier

Clark, M. S. & Waddell, B. A. (1983) Effects of moods on thoughts about helping, attraction and information acquisition. *Social Psychology Quarterly*, *46*, 31–35

Cohen, S. & Hoberman, H. M. (1983) Positive events and social supports as buffers of life change stress. *Journal of Applied Social Psychology*, *13*, 99–125

Cohen, S. & Syme, S. L. (Eds., 1985) *Social support and health*. Orlando, FL: Academic Press

Cohen, S., Sherrod, D. R. & Clark, M. S. (1986) Social skills and the stress protective role of social support. *Journal of Personality and Social Psychology*, *50*, 963–973

Cohen, S. & Wills, T. A. (1985) Stress, social support, and the buffering hypothesis. *Psychological Bulletin*, *98*, 310–357

Coke, J. S., Batson, C. D. & McDavis, K. (1978) Empathic mediation of helping: A two-stage model. *Journal of Personality and Social Psychology*, *36*, 752–766

Cook, S. W. & Pelfrey, M. (1985) Reactions to being helped in cooperating interracial groups: A context effect. *Journal of Personality and Social Psychology, 49*, 1231–1245

Crano, W. D. & Brewer, M. B. (1973) *Principles of research in social psychology*. New York: McGraw-Hill (deutsch, 1975)

Cunningham, M. R., Steinberg, J. & Grev, R. (1980) Wanting to and having to help: Separate motivations for positive mood and guilt-induced helping. *Journal of Personality and Social Psychology, 38*, 181–192

Dahrendorf, R. (1974) Homo sociologicus: Versuch zur Geschichte, Bedeutung und Kritik der Kategorie der sozialen Rolle. In R. Dahrendorf, *Pfade aus Utopia* (pp. 128–194). München: Piper (urspr. 1958)

Daniels, L. R. & Berkowitz, L. (1963) Liking and response to dependency relationships. *Human Relations, 16*, 141–148

Darley, J. M. & Latané, B. (1968) Bystander intervention in emergencies: Diffusion of responsibility. *Journal of Personality and Social Psychology, 8*, 377–383

Darley, J. M. & Latané, B. (1970) Norms and normative behavior: Field studies of social interdependence. In J. Macaulay & L. Berkowitz (Eds.), *Altruism and helping behavior* (pp. 83–101) New York: Academic Press

Darley, J. M. & Batson, C. D. (1973) »From Jerusalem to Jericho«: A study of situational and dispositional variables in helping behavior. *Journal of Personality and Social Psychology, 27*, 100–108

Darley, J. M., Teger, A. I. & Lewis, L. D. (1973). Do groups always inhibit individuals' responses to potential emergencies? *Journal of Personality and Social Psychology, 26*, 395–399

Deaux, K. & Major, B. (1987) Putting gender into context: An interactive model of gender-related behavior. *Psychological Review, 94*, 369–389

DePaulo, B. M., Brown, P. L., Ishii, S. & Fisher, J. D. (1981) Help that works: The effects of aid on subsequent task performance. *Journal of Personality and Social Psychology, 41*, 478–487

Deutsch, M. (1986) Cooperation, conflict, and justice. In H. W. Bierhoff, R. L. Cohen & J. Greenberg (Eds.), *Justice in social relations* (pp. 3–18). New York: Plenum

Dickenberger, D. (1983) Reaktanztheorie – Wiederstand bei der Kindererziehung. In J. Haisch (Ed.), *Angewandte Sozialpsychologie* (pp. 57–74). Bern: Huber

Dittmann-Kohli, F. (1988) Sinndimensionen des Lebens im frühen und späten Erwachsenenalter. In H. W. Bierhoff & R. Nienhaus (Eds.), *Beiträge zur Psychogerontologie* (pp. 73–115). Marburg: Philipps Universität

Eagly, A. H. (1987) *Sex differences in social behavior: A social-role interpretation*. Hillsdale, NJ: Lawrence Erlbaum

Eagly, A. H. & Crowley, M. (1986) Gender and helping behavior: A meta-analytic review of the social psychological literature. *Psychological Bulletin, 100*, 283–308

Eisenberg, N. (1982) The development of reasoning regarding prosocial behavior. In N. Eisenberg (Ed.), *The development of prosocial behavior* (pp. 219–249). New York: Academic Press

Eisenberg, N. (1986) *Altruistic emotion, cognition, and behavior*. Hillsdale, NJ: Lawrence Erlbaum

Eisenberg, N., Shell, R., Lennon, R., Beller, R. & Mathy, R. M. (1987) Prosocial development in middle childhood: A longitudinal study. *Developmental Psychology, 23*, 712–718

Eisenberg, N. & Miller, P. A. (1987) The relation of empathy to prosocial and related behaviors. *Psychological Bulletin, 101*, 91–119

Eisenberger, R., Cotterell, N. & Marvel, J. (1987) Reciprocation ideology. *Journal of Personality and Social Psychology, 53*, 743–750

Emler, N. P. & Rushton, J. P. (1974) Cognitive-developmental factors in children's generosity. *British Journal of Social and Clinical Psychology, 13*, 277–281

Emswiller, T., Deaux, K. & Willitis, J. E. (1971) Similarity, sex, and requests for small favors. *Journal of Applied Social Psychology, 1*, 284–291

Engler, U. (1988) Hilfeaufsuchendes Verhalten in Leistungssituationen: Der Einfluß von Personen- und Situationsvariablen. Unveröff. Dissertation, Universität Bielefeld

Engler, U. & Braun, O. L. (1988) Hilfesuchen und helferbezogene Gedanken. In H. W. Bierhoff & L. Montada (Eds.), *Altruismus – Bedingungen der Hilfsbereitschaft* (pp. 253–263). Göttingen: Hogrefe

Feldman, R. E. (1968) Response to compatriot and foreigner who seek assistance. *Journal of Personality and Social Psychology, 10*, 202–214

Fellner, C. J. & Marshall, J. R. (1981) Kidney donors revisited. In J. P. Rushton & R. M. Sorrentino (Eds.), *Altruism and helping behavior* (pp. 351–365). Hillsdale, NJ: Lawrence Erlbaum

Festinger, L. (1954) A theory of social comparison processes. *Human Relations, 7*, 117–140

Fiedler, K. & Forgas, J. (Eds., 1988) *Affect, cognition and social behavior*. Toronto: Hogrefe

Fincham, F. & Barling, J. (1978) Locus of control and generosity in learning disabled, normal achieving, and gifted children. *Child Development, 49*, 530–533

Fishbein, M. (1967) Attitude and the prediction of behavior. In M. Fishbein (Ed.), *Readings in attitude theory and measurement* (pp. 477–492). New York: Wiley

Fishbein, M. & Ajzen, I. (1975) *Belief, attitude, intention and behavior*. Reading, MA: Addison-Wesley

Fisher, J. D., Harrison, C. L. & Nadler, A. (1978) Exploring the generalizability of donor-recipient similarity effects. *Personality and Social Psychology Bulletin, 4*, 627–630

Fisher, J. D. & Nadler, A. (1974) The effect of similarity between donor and recipient on recipient's reaction to help. *Journal of Applied Social Psychology, 4*, 230–243

Fisher, J. D., Nadler, A. & Whitcher-Alagna, S. (1982) Recipient reactions to aid. *Psychological Bulletin, 91*, 27–54

Fisher, J. D., Nadler, A. & Whitcher-Alagna, S. (1983) Four conceptualizations of reactions to aid. In J. D. Fisher, A. Nadler & B. M. DePaulo (Eds.), *New directions in helping* (Vol. 1, pp. 51–84). New York: Academic Press

Folger, R. (1986) Rethinking equity theory: A referent cognitions model. In H. W. Bierhoff, R. L. Cohen & J. Greenberg (Eds.), *Justice in social relations* (pp. 145–162). New York: Plenum

Forest, D., Clark, M.S., Mills, J. & Isen, A.M. (1979) Helping as a function of feeling state and nature of the helping behavior. *Motivation and Emotion, 3*, 161–169

Forgas, J.P. & Bower, G.H. (1987) Mood effects on person-perception judgments. *Journal of Personality and Social Psychology, 53*, 53–60

Forgas, J.P. & Bower, G.H. (1988) Affect in social and personal judgments. In K. Fiedler & J. Forgas (Eds.), *Affect, cognition and social behavior* (pp. 183–208). Toronto: Hogrefe

Forgas, J.P., Bower, G.H. & Krantz, S.E. (1984) The influence of mood on perceptions of social interactions. *Journal of Experimental Social Psychology, 20*, 497–513

Forgas, J.P. & Moylan S. (1987) After the movies: Transient mood and social judgments. *Personality and Social Psychology Bulletin, 13*, 467–477

Freedman, J.L., Wallington, S.A. & Bless, E. (1967) Compliance without pressure: The effect of guilt. *Journal of Personality and Social Psychology, 7*, 117–124

Freud, A. (1946) *Das Ich und die Abwehrmechanismen.* München: Kindler

Frieze, I.H., Hymer, S. & Greenberg, M.S. (1984) Describing the victim of crime and violence. In A.S. Kahn (Ed.), *American Psychological Association task force on the victims of crime and violence* (pp. 19–78). Washington, DC: APA

Fricke, R. & Treinies, G. (1985) *Einführung in die Metaanalyse.* Bern: Huber

Froböse, H.J. (1988) Erste Hilfe aus der Sicht des Bundesministers für Verkehr. In Hauptverband der gewerblichen Berufsgenossenschaften (Ed.), *Erste Hilfe* (pp. 157–160). Sankt Augustin

Fry, P.S. (1977) Success, failure, and resistance to temptation. *Developmental Psychology, 13*, 518–520

Fultz, J., Batson, C.D., Fortenbach, V.A., McCarthy, P.M. & Varney, L.L. (1986) Social evaluation and the empathy-altruism hypothesis. *Journal of Personality and Social Psychology, 50*, 761–769

Gaertner, S. & Bickman, L. (1971) Effects of race on the elicitation of helping behavior: The wrong number technique. *Journal of Personality and Social Psychology, 20*, 218–222

Gaertner, S.L. & Dovidio, J.F. (1977) The subtlety of white racism, arousal, and helping behavior. *Journal of Personality and Social Psychology, 35*, 691–707

Geen, R.G. (1980) The effects of being observed on performance. In P.B. Paulus (Ed.), *Psychology of group influence* (pp. 61–97). Hillsdale, NJ: Lawrence Erlbaum

Gerard, H.B. & Hoyt, M.F. (1974) Distinctiveness of social categorization and attitude toward ingroup members. *Journal of Personality and Social Psychology, 29*, 836–842

Gergen, K.J. (1974) Toward a psychology of receiving help. *Journal of Applied Social Psychology, 4*, 187–193

Gergen, K.J., Ellsworth, P., Maslach, C. & Seipel, M. (1975) Obligation, donor resources, and reactions to aid in three cultures. *Journal of Personality and Social Psychology, 31*, 390–400

Gergen, K.J. & Gergen, M.M. (1983) The social construction of helping relationships. In J.D. Fisher, A. Nadler & B.M. DePaulo (Eds.), *New directions in helping* (Vol. 1, pp. 143–163). New York: Academic Press

Gilligan, S.G. & Bower, G.H. (1984) Cognitive consequences of emotional arousal. In C. E. Izard, J. Kagan & R. B. Zajonc (Eds.), *Emotions, cognition, and behavior* (pp. 547–588). New York: Cambridge University Press

Goffman, E. (1963) *Stigma. Notes on the management of spoiled identity*. Englewood Cliffs, NJ: Prentice-Hall

Gouaux, C. (1971) Induced affective states and interpersonal attraction. *Journal of Personality and Social Psychology*, *20*, 37–43

Gouldner, A.W. (1960) The norm of reciprocity: A preliminary statement. *American Sociological Review*, *25*, 161–178

Gouldner, A.W. (1984) *Reziprozität und Autonomie*. Frankfurt: Suhrkamp (orig. 1973)

Greenberg, J. & Folger, R. (1987) *Controversial issues in social research methods*. New York: Springer

Gross, A. E., Wallston, B. S. & Piliavin, I. (1975) Beneficiary attractiveness and cost as determinants of responses to routine requests for help. *Sociometry*, *38*, 131–140

Gross, A. E., Wallston, B. S. & Piliavin, I. M. (1979) Reactance, attribution, equity, and the help recipient. *Journal of Applied Social Psychology*, *9*, 297–313

Gruder, C. L. & Cook, T. D. (1971) Sex, dependency, and helping. *Journal of Personality and Social Psychology*, *19*, 290–294

Gruder, C. L., Romer, D. & Korth, B. (1978) Dependency and fault as determinants of helping. *Journal of Experimental Social Psychology*, *14*, 227–235

Grusec, J. E. & Lytton, H. (1988) *Social development*. New York: Springer

Hamill, R., Wilson, T. D. & Nisbett, R. E. (1980) Insensitivity to sample bias: Generalizing from atypical cases. *Journal of Personality and Social Psychology*, *39*, 578–589

Halisch, F. (1988) Empathie, Attribution und die Entwicklung des Hilfehandelns. In H.W. Bierhoff & L. Montada (Eds.), *Altruismus – Bedingungen der Hilfsbereitschaft* (pp. 79–103). Göttingen: Hogrefe

Hamilton, W. D. (1964) The genetical evolution of social behavior. Part I and II. *Journal of Theoretical Biology*, *7*, 1–52

Hammerstein, P. & Bierhoff, H.W. (1989) Kooperation und Konflikt. In K. Immelmann, K. R. Scherer, C. Vogel & P. Schmoock (Eds.), *Psychobiologie* (pp. 525–560). Stuttgart: Gustav Fischer Verlag

Harris, M.B., Benson, S. M. & Hall, C. L. (1975) The effects of confession on altruism. *Journal of Social Psychology*, *98*, 187–192

Harris, M.B. & Huang, L. C. (1973) Helping and the attribution process. *Journal of Social Psychology*, *90*, 291–297

Hartley, E. L. & Hartley, R. E. (1952) *Fundamentals of social psychology*. New York: Knopf (deutsch 1969)

Hedges, L. V. & Olkin, I. (1985) *Statistical methods for metaanalysis*. Orlando, FL: Academic Press

Heider, F. (1958) *The psychology of interpersonal relations*. New York: Wiley (deutsch 1977)

Higgins, E. T., Rholes, W. S. & Jones, C. R. (1977) Category accessibility and impression formation. *Journal of Experimental Social Psychology*, *13*, 141–154

Hoffman, M. L. (1976) Empathy, role taking, guilt, and development of altruistic motives. In T. Lickona (Ed.), *Moral development and behavior* (pp. 124–143). New York: Holt

Hoffman, M.L. (1978) Empathy, its development and prosocial implications. In C.B. Keasey (Ed.), *Nebraska Symposium on Motivation 1977* (Vol. 25, pp. 169–218). Lincoln, NE: University of Nebraska Press

Hoffman, M.L. (1979) Eine Theorie der Moralentwicklung im Jugendalter. In L. Montada (Ed.), *Brennpunkte der Entwicklungspsychologie* (pp. 252–266). Stuttgart: Kohlhammer

Hoffman, M.L. (1981) The development of empathy. In J.P. Rushton & R.M. Sorrentino (Eds.), *Altruism and helping behavior* (pp. 41–63). Hillsdale, NJ: Lawrence Erlbaum

Hofstede, G. (1980) *Culture's consequences: International differences in work-related values*. Beverly Hills, CA: Sage

Hornstein, H.A., LaKind, E., Frankel, G. & Manne, S. (1975) Effects of knowledge about remote social events on prosocial behavior, social conception, and mood. *Journal of Personality and Social Psychology*, *32*, 1038–1046

House, J.S. & Wolf, S. (1978) Effects of urban residence on interpersonal trust and helping behavior. *Journal of Personality and Social Psychology*, *36*, 1029–1043

Huston, T.L. & Korte, C. (1976) The responsive bystander: Why he helps. In T. Lickona (Ed.), *Moral development and behavior* (pp. 269–283). New York: Holt

Huston, T.L., Ruggiero, M., Conner, R. & Geis, G. (1981) Bystander intervention into crime: A study based on naturally-occurring episodes. *Social Psychology Quarterly*, *44*, 14–23

Ickes, W.J. & Kidd, R.F. (1976) An attributional analysis of helping behavior. In J.H. Harvey, W.J. Ickes & R.F. Kidd (Eds.), *New directions in attribution research* (Vol. 1, pp. 311–334). Hillsdale, NJ: Lawrence Erlbaum

Immelmann, K., Scherer, K.R., Vogel, C. & Schmoock P. (Eds., 1989), *Psychobiologie*. Stuttgart: Gustav Fischer Verlag

Isen, A.M. (1970) Success, failure, attention, and reaction to others: The warm glow of success. *Journal of Personality and Social Psychology*, *15*, 294–301

Isen, A.M., Clark, M. & Schwartz, M.F. (1976) Duration of the effect of good mood on helping: »Footprints on the sands of time«. *Journal of Personality and Social Psychology*, *34*, 385–393

Isen, A.M. & Gorgoglione, J.M. (1983) Some specific effects of four affect-induction procedures. *Personality and Social Psychology Bulletin*, *9*, 136–143

Isen, A.M., Horn, N. & Rosenhan, D.L. (1973) Effects of success and failure on children's generosity. *Journal of Personality and Social Psychology*, *27*, 239–247

Isen, A.M. & Levin, P.F. (1972) Effect of feeling good on helping: Cookies and kindness. *Journal of Personality and Social Psychology*, *21*, 384–388

Isen, A.M. & Shalker, T.E. (1982) The effect of feeling state on evaluation of positive, neutral, and negative stimuli: When you »accentuate the positive«, do you »eliminate the negative«? *Social Psychology Quarterly*, *45*, 58–63

Isen, A.M., Shalker, T.E., Clark, M. & Karp, L. (1978) Affect, accessibility of material in memory, and behavior: A cognitive loop? *Journal of Personality and Social Psychology*, *36*, 1–12

Isen, A.M. & Simmonds, S.F. (1978) The effect of feeling good on a helping task that is incompatible with good mood. *Social Psychology*, *41*, 346–349

Jackson, J.M. & Latané, B. (1981) All alone in front of all those people: Stage fright as a function of number and type of co-performers and audience. *Journal of Personality and Social Psychology*, *40*, 73–85

John, D. & Keil, W. (1972) Selbsteinschätzung und Verhaltensbeurteilung. *Psychologische Rundschau*, *23*, 10–29

Johnson, E.J. & Tversky, A. (1983) Affect, generalization, and the perception of risk. *Journal of Personality and Social Psychology*, *45*, 20–31

Jones, E.E. & Gerard, H.B. (1967) *Foundations of social psychology*. New York: Wiley

Jones, R.A. (1970) Volunteering to help: The effects of choice, dependence, and anticipated dependence. *Journal of Personality and Social Psychology*, *14*, 121–129

Jöreskog, K.G. & Sörbom, D. (1984) *LISREL VI. Analysis of linear structural relationships by the method of maximum likelihood*. Mooresville, IN: Scientific Software

Kelley, H.H. (1952) Two functions of reference groups. In G.E. Swanson, T.M. Newcomb & E.L. Hartley (Eds.), *Readings in social psychology*. New York: Holt. Abgedruckt in H. Proshansky & B. Seidenberg (Eds., 1965), *Basic Studies in social psychology* (pp. 210–214). New York: Holt

Kelley, H.H. & Stahelski, A.J. (1970) Social interaction basis of cooperators' and competitors' beliefs about others. *Journal of Personality and Social Psychology*, *16*, 66–91

Kessler, R.C., Price, R.H. & Wortman C.B. (1985) Social factors in psychopathology: Stress, social support, and coping processes. *Annual Review of Psychology*, *36*, 531–572

Korte, C. (1981) Constraints on helping behavior in an urban environment. In J.P. Rushton & R.M. Sorrentino (Eds.), *Altruism and helping behavior* (pp. 315–329). Hillsdale, NJ: Lawrence Erlbaum

Korte, C. & Ayvalioglu, N. (1981) Helpfulness in Turkey: Cities, towns, and urban villagers. *Journal of Cross-Cultural Psychology*, *12*, 123–131

Korte, C. & Kerr, N. (1975) Response to altruistic opportunities in urban and nonurban settings. *Journal of Social Psychology*, *95*, 183–184

Korte, C., Ypma, I. & Toppen, A. (1975) Helpfulness in Dutch society as a function of urbanization and environmental input level. *Journal of Personality and Social Psychology*, *32*, 996–1003

Krampen, G. (1982) *Differentialpsychologie der Kontrollüberzeugungen*. Göttingen: Hogrefe

Krappmann, L. & Oswald, H. (1988) Probleme des Helfens unter Kindern. In H.W. Bierhoff & L. Montada (Eds.), *Altruismus – Bedingungen der Hilfsbereitschaft* (pp. 206–223). Göttingen: Hogrefe

Krebs, D.L. (1970) Altruism – An examination of the concept and a review of the literature. *Psychological Bulletin*, *73*, 258–302

Krebs, D. (1975) Empathy and altruism. *Journal of Personality and Social Psychology*, *32*, 1134–1146

Kruse, L. (1972) Gruppen und Gruppenzugehörigkeit. In C.F. Graumann (Ed.), *Handbuch der Psychologie* (Vol. 7.2, pp. 1539–1593). Göttingen: Hogrefe

Kühner, R. (1988) Wirksamkeit der Ersten Hilfe. In Hauptverband der gewerblichen Berufsgenossenschaften (Ed.), *Erste Hilfe* (pp. 36–46). Sankt Augustin

Langer, E. J. & Rodin, J. (1976) The effects of choice and enhanced personal responsibility for the aged: A field experiment in an institutional setting. *Journal of Personality and Social Psychology*, *34*, 191–198

Latané, B. (1981) The psychology of social impact. *American Psychologist*, *36*, 343–356

Latané, B. & Dabbs, J.M. (1975) Sex, group size and helping in three cities. *Sociometry*, *38*, 180–194

Latané, B. & Darley, J.M. (1969) Bystander »apathy«. *American Scientist*, *57*, 244–268

Latané, B. & Darley, J.M. (1970) *The unresponsive bystander: Why doesn't he help?* New York: Appleton-Century-Crofts

Latané, B. & Darley, J.M. (1976) *Help in a crisis: Bystander response to an emergency.* Morristown, NJ: General Lerning Press

Latané, B. & Nida, S. (1980) Social impact theory and group influence: A social engineering perspective. In P.B. Paulus (Ed.), *Psychology of group influence* (pp. 3–34). Hillsdale, NJ: Lawrence Erlbaum

Latané, B. & Nida, S. (1981) Ten years of research on group size and helping. *Psychological Bulletin*, *89*, 308–324

Lazarus, R.S. (1981) Streß und Streßbewältigung: Ein Paradigma. In S.H. Filipp (Ed.), *Kritische Lebensereignisse* (pp. 198–232). München: Urban & Schwarzenberg

Lazarus, R.S. & Folkman, S. (1984) *Stress, appraisal, and coping.* New York: Springer

Leeds, R. (1963) Altruism and the norm of giving. *Merrill-Palmer Quarterly*, *9*, 229–240

Lefcourt, H.M. (1982) *Locus of control* (2. Auflage). Hillsdale, NJ.: Lawrence Erlbaum

Lehr, U. (1983) Altern bis zum Jahre 2000 und danach – Die Herausforderung der Zukunft. In U. Lehr (Ed.), *Altern – Tatsachen und Perspektiven* (pp. 1–31). Bonn: Bouvier

Lerner, M.J. (1980) *The belief in a just world: A fundamental delusion.* New York: Plenum

Lerner, M.J. & Simmons, C.H. (1966) Observer's reaction to the »innocent victim«: Compassion or rejection: *Journal of Personality and Social Psychology*, *4*, 203–210

Levin, P.F. & Isen, A.M. (1975) Further studies on the effect of feeling good on helping. *Sociometry*, *38*, 141–147

Liebhart, E.H. (1972) Empathy and emergency helping: The effects of personality, self-concern, and acquaintance. *Journal of Experimental Social Psychology*, *8*, 404–411

Lück, H.E. (1988) Prosoziales Verhalten: Feld- und handlungstheoretische Perspektiven. In H.W. Bierhoff & L. Montada (Eds.), *Altruismus – Bedingungen der Hilfsbereitschaft* (pp. 36–54). Göttingen: Hogrefe

Lück, H.E. & Rechtien, W. (1983) Mitgefühl. In H.A. Euler & H. Mandl (Eds.), *Emotionspsychologie* (pp. 188–194). München: Urban & Schwarzenberg

Luks, A. (1989) Der Lohn der guten Tat: Gesundheit. *Psychologie Heute*, *16(3)*, 22–23

Macaulay, J. (1975) Familiarity, attraction, and charity. *Journal of Social Psychology, 95*, 27–37

Martens, R. (1969) Effect of an audience on learning and performance of a complex motor skill. *Journal of Personality and Social Psychology, 12*, 252–260

Masters, J.C., Barden, C. & Ford, M.E. (1979) Affective states, expressive behavior, and learning in children. *Journal of Personality and Social Psychology, 37*, 380–390

Matthews, K.A., Batson, C.D., Horn, J. & Rosenman, R.H. (1981) »Principles in his nature which interest him in the fortune of others . . .«: The heritability of empathic concern for others. *Journal of Personality, 49*, 237–247

Meyer, J.P. & Mulherin, A. (1980) From attribution to helping: An analysis of the mediating effects of affect and expectancy. *Journal of Personality and Social Psychology, 39*, 201–210

Meyer, W.U. (1982) Indirect communication about perceived ability estimates. *Journal of Educational Psychology, 74*, 888–897

Midlarsky, E. (1971) Aiding under stress: The effects of competence, dependency, visibility and fatalism. *Journal of Personality, 39*, 132–149

Milgram, S. (1970) Das Erleben der Großstadt – Eine psychologische Analyse. *Zeitschrift für Sozialpsychologie, 1*, 142–152

Miller, D.T. (1977a) Personal deserving versus justice for others: An exploration of the justice motive. *Journal of Experimental Social Psychology, 13*, 1–13

Miller, D.T. (1977b) Altruism and threat to a belief in a just world. *Journal of Experimental Social Psychology, 13*, 113–124

Miller, D.T. & McFarland, C. (1987) Pluralistic ignorance: When similarity is interpreted as dissimilarity. *Journal of Personality and Social Psychology, 53*, 298–305

Miller, L.C. & Read, S.J. (1987) Why am I telling you this? Self-disclosure in a goal-based model of personality. In V.J. Derlega & J.H. Berg (Eds.), *Self-disclosure* (pp. 35–58). New York: Plenum

Miller, R.L., Seligman, C., Clark, M.T. & Bush, M. (1976) Perceptual contrast versus reciprocal concession as mediators of induced compliance. *Canadian Journal of Behavioral Science, 8*, 401–409

Mischel, W., Ebbesen, E.B. & Zeiss, A.R. (1972) Cognitive and attentional mechanisms in delay of gratification. *Journal of Personality and Social Psychology, 21*, 204–218

Mischel, W., Ebbesen, E.B. & Zeiss, A.R. (1976) Determinants of selective memory about the self. *Journal of Consulting and Clinical Psychology, 44*, 92–103

Montada, L., Dalbert, C. & Schmitt, M. (1988) Ist prosoziales Handeln im Kontext Familie abhängig von situationalen, personalen oder systemischen Faktoren? In H.W. Bierhoff & L. Montada (Eds.), *Altruismus – Bedingungen der Hilfsbereitschaft* (pp. 179–205). Göttingen: Hogrefe

Montada, L., Schneider, A. & Reichle, B. (1988) Emotionen und Hilfsbereitschaft. In H.W. Bierhoff & L. Montada (Eds.), *Altruismus – Bedingungen der Hilfsbereitschaft* (pp. 130–153). Göttingen: Hogrefe

Moriarty, T. (1975) Crime, commitment, and the responsive bystander: Two field experiments. *Journal of Personality and Social Psychology, 31*, 370–376

Müller, G.F. & Müller-Andritzky, M. (1987) Norm, Rolle, Status. In D. Frey & S. Greif (Eds.), *Sozialpsychologie* (2. Auflage, pp. 250–254). München: Psychologie Verlags Union

Nadler, A. (1987) Determinants of help seeking behaviour: The effects of helper's similarity, task centrality and recipient's self esteem. *European Journal of Social Psychology, 17*, 57–67

Nadler, A. & Fisher, J.D. (1986) The role of threat to self-esteem and perceived control in recipient reaction to help: Theory development and empirical validation. In L. Berkowitz (Ed.), *Advances in experimental social psychology* (Vol. 19, pp. 81–122). Orlando, FL: Academic Press

Nadler, A., Fisher, J.D. & Ben Itzhak, S. (1983) With a little help from my friend: Effect of single or multiple act aid as a function of donor and task characteristics. *Journal of Personality and Social Psychology, 44*, 310–321

Nadler, A., Fisher, J.D. & Streufert, S. (1976) When helping hurts: The effects of donor-recipient similarity and recipient self-esteem on reactions to aid. *Journal of Personality, 44*, 392–409

Nadler, A., Mayseless, O., Peri, N. & Chemerinski, A. (1985) Effects of opportunity to reciprocate and self-esteem on help-seeking behavior. *Journal of Personality, 53*, 23–35

Nelson-Le Gall, S., Gumerman, R.A. & Scott-Jones, D. (1983) Instrumental help-seeking and everyday problem-solving: A developmental perspective. In B.M. DePaulo, A. Nadler & J.D. Fisher (Eds.), *New directions in helping* (Vol. 2, pp. 265–283). New York: Academic Press

Oliner, P. & Oliner, S. (1989) Menschen, die nicht wegsahen. *Psychologie Heute, 16(3)*, 24–26

Paivio, A. (1965) Personality and audience influence. In B.A. Maher (Ed.), *Progress in experimental personality research* (Vol. 2, pp. 127–173). New York: Academic Press

Pandey, J. & Griffitt, W. (1974) Attraction and helping. *Bulletin of the Psychonomic Society, 3*, 123–124

Pervin, L.A. (1987) *Persönlichkeitstheorien.* München: Reinhardt (orig. 1984)

Piaget, J. (1954) *Das moralische Urteil beim Kinde.* Zürich: Rascher (orig. 1932)

Piliavin, J.A., Callero, P.L. & Evans, D.E. (1982) Addiction to altruism? Opponent-process theory and habitual blood donation. *Journal of Personality and Social Psychology, 43*, 1200–1213

Piliavin, J.A., Dovidio, J.F., Gaertner, S.L. & Clark, R.D. (1981) *Emergency intervention.* New York: Academic Press

Piliavin, I.M., Piliavin, J.A. & Rodin, J. (1975) Costs, diffusion, and the stigmatized victim. *Journal of Personality and Social Psychology, 32*, 429–438

Piliavin, I.M., Rodin, J. & Piliavin J.A. (1969). Good samaritanism: An underground phenomenon? *Journal of Personality and Social Psychology, 13*, 289–299

Piliavin, J.A. & Piliavin, I.M. (1972) Effect of blood on reactions to a victim. *Journal of Personality and Social Psychology, 23*, 353–361

Pomazal, R.J. & Jaccard, J.J. (1976) An informational approach to altruistic behavior. *Journal of Personality and Social Psychology, 33*, 317–326

Pruitt, D.G. (1968) Reciprocity and credit building in a laboratory dyad. *Journal of Personality and Social Psychology, 8*, 143–147

Radke-Yarrow, M. & Zahn-Waxler, C. (1984) Roots, motives, and patterns in children's prosocial behavior. In E. Staub, D. Bar-Tal, J. Karylowski & J. Reykowski (Eds.), *Development and maintenance of prosocial behavior* (pp. 81–99). New York: Plenum

Ranieri, D.J. & Zeiss, A.M. (1984) Induction of depressed mood: A test of opponent-process theory. *Journal of Personality and Social Psychology*, *47*, 1413–1422

Regan, J.W. (1971) Guilt, perceived injustice, and altruistic behavior. *Journal of Personality and Social Psychology*, *18*, 124–132

Reisenzein, R. (1986) A structural equation analysis of Weiner's attribution-affect model of helping behavior. *Journal of Personality and Social Psychology*, *50*, 1123–1133

Rice, M.E. & Grusec, J.E. (1975) Saying and doing: Effects on observer performance. *Journal of Personality and Social Psychology*, *32*, 584–593

Ridley, M. & Dawkins, R. (1981) The natural selection of altruism. In J.P. Rushton & R.M. Sorrentino (Eds.), *Altruism and helping behavior* (pp. 19–39). Hillsdale, NJ: Lawrence Erlbaum

Riediger, G. (1987) Erste Hilfe – Relikt aus vergangener Zeit. Presseseminar des Bundesministers für Verkehr, Hennef/Sieg

Riesman, D. (1950) *The lonely crowd.* New Haven, CT: Yale University Press

Rodin, J. & Langer, E.J. (1977) Long-term effects of a control-relevant intervention with the institutionalized aged. *Journal of Personality and Social Psychology*, *35*, 897–902

Rodin, J. & Langer, E. (1980) Aging labels: The decline of control and the fall of self-esteem. *Journal of Social Issues*, *36(2)*, 12–29

Rosen, S., Tomarelli, M.M., Kidda, M.L. & Medvin, N. (1986) Effects of motive for helping, recipient's inability to reciprocate, and sex on devaluation of the recipient's competence. *Journal of Personality and Social Psychology*, *50*, 729–736

Rosenhan, D. & White, G.M. (1967) Observation and rehearsal as determinants of prosocial behavior. *Journal of Personality and Social Psychology*, *5*, 424–431

Rosenhan, D.L., Salovey, P. & Hargis, K. (1981) The joys of helping: Focus of attention mediates the impact of positive affect on altruism. *Journal of Personality and Social Psychology*, *40*, 899–905

Rosenhan, D.L., Salovey, P., Karylowski, J. & Hargis, K. (1981) Emotion and altruism. In J.P. Rushton & R.M. Sorrentino (Eds.), *Altruism and helping behavior* (pp. 233–248). Hillsdale, NJ: Lawrence Erlbaum

Rosenhan, D.L., Underwood, B. & Moore, B. (1974) Affect moderates self-gratification and altruism. *Journal of Personality and Social Psychology*, *30*, 546–552

Rosenthal, A.M. (1968) *Thirty-eight witnesses.* New York: McGraw-Hill

Rosenthal, R. (1979) The »file drawer problem« and tolerance for null results. *Psychological Bulletin*, *86*, 638–641

Rosenthal, R. & Rosnow, R.L. (1984) *Essentials of behavioral research.* New York: McGraw-Hill

Rossi, R., Ahnefeld, F.W. & Linder, K.H. (1988) Einsatz von Laienhelfern bei der Erstversorgung von cardialen Notfällen. In Hauptverband der gewerblichen Berufsgenossenschaften (Ed.), *Erste Hilfe* (pp. 47–59). Sankt Augustin

Roth, E. (Ed., 1987) *Sozialwissenschaftliche Methoden* (2. Auflage). München: Oldenbourg

Rubin, K.H. & Schneider, F.W. (1973) The relationship between moral judgment, egocentrism, and altruistic behavior. *Child Development*, *44*, 661–665

Rushton, J.P. (1975) Generosity in children: Immediate and long-term effects of modeling, preaching, and moral judgment. *Journal of Personality and Social Psychology*, *31*, 459–466

Rushton, J.P. (1980) *Altruism, socialization, and society*. Englewood Cliffs, NJ: Prentice Hall

Rushton, J.P., Chrisjohn, R.D. & Fekken, G.C. (1981) The altruistic personality and the self-report altruism scale. *Personality and individual Differences*, *2*, 293–302

Rushton, J.P., Fulker, D.W., Neale, M.C., Nias, D.K.B. & Eysenck, H.J. (1986) Altruism and aggression: The heritability of individual differences. *Journal of Personality and Social Psychology*, *50*, 1192–1198

Sarason, I.G. & Sarason, B.R. (Eds., 1985) *Social support: Theory, research and applications*. Dordrecht: Martinus Nijhoff

Schachter, S. (1951) Deviation, rejection, and communication. *Journal of Abnormal and Social Psychology*, *46*, 190–207

Scherer, K.R. (1984). On the nature and function of emotion: A component process approach. In K.R. Scherer & P. Ekman (Eds.), *Approaches to emotion* (pp. 293–317). Hillsdale, NJ: Lawrence Erlbaum

Scherer, K.R. & Ekman, P. (Eds., 1984) *Approaches to emotion*. Hillsdale, NJ: Lawrence Erlbaum

Schlenker, B.R. (1980) *Impression management*. Monterey, CA: Brooks/Cole

Schmidt-Atzert, L. (1981) *Emotionspsychologie*. Stuttgart: Kohlhammer

Schmidt-Denter, U. (1988) *Soziale Entwicklung*. München: Psychologie Verlags Union

Schneider, H.D. (1978) Ist Helfen gleich Helfen? *Archiv für Psychologie*, *131*, 63–76

Schneider, H.D. (1988) Helfen als Problemlöseprozeß. In H.W. Bierhoff & L. Montada (Eds.), *Altruismus – Bedingungen der Hilfsbereitschaft* (pp. 7–35). Göttingen: Hogrefe

Schopler, J. (1970) An attribution analysis of some determinants of reciprocating a benefit. In J. Macaulay & L. Berkowitz (Eds.), *Altruism and helping behavior* (pp. 231–238). New York: Academic Press

Schopler, J. & Matthews, M.W. (1965) The influence of the perceived causal locus of partner's dependence on the use of interpersonal power. *Journal of Personality and Social Psychology*, *2*, 609–612

Schopler, J. & Thompson, V.D. (1968) Role of attribution processes in mediating amount of reciprocity for a favor. *Journal of Personality and Social Psychology*, *10*, 243–250

Schuster, P. (1988) *Theorieansätze zur Motivgenese prosozialen Verhaltens*. München: Profil

Schwartz, S.H. (1970) Elicitation of moral obligation and self-sacrificing behavior: An experimental study of volunteering to be a bone marrow donor. *Journal of Personality and Social Psychology*, *15*, 283–293

Schwartz, S.H. (1973) Normative explanations of helping behavior: A critique, proposal, and empirical test. *Journal of Experimental Social Psychology*, *9*, 349–364

Schwartz, S.H. (1974) Awareness of interpersonal consequences, responsibility denial, and volunteering. *Journal of Personality and Social Psychology*, *30*, 57–63

Schwartz, S.H. (1977) Normative influences on altruism. In L. Berkowitz (Ed.), *Advances in experimental social psychology* (Vol. 10, pp. 221–279). New York: Academic Press

Schwartz, S.H. & Ben David, A. (1976) Responsibility and helping in an emergency: Effects of blame, ability and denial of responsibility. *Sociometry*, *39*, 406–415

Schwartz, S.H. & Clausen, G.T. (1970) Responsibility, norms, and helping in an emergency. *Journal of Personality and Social Psychology*, *16*, 299–310

Schwartz, S.H. & Fleishman, J.A. (1978) Personal norms and the mediation of legitimacy effects on helping. *Social Psychology*, *41*, 306–315

Schwartz, S.H. & Gottlieb, A. (1976) Bystander reactions to a violent theft: Crime in Jerusalem. *Journal of Personality and Social Psychology*, *34*, 1188–1199

Schwartz, S.H. & Gottlieb, A. (1980a) Bystander anonymity and reactions to emergencies. *Journal of Personality and Social Psychology*, *39*, 418–430

Schwartz, S.H. & Gottlieb, A. (1980b) Participation in a bystander intervention experiment and subsequent everyday helping: Ethical considerations. *Journal of Experimental Social Psychology*, *16*, 161–171

Schwartz, S.H. & Gottlieb, A. (1981) Participants' postexperimental reactions and the ethics of bystander research. *Journal of Experimental Social Psychology*, *17*, 396–407

Schwartz, S.H. & Howard, J.A. (1981) A normative decision-making model of altruism. In J.P. Rusthon & R.M. Sorrentino (Eds.), *Altruism and helping behavior* (pp. 189–211). Hillsdale, NJ: Lawrence Erlbaum

Schwartz, S.H. & Howard, J.A. (1982) Helping and cooperation: A self-based motivational model. In V.J. Derlega & J. Grzelak (Eds.), *Cooperation and helping behavior* (pp. 327–353). New York: Academic Press

Schwartz, S.H. & Tessler, R.C. (1972) A test of a model for reducing measured attitude-behavior discrepancies. *Journal of Personality and Social Psychology*, *24*, 225–236

Schwarz, N. (1987) *Stimmung als Information.* Berlin: Springer

Schwarz, N. & Clore, G.L. (1983) Mood, misattribution, and judgments of well-being: Informative and directive functions of affective states. *Journal of Personality and Social Psychology*, *45*, 513–523

Sefrin, P., Schäfer, R. & Zenk, M. (1986) Effektivität der Erste Hilfe Ausbildung. *Untersuchungen zum Rettungswesen*, Bericht 14. Bergisch Gladbach: Bundesanstalt für Straßenwesen

Seligman, M.E.P. (1986) *Erlernte Hilflosigkeit* (3. Auflage). München: Psychologie Verlags Union (urspr. 1975)

Shaffer, D.R., Rogel, M. & Hendrick, C. (1975) Intervention in the library: The effects of increased responsibility on bystanders' willingness to prevent a theft. *Journal of Applied Social Psychology*, *5*, 303–319

Shotland, R.L. & Huston, T.L. (1979) Emergencies: What are they and do they influence bystanders to intervene? *Journal of Personality and Social Psychology*, *37*, 1822–1834

Silbereisen, R.K., Boehnke, K., Eisenberg, N.H., Palmonari, A. & Reykowski, J. (1988) Motive prosozialen Handelns im Jugendalter – Untersuchungen in

Berlin, Warschau, Bologna und Phoenix. In H.W. Bierhoff & L. Montada (Eds.), *Altruismus – Bedingungen der Hilfsbereitschaft* (pp. 104–129). Göttingen: Hogrefe

Skrypnek, B.J. & Snyder, M. (1982) On the self-perpetuating nature of stereotypes about women and men. *Journal of Experimental Social Psychology, 18*, 277–291

Smithson, M., Amato, P.R. & Pearce, P. (1983) *Dimensions of helping behaviour.* Oxford: Pergamon

Snyder, M. (1974) Self-monitoring of expressive behavior. *Journal of Personality and Social Psychology, 30*, 526–537

Snyder, M. (1986) *Public appearances – private realities.* New York: Freeman.

Snyder, M. & Gangestad, S. (1986) On the nature of self-monitoring: Matters of assessment, matters of validity. *Journal of Personality and Social Psychology, 51*, 125–139

Snyder, M. & Kendziersky, D. (1982) Acting on one's attitudes: Procedures for linking attitude and behavior. *Journal of Experimental Social Psychology, 18*, 165–183

Solomon, R.L. (1980) The opponent process theory of acquired motivation – the costs of pleasure and the benefits of pain. *American Psychologist, 35*, 691–712

Spence, J.T. & Helmreich. R.L. (1978) *Masculinity and femininity.* Austin, TX: Texas University Press

Srull, T.K. & Wyer, R.S. (1989) Person memory and judgment. *Psychological Review, 96*, 58–83

Staub, E. (1970a) A child in distress: The influence of age and number of witnesses on children's attempts to help. *Journal of Personality and Social Psychology, 14*, 130–140

Staub, E. (1970b) A child in distress: The effect of focusing responsibility on children on their attempts to help. *Developmental Psychology, 2*, 152–153

Staub, E. (1971) Helping a person in distress: The influence of implicit and explicit »rules« of conduct on children and adults. *Journal of Personality and Social Psychology, 17*, 137–144

Staub, E. (1974) Helping a distressed person: Social, personality, and stimulus determinants. In L. Berkowitz (Ed.), *Advances in experimental social psychology* (Vol. 7, pp. 293–341). New York: Academic Press

Steblay, N.M. (1987) Helping behavior in rural and urban environments: A meta-analysis. *Psychological Bulletin, 102*, 346–356

Stroebe, M.S. & Stroebe, W. (1985) Social support and the alleviation of loss. In I.G. Sarason & B.R. Sarason (Eds.), *Social support: Theory, research and applications* (pp. 439–462). Dordrecht: Martinus Nijhoff

Swann, W.B. (1987) Identity negotiation: Where two roads meet. *Journal of Personality and Social Psychology, 53*, 1038–1051

Tajfel, H. & Turner, J. (1979) An integrative theory of interpersonal conflict. In W.G. Austin & S. Worchel (Eds.), *The social psychology of intergroup relations* (pp. 33–47). Monterey, CA: Brooks/Cole

Taylor, S.E. & Dakof, G.A. (1987) Social support and the cancer patient. In S. Spacapan & S. Oskamp (Eds.), *The social psychology of health* (pp. 95–116). Newbury Park, CA: Sage

Tessler, R.C. & Schwartz, S.H. (1972) Help seeking, self-esteem, and achievement motivation: An attributional analysis. *Journal of Personality and Social Psychology*, *21*, 318–326

Thomae, H. (1988) *Das Individuum und seine Welt* (2. Auflage). Göttingen: Hogrefe

Thompson, W.C., Cowan, C.L. & Rosenhan, D.L. (1980) Focus of attention mediates the impact of negative affect on altruism. *Journal of Personality and Social Psychology*, *38*, 291–300

Toi, M. & Batson, C.D. (1982) More evidence that empathy is a source of altruistic motivation. *Journal of Personality and Social Psychology*, *43*, 281–293

Triandis, H.C. (1978) Some universals of social behavior. *Personality and Social Psychology Bulletin*, *4*, 1–16

Triandis, H.C., Vassiliou, V. & Nassiakou, M. (1968) Three cross-cultural studies of subjective culture. *Journal of Personality and Social Psychologie Monograph Supplement*, *8(4/2)*, *1–42*

Triandis, H.C., Leung, K., Villareal, M.J. & Clack, F.L. (1985) Allocentric versus idiocentric tendencies: Convergent and descriminant validation. *Journal of Research in Personality*, *19*, 395–415

Trivers, R.L. (1971) The evolution of reciprocal altruism. *Quarterly Review of Biology*, *46*, 35–57

Trommsdorff, G., Suzuki, T. & Sasaki, M. (1987) Soziale Ungleichheiten in Japan und der Bundesrepublik Deutschland. *Kölner Zeitschrift für Soziologie und Sozialpsychologie*, *39*, 496–515

Tyler, T.R. (1986) The psychology of leadership evaluation. In H.W. Bierhoff, R.L. Cohen & J. Greenberg (Eds.), *Justice in social relations* (pp. 299–316). New York: Plenum

Ulich, D. (1989) *Das Gefühl* (2. Auflage). München: Psychologie Verlags Union

Underwood, B. & Moore, B. (1982) Perspective-taking and altruism. *Psychological Bulletin*, *91*, 143–173

Underwood, B., Berenson, J.F., Berenson, R.J., Cheng, K.K., Wilson, D., Kulik, J., Moore, B.S. & Wenzel, G. (1977) Attention, negative affect, and altruism: An ecological validation. *Personality and Social Psychology Bulletin*, *3*, 54–58

Velten, E. (1968) A laboratory task for induction of mood states. *Behavior Research and Therapy*, *6*, 473–482

Wagner, H. (1988) Ausbildungs-Bescheinigungspflicht/Wiederholungskurse. In Hauptverband der gewerblichen Berufsgenossenschaften (Ed.), *Erste Hilfe* (pp. 175–177). Sankt Augustin

Wallbott, H.G. & Scherer, K.R. (1989) Gefühle ohne Grenzen. *Psychologie Heute*, *16(4)*, 42–47

Walster, E., Berscheid, E. & Walster, G.W. (1973) New directions in equity research. *Journal of Personality and Social Psychology*, *25*, 151–176

Weiner, B. (1979) A theory of motivation for some classroom experience. *Journal of Educational Psychology*, *71*, 3–25

Weiner, B. (1980) A cognitive (attribution)-emotion-action model of motivated behavior: An analysis of judgments of help-giving. *Journal of Personality and Social Psychology*, *39*, 186–200

Weiner, B. (1986) *An attributional theory of motivation and emotion.* New York: Springer

West, S.G. & Brown, T.J. (1975) Physical attractiveness, the severity of the emergency and helping: A field experiment and interpersonal simulation. *Journal of Experimental Social Psychology, 11*, 531–538

Weyant, J. & Clark, R.D. (1977) Dimes and helping: The other side of the coin. *Personality and Social Psychology Bulletin, 3*, 107–110

White, M.J. & Gerstein, L.H. (1987) Helping: The influence of anticipated social sanctions and self-monitoring. *Journal of Personality, 55*, 41–54

Wicklund, R.A. (1974) *Freedom and reactance.* Potomac, ML: Lawrence Erlbaum

Wills, T.A. (1982) Nonspecific factors in helping relationships. In T.A. Wills (Ed.), *Basic processes in helping relationships* (pp. 381–404). New York: Academic Press

Wills, T.A. (1985) Supportive functions of interpersonal relationships. In S. Cohen & S.L. Syme (Eds.), *Social support and health* (pp. 61–82). Orlando, FL: Academic Press

Wilson, J.P. (1976) Motivation, modeling, and altruism: A person × situation analysis. *Journal of Personality and Social Psychology, 34*, 1078–1086

Wortman, C.B. & Conway, T.L. (1985) The role of social support in adaptation and recovery from physical illness. In S. Cohen & S.L. Syme (Eds.), *Social support and health* (pp. 281–302). Orlando, FL: Academic Press

Wortman, C.B. & Lehman, D.R. (1985) Reactions to victims of life crises: Support attempts that fail. In I.B. Sarason & B.R. Sarason (Eds.), *Social support: Theory, research and applications* (pp. 463–489). Dordrecht: Martinus Nijhoff

Wright, J. & Mischel, W. (1982) Influence of affect on cognitive social learning person variables. *Journal of Personality and Social Psychology, 43*, 901–914

Yakimovich, D. & Saltz, E. (1971) Helping behavior: The cry for help. *Psychonomic Science, 23*, 427–428

Yamagishi, T. (1986) The provision of a sanctioning system as a public good. *Journal of Personality and Social Psychology, 51*, 110–116

Zajonc, R.B. (1965) Social facilitation. *Science, 149*, 269–274

Zajonc, R.B. & Sales, S.M. (1966) Social facilitation of dominant and subordinate responses. *Journal of Experimental Social Psychology, 2*, 160–168

Sachregister